W0353913

ALISIO

L'éditeur des voix qui inspirent

Suivez notre actualité sur **www.alisio.fr**
et sur les réseaux sociaux LinkedIn,
Instagram, Facebook et Twitter !

Alisio s'engage pour une fabrication écoresponsable !
« Des livres pour mieux vivre », c'est la devise de notre maison.
Et vivre mieux, c'est vivre en impactant positivement le monde
qui nous entoure ! C'est pourquoi nous avons fait le choix de
l'écoresponsabilité. Pour en savoir plus, rendez-vous sur notre site.

Conseil éditorial : Antoine Beauchamp
Éditrice : Olivia Karam
Relecture-correction : Audrey Peuportier
Design de couverture : Primo&Primo
Illustrations de couverture : Istock/© neoblues
Maquette : Sébastienne Ocampo

© 2023 Alisio,
une marque des éditions Leduc
76, boulevard Pasteur
75015 Paris – France
ISBN : 978-2-37935-339-0

VINCENT LUCCHESE

Une France sans eau

L'ENQUÊTE

ALISIO
SCIENCES

À Fleur et à Marie-Pia,
Indéfectibles amies qui, de la Yamuna aux Agriates,
apprirent avec moi la valeur de l'eau

Sommaire

Introduction

Le 28 avril 2022, le cycle de l'eau douce dépassait officiellement la limite planétaire soutenable. Plus précisément, une étude parue ce jour-là dans la revue *Nature* estimait que « l'eau verte », la part des précipitations qui passe dans les sols et les végétaux, était sortie de la zone de sécurité, au risque de déstabiliser l'équilibre planétaire de la ressource[1]. Il s'agissait de la sixième limite planétaire franchie sur les neuf définies par un groupe de chercheurs internationaux dans un autre article de la revue *Nature* en 2009[2]. « L'eau est le système sanguin de la biosphère. Mais nous sommes en train de modifier profondément le cycle de l'eau. Cela affecte maintenant la santé de toute la planète, la rendant considérablement moins résistante aux chocs », alertait alors l'auteur principal de l'étude, Lan Wang-Erlandsson, du Stockholm Resilience Centre, à l'université de Stockholm.

Dans la foulée, en juin 2022, l'ONU s'alarmait : « La moitié de la population mondiale devrait faire face à une grave pénurie d'eau au cours des huit prochaines années », disait le secrétaire exécutif de la Convention des Nations unies sur la lutte contre la désertification, Ibrahim Thiaw, lors de la Journée mondiale de lutte contre la désertification et la sécheresse. Deux phénomènes en progression fulgurante à cause, notamment, du changement climatique.

1. L. Wang-Erlandsson, *et al.*, « A Planetary Boundary for Green Water », *Nature Revew Earth Environment* 3, 380–392, 2022, disponible sur doi.org.
2. J. Rockström, *et al.*, « A Safe Operating Space for Humanity », *Nature* 461, 472–475, 2009, disponible sur doi.org.

Au même moment, la France entamait un début de sécheresse préoccupant : d'août 2021 à mai 2022, tous les mois avaient été déficitaires en pluie, à l'exception de décembre 2021, selon Météo-France. Et la situation ne fera qu'empirer au fil de l'année. Les mêmes scènes, de plus en plus récurrentes ces dernières années, vont se répéter : états de « crise sécheresse » déclarées dans une majorité de départements impliquant de drastiques restrictions de l'usage de l'eau, images de terres asséchées, de végétations brûlées et de champs dévastés, lacs au plus bas, voire à sec, communes isolées ravitaillées par camion-citerne en eau potable… Et ce n'est que le début. Les scientifiques préviennent : les vagues de chaleur et les canicules vont se multiplier, les perturbations des précipitations et les sécheresses vont continuer à s'intensifier dans les prochaines décennies, sous les coups de boutoir du dérèglement climatique.

Ça vous angoisse ? Moi aussi. C'est à peu près à ce moment-là, au printemps 2022, que j'ai décidé de prendre à bras-le-corps cette question lancinante : la France va-t-elle manquer d'eau ? Rapidement, d'autres interrogations ont découlé de la première : d'où vient notre eau ? Pourquoi est-elle aussi indispensable au vivant, à l'agriculture, à nos usages ? Quelles sont nos principales consommations ? Comment le réchauffement du climat perturbe-t-il le cycle de l'eau ? Peut-on contrer ces effets ? Comment adapter nos usages de manière pertinente ? Faudra-t-il consentir à d'inévitables sacrifices ?

Ces questions m'ont mené jusqu'aux sources souterraines du Doubs, dans les entrailles d'une centrale hydroélectrique des Hautes-Pyrénées, sur le lit asséché des rivières du Poitou et dans les champs et prairies d'agriculteurs du Val de Sèvre et de la Brie. J'y ai trouvé des illustrations concrètes des palanquées de rapports scientifiques épluchés en parallèle et des entretiens menés avec nombre d'hydrogéologues, climatologues et autres agronomes. Le livre que vous tenez entre les mains est le fruit de cette enquête ; loin de prétendre à l'exhaustivité, il tente modestement d'apporter quelques clés de compréhension autour de ces grandes questions.

L'idée d'explorer en détail une problématique aussi anxiogène que celle des pénuries d'eau à venir pourrait, à première vue, rebuter certains d'entre vous. Dans le contexte de crise écologique globale et d'épuisement des ressources que nous connaissons, j'admets que la perspective d'en remettre une couche n'est guère engageante. Mais, qu'on le veuille ou non, la crise est là. Et puisque l'incertitude et l'ignorance ne font qu'alimenter davantage l'anxiété, décortiquer le fonctionnement des mécanismes à l'œuvre peut être une première tentative de remède.

C'est un leitmotiv personnel : décrypter le monde par la science, comprendre les fascinants phénomènes à l'œuvre dans la nature, dans le vivant, participe d'un émerveillement qui rend la contemplation du monde plus enthousiasmante. Cet ouvrage est aussi une invitation à plonger dans plusieurs de ces phénomènes naturels, physiques et biologiques, à l'occasion de quelques apartés au fil de l'eau. Ils constitueront, je l'espère, autant d'échappatoires salvatrices entre les constats empreints d'une inévitable gravité sur l'avenir de nos ressources en eau.

Précisons également que ce travail d'enquête se borne aux limites de la France métropolitaine. L'eau ne connaît pas de frontières, mais les décisions politiques qui déterminent la manière dont nous modifions les cycles hydrologiques restent tributaires du cadre national. L'enjeu est d'explorer ici ce que nous pouvons anticiper des pénuries d'eau à venir, des défis qu'elles impliquent, et de la manière de les gérer collectivement. Les mécanismes climatiques et hydrologiques en jeu étant très complexes et variables selon les zones géographiques du globe, je ne traite malheureusement pas non plus ici de la situation spécifique des territoires d'outre-mer, car chacun d'eux aurait nécessité une enquête à part entière.

Trois grandes parties structurent ce récit : la première s'attarde sur le fonctionnement fascinant du cycle de l'eau, de ses méandres invisibles, de la manière dont il irrigue la France et dont tout ceci risque de se détraquer. Je me suis ensuite focalisé sur les deux principaux usages humains consommateurs d'eau en France, l'agriculture et l'énergie. La deuxième partie explore le lien absolument central entre l'eau et l'agriculture, qui est paradoxalement la principale responsable des perturbations du cycle de l'eau tout en détenant les clés des solutions pour l'avenir (ce qui permet d'apporter une touche d'optimisme bienvenue). La dernière partie se penche sur le cas de nos centrales, hydroélectriques et nucléaires, qui dépendent elles aussi fondamentalement de nos rivières et les modifient fortement pour nous fournir de l'énergie. Cette partie est également l'occasion de creuser la question posée en filigrane dans l'ensemble de ce livre : quelle place est-on prêts à laisser aux milieux et aux êtres vivants, premiers usagers de l'eau du pays ?

Le risque de voir une partie des écosystèmes dépérir est réel, à mesure que les tensions sur la ressource imposeront des arbitrages de plus en plus drastiques. De même que le risque de subir nous-mêmes les conséquences dramatiques de ces sécheresses, si nous n'anticipons pas suffisamment pour nous adapter de manière pertinente. Mais n'allons pas trop vite et reprenons depuis le début.

PARTIE I

Comment le grand concert du cycle de l’eau se détraque

CHAPITRE 1

Les mystères de l'eau invisible

À la recherche de l'eau perdue du Doubs

Devant nous s'étend un paysage irréel. Là où devrait couler le Doubs, dont la largeur en ces lieux lui vaut le titre de lac de Chaillexon, ne règne plus qu'une mer végétale. Seul subsiste un mince filet d'eau, que l'on croit deviner au loin entre les hautes herbes. Quelques barques sur le flanc accentuent l'effet de désolation. « C'est dramatique de voir le Doubs à sec comme ça. Et dramatique de voir toutes ces plantes qui ont poussé. C'est presque une double disparition. Comme si une autre vie était en train de prendre la place... », lâche avec mélancolie Cédric Bôle. Nous sommes au cœur de l'été 2022, en pleine sécheresse, lorsque le maire de Morteau m'accueille dans sa ville, à quelques encablures de la frontière suisse. Le lit de la rivière, lorsqu'il n'est pas encore tapissé de verdure, laisse apparaître une terre argileuse craquelée comme un vieux parchemin. « Celui-ci, c'est le rocher de la Casquette. » Mon guide pointe une proéminence rocheuse. En période de crue, sa silhouette en forme de couvre-chef de marin affleure à peine à la surface. Aujourd'hui, la roche nue s'élève près de 8 m au-dessus du lit à sec. Depuis le 29 juillet, le préfet a placé le Haut-Doubs en alerte « crise sécheresse », le plus haut niveau de restriction des usages de l'eau.

Le jour même où je me trouve à Morteau, le 10 août, le niveau de crise est étendu à l'ensemble du département. Ça plante le décor.

La France entière connaît en réalité à ce moment-là une situation exceptionnelle. Les records et pénuries d'eau s'enchaînent : le 12 août, 93 départements connaissent des restrictions d'usage de l'eau, dont 74 placés en niveau de crise, selon le décompte du ministère de la Transition écologique. Les déficits de pluies sont réguliers depuis septembre 2021, et le printemps 2022 culmine à 45 % de déficit de précipitations, d'après Météo-France. Le niveau de précipitations cumulées entre janvier et août est le deuxième plus bas jamais enregistré depuis le début des relevés en 1959. Le mois de juillet 2022 est quant à lui le plus sec jamais enregistré. Trois vagues de chaleur successives entre juin et août portent le coup de grâce. L'indice d'humidité des sols, déficitaire depuis janvier, bat le record de sécheresse absolu début août, à l'échelle de la France métropolitaine. Au même moment, le gouvernement recense une centaine de communes dépourvues d'accès à l'eau potable. Les nappes phréatiques se vident. Les journaux télévisés multiplient les images d'habitants démunis devant les robinets qui refusent de couler. À Vault, dans le Vaucluse, la commune distribuait fin juillet de l'eau en bouteille aux habitants : 2 litres par jour et par personne. Au Pays basque comme en Isère, des citoyens incrédules voient des camions-citernes leur livrer de quoi boire. À Gérardmer, dans les Vosges, la municipalité a pris la décision de pomper l'eau du lac pour endiguer la pénurie.

La répétition de ces scènes aux quatre coins du pays marque les esprits. Le nombre de Français touchés par une pénurie d'eau potable reste certes modeste, mais la vulnérabilité devient concrète pour tout le monde. Surtout, le sixième rapport d'évaluation du Giec[1] souligne que la fréquence, l'ampleur et la durée des sécheresses vont s'accentuer à mesure que le réchauffement climatique de la Terre s'aggravera. Si nous atteignons un tel pic

1. Voir sur ipcc.ch : « Climate Change 2022: Impacts, Adaptation and Vulnerability », le deuxième volet du sixième rapport d'évaluation du Giec, publié en février 2022.

en 2022 alors que le réchauffement global est pour l'instant de 1,1 °C, à quoi ressemblera le manque d'eau en France lorsque le réchauffement montera de près de 3 °C, ce qui constitue notre horizon d'ici la fin du siècle si l'on poursuit sur la trajectoire actuelle ? Ce scénario catastrophique étant loin d'être le plus pessimiste…

Avant de plonger dans les austères et angoissants rapports scientifiques, il me faut aller sur place pour prendre la mesure du phénomène. La crise est tellement généralisée que j'ai l'embarras du choix quant à ma destination. Je décide finalement de me rendre dans le Doubs, où coule avec difficulté la rivière éponyme et où la pénurie est déjà récurrente. Morteau, accessoirement, affiche un nom prédestiné (« morte eau ») qui, on le verra plus loin, est révélateur de mécanismes œuvrant sur le long terme.

En ce qui concerne les pénuries, le tournant, ici, eut lieu en 2018. Pour la première fois cette année-là, les quelque 7 200 Mortuaciens ont dû être ravitaillés en eau potable pendant quinze jours par camion-citerne. « Ce fut un choc pour tout le monde de s'apercevoir qu'on était aussi vulnérables », se souvient Cédric Bôle. Chaque été depuis, les tensions sur l'approvisionnement en eau s'accumulent, avec une intensité variable, et le Doubs apparaît à sec presque systématiquement. En approchant de la ville par le TER, pourtant, rien ne laisse présager de la crise en cours. Les rails longent la rivière, généreusement gonflée, parsemée de touristes bariolés qui l'explorent en kayak et en paddle. Mais la scène de joyeuse abondance s'arrête net un pont plus loin. Un petit barrage, vestige des moulins et du passé industriel de la ville, y entretient artificiellement l'illusion. En aval, le courant affaibli laisse proliférer algues et nénuphars. Comme une préfiguration du lac d'herbe de Chaillexon qui s'est enraciné quelques kilomètres plus loin. En fait, la rivière semble étrangement se dessiner en pointillé. Si l'on poursuit après le lac asséché, l'eau reprend à nouveau un peu de vigueur. Elle s'accumule dans une vallée encaissée en *u*, formant de petites gorges couvertes d'épicéas, typiques des forêts exploitées de cette région de moyenne montagne. Mais l'eau est trop basse : ce qui devrait déboucher sur le torrentiel et spectaculaire saut du Doubs n'est plus qu'un cul-de-sac où l'eau stagne. Les bateaux qui charrient d'habitude les touristes jusqu'à la cascade de 27 m pataugent à vide. En contrebas, la chute s'est tue. « Ça fait quarante ans que je suis dans les bateaux, et c'est la première fois que je vois une telle sécheresse », se désole Françoise Droz-Bartholet, de la compagnie du même nom. Cette situation est surtout radicale par sa précocité – en 2018 le niveau était encore plus bas, mais la crise avait atteint son apogée en octobre. Cette année, la sécheresse frappe en plein cœur de la période touristique et l'entreprise de bateaux à vapeur accuse une chute de 80 % de son chiffre d'affaires sur le mois de juillet. « On essaye de s'adapter, on propose toujours la visite sur la partie des gorges du Doubs qui reste navigable. On fera le bilan à la fin de la saison, mais si une année comme 2022 venait à devenir la norme, ça deviendrait compliquer de continuer », admet Françoise, dont le mari, son père et son arrière-grand-père avant lui organisaient déjà des descentes du Doubs.

Si ce n'est pas directement l'eau de la rivière que boivent les Mortuaciens, son débit est révélateur de l'état des nappes phréatiques. À Mouthe, où la rivière prend sa source, il n'atteint guère plus de 20 litres par seconde : c'est dix fois moins que la moyenne la plus basse atteinte sur un mois d'août[2]. Pour l'instant, la ville tient bon et puise encore une partie de ses besoins estivaux dans sa propre source souterraine. Mais la rentrée risque de tendre la situation : la reprise des activités des entreprises, des écoliers, collégiens et lycéens augmentera les besoins quotidiens. Et si depuis 2018 la ville s'est dotée d'une solution de secours avec une unité amovible qui pompe directement l'eau du Doubs et alimente les réseaux d'eau potable via un système d'ultrafiltration, encore faut-il pour cela qu'il reste de l'eau à puiser dans la rivière… « C'est une solution temporaire et vulnérable, reconnaît

2. D'après les données hydrométriques relevées en temps réel et transmises sur Hydroreel, le serveur de l'État. Ces données donnent un ordre de grandeur en « temps réel » mais ne sont toutefois « ni critiquées, ni validées, susceptibles d'être modifiées, et n'ont aucune valeur officielle », précise la base de données sur rdbrmc.com.

le maire. On a aussi réalisé sept forages pour trouver d'autres sources, mais qui n'ont rien donné de satisfaisant. » La solution pérenne viendra de travaux d'interconnexion avec un gros syndicat de distribution d'eau potable voisin, qui devrait connecter le territoire aux réserves plus généreuses du bassin de la Loue dans les années à venir.

En attendant, chaque goutte compte. La ville tente d'avancer sur les mesures de sobriété, qui seront de toute façon indispensables. Pour montrer l'exemple, la mairie a renoncé à la plupart des fleurs qui ornaient la façade et la place. Les autres massifs de la ville ont été remplacés par des variétés moins gourmandes en eau, et une cuve reliée au toit de l'église permet de collecter l'eau de pluie pour l'arrosage. Suffisant pour entraîner un effort collectif des citoyens ? C'est loin d'être évident. L'arrêté préfectoral de crise sécheresse interdit l'arrosage des pelouses et potagers (sauf la nuit avec de l'eau de pluie pour ces derniers) ainsi que le remplissage des piscines et le lavage des façades et des voitures. « Beaucoup de gens se sont précipités à la station de lavage juste avant l'entrée en vigueur de l'arrêté. La prise de conscience est loin d'être partagée par tous », maugrée le maire qui se veut tout de même optimiste : la consommation d'eau est légèrement plus basse cet été que les années précédentes à la même période. Cédric Bôle veut y voir le signe du début d'une prise de conscience collective de ses administrés.

Dans l'immédiat, les sources d'économie d'eau restent limitées. À l'échelle des communes, un levier d'action important concerne la réduction des fuites sur les réseaux de distribution. Un rapport[3] de l'Office français de la biodiversité (OFB) sur le sujet estimait en 2020 les fuites à 19,9 % du volume total d'eau potable distribué, soit « près de 937 millions de mètres cubes, l'équivalent de la consommation annuelle d'environ 18 millions d'habitants ». Aussi, le décret « fuites » pris par le gouvernement en application des lois Grenelle de l'environnement impose-t-il,

3. « Observatoire des services publics d'eau et d'assainissement. Panorama des services et de leur performance en 2020. »

depuis 2013, aux collectivités locales, une obligation de rendement minimum de 85 %. Mais à Morteau, il oscille déjà entre 82 et 90 %, assure la commune, un niveau pas loin d'être optimum d'après l'OFB, qui précise qu'un objectif de rendement de 100 % serait « irréaliste ».

Reste un autre champ d'action possible : désimperméabiliser le sol. Dans les zones urbaines couvertes de béton et bitume, l'eau de pluie ruisselle et gagne rapidement les cours d'eau puis l'océan au lieu de remplir les stocks du sous-sol. Cette artificialisation des sols est un fléau en progression constante, car elle dégrade les terres de manière souvent irréversible, accélère le ruissellement et détériore le stockage du carbone, donc le climat. La France métropolitaine est passée de 5,2 % de sols artificialisés en 1982 à 9 % en 2018, selon l'Insee. Dans le val de Morteau, le sort réservé au petit ruisseau de la Tanche est emblématique de cette dynamique. La Tanche prend sa source dans la commune des Fins, attenante à Morteau, et coule quelques kilomètres à peine avant de se jeter dans le Doubs. Au passage, elle a tout de même pris le temps de faire naître un marais, un type de zone humide connu pour sa richesse en biodiversité ainsi que pour ses capacités à stocker l'eau et en ralentir l'écoulement. Des vertus qui n'ont guère ému les responsables de l'aménagement du territoire dans les années 1950 quand l'heure était à l'urbanisation, au quadrillage propre et net de l'environnement : les méandres bien trop encombrants du petit ruisseau ont purement et simplement été « rectifiés ». Le cours d'eau devenu linéaire est passé d'une longueur de 2 km en amont du marais à 1,1 km, les écoulements se sont accélérés, les moulins des scieries locales ont pu utiliser son énergie tandis que les truites et les perches privées de zones de reproduction ont déserté les lieux. Les fossés et drains construits autour du marais lui ont fait perdre une partie de son humidité et ont permis son exploitation agricole par la fauche. Et pour finir, une zone commerciale dernier cri et imperméable est venue recouvrir une partie du ruisseau, la Tanche disparaissant aujourd'hui à l'orée du Darty.

Dans les années à venir, ce ruisseau doit faire l'objet d'une vaste réhabilitation. L'Établissement public d'aménagement et de gestion de l'eau (Epage) Haut Doubs Haute Loue est chargé du projet qui doit redonner à la Tanche son kilomètre de méandres perdus et permettre au marais de regagner un peu en humidité et en biodiversité. Le rehaussement du niveau des eaux devrait toutefois rester modeste, peut-être 10 cm en période d'étiage, mais cela peut ne pas être négligeable sur la douzaine d'hectares que compte le marais. « Chaque litre qui ne s'échappe pas est bon à prendre sur le Doubs », souligne Jean-Noël Resch, chargé de mission à l'Epage.

Toutes ces solutions aideront probablement, litre par litre, à limiter les pénuries. À terme, malgré tout, la situation devrait devenir de plus en plus critique. Car l'aggravation du changement climatique ne fera qu'accentuer ici la précarité de l'eau de surface, intrinsèque aux rivières karstiques, comme nous allons le voir. En 2018, le Doubs a connu une sécheresse historique, mais seulement après avoir offert aux Doubiens qui peuplent ses rives, dans la première moitié de l'année, sa plus intense crue du siècle ! Un comble... et une curiosité géologique qui peut paraître bien mystérieuse aux non-initiés du massif jurassien et de son sous-sol. Rassurez-vous, c'était aussi mon cas. Comme toujours, la réalité du terrain est bien plus complexe que prévu. Je vous emmènerai explorer les galeries souterraines du Doubs à la fin de ce premier chapitre. Mais avant cela, pour bien saisir les enjeux, il nous faut faire un détour scientifique, dézoomer à l'échelle de la planète et explorer les fascinants mécanismes du cycle de l'eau.

Tour d'horizon cosmique de l'eau terrestre

Commençons par un paradoxe. Avant de vous expliquer pourquoi nous risquons de plus en plus de manquer d'eau à l'avenir, il faut d'abord rappeler que l'eau est une ressource abondante, omniprésente... et inépuisable. À l'échelle de la Terre, du moins. Sans tenir compte de l'eau incorporée aux minéraux en grande profondeur dans le manteau terrestre, l'eau sous toutes ses formes s'agitant en surface, dans l'air et dans les nappes phréatiques, représente l'équivalent de quelque 1,4 milliard de kilomètres cubes d'eau liquide. Si vous avez du mal à vous figurer le sens d'un tel nombre, dites-vous que si la Terre était une sphère parfaitement lisse, dépourvue de montagnes et de fosses océaniques, l'eau la recouvrirait intégralement, sur 3 km d'épaisseur. C'est colossal, quoique modeste à l'échelle de la planète. Tentons une autre image : si toute cette eau était rassemblée en une grosse boule flottant au-dessus de la Terre, elle présenterait un diamètre d'environ 1 400 km. C'est un peu plus large que la France : de quoi faire de l'ombre de Londres à Porto-Vecchio, ou de Brest à Berlin.

Voilà pour l'abondance. Je vous promettais aussi une ressource inépuisable. C'est vrai… sur quelques milliards d'années seulement. Les océans, qui constituent la quasi-totalité de l'eau de surface (96,5 % plus précisément), ont un volume remarquablement stable. Il faut savoir que l'origine exacte de ce stock d'eau terrestre fait encore débat parmi les scientifiques. Lorsque la Terre s'est formée par l'agglomération de gaz et de poussières tournant autour du jeune Soleil, il y a 4,5 milliards d'années, la température était trop élevée pour que des particules de glace se joignent aux roches des planétoïdes naissants, et on a longtemps cru que la Terre était d'abord apparue « sèche ». De récents travaux suggèrent toutefois que de l'hydrogène (H), élément le plus abondant de l'Univers, de l'oxygène (O) et même de la vapeur d'eau issus de leur rencontre (H_2O) ont pu être piégés dans les roches de la Terre en formation, ou « proto-Terre ». L'eau liquide aurait pu ensuite atteindre la surface par dégazage sur la jeune planète en proie à une intense activité volcanique. Il reste cependant un problème, car l'essentiel de cette eau aurait dû s'échapper dans l'espace à cause de la chaleur extrême et du bombardement constant de la Terre dans l'environnement chaotique du début du Système solaire. Et notamment lors du choc cataclysmique entre la Terre et l'astre Théia, suspecté d'être à l'origine de la Lune. L'autre théorie propose donc une origine extraterrestre et un peu plus tardive de l'eau, il y a 4,4 milliards d'années, apportée lors d'un bombardement massif de la Terre par des comètes et astéroïdes hydratés, venues d'une région suffisamment lointaine et froide du système solaire pour que de la glace d'eau y ait perduré. L'eau qui tourbillonne aujourd'hui dans nos océans provient probablement d'un mélange de ces deux théories.

Pour les océans primordiaux, toutefois, le plus dur restait à faire : survivre. Ce qui n'a rien d'évident lorsque l'on jette un œil à notre désertique voisine Mars, où coulaient pourtant jadis de joyeuses rivières se déversant au sein de vastes mers. Sur Terre, l'eau a fait preuve de véritables talents d'équilibriste pour être actrice de sa propre longévité en participant à plusieurs mécanismes clés. Le premier est celui de la régulation du climat : l'eau joue un rôle majeur dans le cycle du carbone, permettant notamment le pompage régulier, à l'échelle des temps géologique, du dioxyde de carbone (CO_2) atmosphérique. Celui-ci se dissout dans la pluie, puis réagit avec les roches silicatées des continents et finit par être emporté au fond des océans, où il se fige sous forme de sédiments pour des millions d'années. En participant à la régulation du CO_2 atmosphérique et donc à l'effet de serre, l'eau s'est offert un climat propice à son maintien à l'état liquide. Car pour couler des jours tranquilles, elle doit éviter l'excès d'effet de serre autant que son absence : sans effet de serre, la température moyenne sur Terre serait de -18 °C, contre 15 °C aujourd'hui. Des ratés dans ce mécanisme ont déjà joué des tours aux océans par le passé : il y a 650 millions d'années, une intensification des pluies a accentué la fixation du CO_2 dans les roches dissoutes et abouti à une baisse drastique de l'effet de serre, au point de générer une glaciation globale pendant des millions d'années. C'est l'un des épisodes de « Terre boule de neige » qu'a connu notre planète.

Un deuxième mécanisme de régulation a évité à l'eau de s'échapper entièrement dans l'espace (comme c'est arrivé à Mars, notamment à cause du vent solaire, des particules chargées éjectées de notre étoile et qui arrachent petit à petit des molécules de l'atmosphère de la planète). La Terre est protégée de ce phénomène grâce à son champ magnétique. En revanche, elle n'est pas immunisée contre l'action des rayons ultraviolets (UV) émis eux aussi par le soleil et dont l'énergie, dans la haute atmosphère, est assez forte pour casser la liaison entre l'oxygène et l'hydrogène, dissocier les molécules d'eau et permettre à l'hydrogène de s'échapper dans le cosmos. C'est le sort qu'a subi une grande partie de l'eau de Vénus, plus proche que nous du Soleil et d'autant plus soumise à la puissance de ses rayonnements.

Sur Terre, cette fois-ci, c'est l'atmosphère qui a sauvé l'eau. À basse altitude, celle-ci est assez épaisse pour protéger la vapeur d'eau des UV. À mesure que l'eau s'élève vers la haute atmosphère, le danger s'accroît pour elle, mais la température, dans le même temps, diminue : cela constitue un salvateur « piège froid » qui condense l'eau en nuages et l'empêche de s'élever trop haut. Ainsi, dans la stratosphère, au-delà de 12 km d'altitude, l'eau ne constitue guère plus de 0,0001 % de l'air ! L'eau dissociée par les UV est donc minime. Si l'on reprend l'image d'une Terre parfaitement lisse, sur laquelle l'eau s'étalerait sur 3 km d'épaisseur, on estime que la planète n'a perdu à cause des UV qu'un mètre d'eau par milliard d'années.

La voie des airs est donc solidement verrouillée. Mais une autre fuite a été détectée, de l'autre côté : la croûte océanique est en effet loin d'être étanche. Des minéraux hydratés s'y forment en permanence, s'accaparant une partie de l'eau des abysses, comme par exemple la serpentine, un minéral contenant 12 % de son poids en eau. « Sans un retour massif de l'eau de la croûte océanique, l'eau des océans disparaîtrait en moins de 100 millions d'années », calcule dans un ouvrage collectif[4] le géochimiste Pierre Cartigny. On peut noter au passage qu'en hydratant les roches et en jouant sur leurs propriétés mécaniques, l'eau exerce un rôle fondamental dans le mécanisme de subduction, là où les plaques océaniques plongent sous les plaques continentales. C'est ce moteur de la tectonique des plaques qui

4. *L'Eau à découvert*, sous la direction d'Agathe Euzen, Catherine Jeandel et Rémy Mosseri, CNRS Éditions, 2015.

permet, entre autres, la formation des reliefs, des montagnes, des continents, et contraint l'océan à n'occuper que 70 % de la surface du globe. Dans le processus toutefois, d'énormes quantités d'eau sont ainsi injectées dans le manteau de la Terre et, bien que les estimations soient très délicates, celui-ci pourrait contenir autant voire plusieurs fois le volume d'eau de nos océans de surface ! Fort heureusement, dans ces zones de subduction, la pression et la température provoquent d'autres réactions qui aboutissent à une remontée d'eau en surface. Le volcanisme, au niveau des dorsales océaniques notamment, contribue aussi à réinjecter cette eau profonde vers la surface, pour un résultat qui semble équilibré depuis plus de 2,5 milliards d'années.

Voilà comment, après ce rapide et non exhaustif récit des origines des eaux planétaires, nous pouvons affirmer que notre 1,4 milliard de kilomètres cubes d'eau liquide est une réserve stable et inépuisable sur laquelle nous autres Terriens devrions pouvoir compter encore quelques centaines de millions d'années. Reste maintenant à comprendre comment est orchestré le cycle de l'eau et par quelle ironie du sort nous risquons d'avoir de plus en plus soif dans un monde largement inondé.

Le Soleil, l'eau douce et nous

Non contente d'empiler les milliards et milliards de tonnes, l'eau est aussi hyperactive. En mouvement perpétuel, elle change d'état et de vitesse pour infiltrer les coins les plus reculés du monde et embrasser toutes les temporalités. Dans l'atmosphère, les molécules gazeuses surexcitées séjournent à peine huit jours avant de se condenser et de retomber en myriades de gouttes de pluie pouvant dépasser les 30 km/h. Les glaciers, si massifs et inamovibles au premier abord, creusent les montagnes en glissant chaque année de quelques centaines de mètres. L'eau gelée peut y attendre patiemment la fonte pendant des milliers d'années et, une fois liquéfiée, dévaler en torrents, gonfler en rivières et confluer jusqu'à l'estuaire pour rejoindre la mer en quelques jours seulement. Dans les profondeurs du sous-sol, l'eau piégée par des couches imperméables peut mettre 20 000 ans à trouver la faille vers la surface. Au cœur des océans, la puissante circulation dite « thermohaline » brasse l'eau de la surface aux abysses, de l'Atlantique au Pacifique en passant par l'océan Indien, tel un gigantesque tapis roulant qui met plus de mille ans à boucler la boucle.

Vous vous souvenez des grosses flèches bleues et des schémas colorés du cycle de l'eau que vous aviez appris à l'école ? Ce grand cycle de l'eau qui s'évapore des océans puis se condense en nuages, tombe en pluie sur les continents puis s'écoule jusqu'aux fleuves et retourne à la mer ? En réalité bien plus complexe, tels les rouages d'une vaste machine, la grande boucle de l'eau est composée de plusieurs boucles plus petites. Par exemple, sur les 420 000 km^3 s'évaporant chaque année des océans (à 20 % près, selon les estimations des chercheurs[5]), 90 % retournent directement à la mer, sous forme de pluie, sans passer par les continents. Sur la terre ferme, à l'inverse, la majorité de l'eau qui tombe du ciel (110 000 km^3 par an) est issue d'une vapeur d'eau qui ne vient pas de l'océan mais de l'évapotranspiration des sols et des végétaux. Et on pourrait encore multiplier les exemples. Mais au fond, pourquoi toute cette agitation ? Qu'est-ce qui fait tourner le cycle de l'eau ? La réponse tient en un mot : le Soleil. L'énergie thermique transmise par les rayonnements solaires est le moteur fondamental de ce grand ballet hydrique. Plus précisément, les contrastes de chaleur, associés à des contrastes de salinité, modifient localement la densité de l'eau, font plonger l'eau froide et dense, remonter l'eau chaude, et actionnent ainsi le tapis roulant des courants océaniques. De même, les contrastes de températures entraînent-ils les mouvements de l'atmosphère, dont les vents sont aussi liés aux mouvements de surface des océans.

Quant à l'évaporation, elle se produit à température ambiante sous l'action du Soleil, ce qui vous semble peut-être assez singulier si, comme moi, vous aviez en tête que l'eau, au niveau de la

5. Voir par exemple l'étude B. W. Abbott *et al.*, *Nature Geoscience 12*, 533-540, 2019.

mer, n'arrivait à ébullition pour se changer en gaz qu'à partir de 100 °C… Pas de panique, on ne vous a pas menti. Mais il faut zoomer à l'échelle moléculaire pour comprendre ce qu'il se passe. Quand je vous disais que l'eau était en mouvement perpétuel, c'est d'autant plus vrai si l'on regarde ses molécules, les fameuses H_2O. Elles bougent en permanence et avec d'autant plus d'excitation qu'elles sont chaudes : c'est ce qu'on appelle l'agitation thermique. Cette agitation vient contrecarrer une autre tendance naturelle de l'eau : se lier à ses voisines, les atomes d'hydrogène d'une molécule d'eau étant attirés par l'atome d'oxygène de ses camarades. Dans la glace, cette liaison hydrogène l'emporte, toutes les molécules sont reliées, bien rangées en successions de motifs cristallins, et l'agitation thermique est faible. À l'état gazeux, c'est l'agitation thermique qui domine et les molécules se lient péniblement à quelques-unes de leurs voisines tout au plus. Mais alors dans l'eau liquide ? Eh bien, ça dépend : les molécules d'eau se lient par petits paquets qui se font et se défont en permanence. À 100 °C, l'agitation thermique rompt toutes les liaisons et c'est l'ébullition. Mais avant cela, dans le liquide à température ambiante, toutes les molécules n'ont pas la même énergie. Cette instabilité permanente permet à certaines molécules suffisamment agitées de s'échapper régulièrement dans l'air, au niveau de la surface : c'est ce qui se passe lors de l'évaporation. Le phénomène inverse se produit également : parmi les molécules d'eau présentes dans l'air, celles avec la plus faible énergie vont régulièrement se condenser et retourner se reposer dans le liquide. Lorsque le nombre de molécules d'eau sous forme de gaz est assez important, les échanges dans les deux sens se compensent et un équilibre s'établit. Autrement dit, lorsque l'air est saturé d'humidité, l'évaporation s'arrête. Or, plus l'air est chaud, plus il peut contenir d'humidité et donc plus l'évaporation est importante. Ce qui, on le verra, joue un rôle crucial en plein réchauffement climatique…

L'autre intérêt majeur, pour nous, de cette évaporation, c'est qu'elle distille l'eau de l'océan. La vapeur qui monte dans l'atmosphère s'est débarrassée du sel resté dans le liquide. Cette eau douce ne représente cependant que 3 % de l'ensemble des eaux planétaires de ce grand cycle, que l'on nomme l'hydrosphère. Je ne résiste pas à l'envie de vous glisser un autre paradoxe au passage : c'est l'eau douce qui rend la mer salée. Plus précisément, qui l'aide à rester salée. Par érosion des roches continentales via l'eau de pluie et le ruissellement, les fleuves apportent chaque année 2 milliards de tonnes d'ions[6] (magnésium, calcium, sodium, etc.) à l'océan. Ils compensent ainsi (aidés par les sources hydrothermales et l'érosion des littoraux qui relâchent également leur part de sels) les minéraux que perd l'océan de l'autre côté, piégés notamment dans les roches basaltiques (issues de l'éruption de magma), au niveau des dorsales et autres éruptions au fond de l'océan. Mais revenons à l'eau douce. Elle s'accumule principalement à l'état solide, dans les calottes glaciaires, glaciers et neiges éternelles approximativement pour les deux tiers[7], et à l'état liquide dans le sous-sol pour un tiers, dont une part importante est trop profondément enterrée pour être accessible. Les lacs et cours d'eau se partagent les maigres résidus de la ressource, soit à peine 0,3 % de l'ensemble des eaux douces ! Évoquer les stocks a toutefois un intérêt limité lorsqu'il est question d'un cycle et d'une eau continuellement en mouvement. Les hydrologues préfèrent donc évoquer les flux et estiment que les fleuves rendent chaque année 45 000 km^3 d'eau à la mer. De ce flux « d'eau douce renouvelable », les activités humaines prélèvent chaque année près de la moitié, soit 24 000 km^3, ce qui relativise tout de suite l'impression initiale d'abondance…

Un dernier mot, en guise d'ouverture ontologique, pour conclure cette présentation générale de l'hydrosphère. Il existe une sous-catégorie encore plus ténue et marginale que l'eau douce renouvelable accessible : « l'eau biologique ». Elle désigne

6. D'après les estimations données par le professeur Pierre Thomas, du Laboratoire de géologie de Lyon, à l'ENS de Lyon, qui souligne plutôt, au vu des volumes concernés, que la bonne question à se poser est : « Pourquoi la mer est-elle si peu salée ? » Il y répond dans cet article en ligne sur planet-terre.ens-lyon.fr : « Un volcanisme bien méconnu et pourtant si riche d'enseignement : le volcanisme du Crétacé supérieur du Pays basque, ses *pillow-lavas* et la salinité de l'eau de mer », 12 septembre 2016.
7. Voir notamment Abbott *et al.*, 2019 (*op. cit.*). La répartition de l'eau terrestre est complexe à estimer, les chiffres varient selon les sources et il faut surtout retenir les ordres de grandeur.

l'eau intégrée aux biomolécules, c'est-à-dire toute l'eau présente à l'instant t dans les organismes vivants. Elle est estimée à environ 1 000 km^3, soit 0,0001 % de l'eau de la Terre. Mais cette eau fait tout de même partie du cycle global et nous y relie de belle manière. Car le corps humain est majoritairement constitué d'eau : 60 % de la masse chez les hommes et 50 à 55 % chez les femmes[8] (et de manière contre-intuitive, le sang ne représente d'ailleurs qu'une petite minorité de cette eau, la grosse majorité étant contenue à l'intérieur des cellules). En première approximation, l'être humain est donc essentiellement une poche d'eau. Une belle variation sur le thème de la vanité humaine… ou une façon assez excitante de nous intégrer à l'hydrosphère terrestre. D'autant que l'eau de notre corps se renouvelle, elle aussi, en permanence : une molécule d'eau y reste environ une dizaine de jours, la vidange intégrale du corps prenant une cinquantaine de jours à tout casser. Ce flux permanent, qui constitue la moitié du poids de votre corps, apporte par sa vertu de solvant universel d'indispensables sels minéraux et nutriments aux cellules et permet des réactions chimiques essentielles dans l'organisme. Sans compter ses autres fonctions physiologiques, comme la régulation thermique du corps. Une perte d'à peine 15 % de cette eau corporelle s'avère ainsi mortelle pour les humains. Ce détour anthropocentrique ayant, je l'espère, capté l'attention des lecteurs les plus volatils, revenons à l'échelon planétaire. Et penchons-nous plus particulièrement au-dessus de l'Hexagone.

La France, paradis bleu ?

À première vue, l'eau coule à flots en France métropolitaine. Nous recevons chaque année en moyenne sur la tête 512 milliards de mètres cubes de précipitations. La majorité de cette eau, 60 %, est absorbée par les plantes et repart directement dans l'atmosphère via l'évapotranspiration. Ce cycle express passant par la végétation correspond à ce qu'on appelle « l'eau verte ». Il nous

8. Pour plus de détails sur l'eau corporelle, voire notamment le manuel médical MSD, dont une version grand public et française est disponible en ligne sur msdmanuals.com.

reste donc 210 milliards de mètres cubes de « pluie efficace », c'est-à-dire d'eau douce qui se renouvelle chaque année, coule en surface et dans les nappes phréatiques du pays, et qu'on appelle « l'eau bleue »[9].

Est-ce beaucoup ? Oui et non. Nous sommes plutôt bien lotis par rapport à nos voisins si l'on compare nos 210 milliards de mètres cubes aux 154 milliards de l'Allemagne ou aux 111 milliards de l'Espagne[10]. Si l'on ramène ces chiffres au nombre d'habitants, la France disposait en 2018 de 3 247 m^3 par habitant et par an, contre 1 853 m^3 pour l'Allemagne, ces chiffres s'expliquant notamment par les différences de surface et de densité de population entre les deux pays. Nos ressources peuvent donc sembler confortables, mais à l'échelle mondiale, la moyenne est de plus de 5 000 m^3 par habitant et par an, la palme revenant à l'Islande et ses plus de 500 000 m^3 par habitant ! En dessous de 2 500 m^3 par habitant, un pays est considéré par l'Organisation mondiale de la santé (OMS) en situation de vulnérabilité et sous le seuil de 1 700 m^3, on parle alors de stress hydrique. C'est la situation à laquelle sont par exemple confrontés des pays comme l'Inde ou Israël, classés en 2019 par le World Resources Institute parmi les 17 pays – et le quart de la population mondiale – exposés à un niveau « extrêmement élevé » de stress hydrique. À noter que cette norme très générale a de nombreuses limites : le manque d'eau est une notion relative, qui dépend des usages, comme je vous le martèlerai dans les pages de ce livre. Une même ressource induira un niveau de stress hydrique effectif bien différent selon les besoins et les activités d'un pays.

A priori, la France a donc de la marge. En surface, notre « eau bleue » foisonne en une myriade de cours d'eau : plus de 430 000 km en tout, soit le plus vaste réseau hydrographique

9. Pour les chiffres de l'eau à l'échelle de la France, voir le rapport « Eau et milieux aquatiques. Les chiffres clés. Édition 2020 », du Service des données et études statistiques (SDES) du ministère de la Transition écologique.
10. Données FAO (*Food and Agriculture Organization*, Organisation des Nations Unies pour l'alimentation et l'agriculture) - Aquastat pour l'année 2018.

d'Europe[11]. J'ai toujours trouvé assez hypnotiques ces cartes hydrographiques représentant tous les cours d'eau du pays, comme des réseaux emboîtés de veines aux trajets improbables. On peut s'amuser à y remonter virtuellement le cours d'un fleuve, qui se divise en fractales presque infinies à mesure que l'on zoome sur le territoire. Ces motifs inattendus, presque vivants, valent d'ailleurs le joli nom de « chevelu » à l'ensemble des rus et ruisseaux qui convergent vers une rivière. Et tant qu'on est dans les définitions, on appelle « bassin versant » l'ensemble du territoire sur lequel l'eau converge vers un même objectif : la sortie du bassin en un flux unique, l'exutoire. Par simplification, la France métropolitaine est divisée en sept grandes régions hydrographiques, qui rassemblent des bassins versants spatialement cohérents : Artois-Picardie, Rhin-Meuse, Seine-Normandie, Loire-Bretagne, Adour-Garonne, Rhône-Méditerranée et Corse. À ces grandes régions correspondent six agences de l'eau (la Corse étant rattachée à l'agence Rhône-Méditerranée), établissements publics de l'État chargés de collecter les redevances sur l'eau pour financer et conseiller les acteurs locaux sur les politiques de l'eau. En plus des cours d'eau plus ou moins chevelus, ces bassins englobent les quelque 25 000 lacs, étangs, retenues et autres plans d'eau qui couvrent 352 000 ha du pays, ainsi que les vastes réserves d'eau souterraine, dont les stocks, très fluctuants, sont estimés à environ 2 000 milliards de mètres cubes.

Il faut pourtant apporter de sérieux bémols à ce tableau hydro-idyllique. D'une part, parce que ces chiffres absolus sont trompeurs, ils cachent de fortes disparités internes, géographiques et temporelles. D'autre part, parce qu'une ressource n'est jamais abondante en soi, elle l'est en fonction des besoins et donc des usages qui en sont faits.

---

11. La mesure du total des linéaires de cours d'eau en France est à prendre avec prudence car elle dépend de la définition d'un « cours d'eau », qui ne met pas tout le monde d'accord. Peut être considéré comme tel un écoulement d'eau possédant un lit naturel d'origine, étant alimenté par une source et ayant un « débit suffisant » une majeure partie de l'année, ce dernier critère étant particulièrement flou. De nombreux cours d'eau intermittents ont ainsi été effacés des cartographies depuis 2015, au grand dam des associations environnementales, puisque ce déclassement prive ces eaux de toute mesure de protection, et notamment de limitation d'usage des pesticides à proximité de ces rus et ruisseaux.

Premier bémol : la majorité de ces eaux tombent du ciel à l'automne et en hiver, et elles sont beaucoup moins abondantes en période de « basses eaux », notamment l'été, précisément quand la demande est forte. Environ 15 % seulement du volume d'eau qui traverse le territoire chaque année le fait entre juin et août[12]. Or, 60 % de la consommation annuelle a lieu précisément sur ces trois mois de période estivale. En outre, les contrastes météorologiques entre les régions françaises sont très forts. Les précipitations ont, par exemple, un faible pour les reliefs. Quand l'air humide bute sur une colline ou une montagne, il est contraint de monter en altitude, ce qui le refroidit. L'air plus froid pouvant contenir moins d'humidité, il finit par générer de la pluie. Ce phénomène dit « effet orographique » explique que les zones les plus arrosées du pays soient notamment celles de nos massifs : Alpes, Pyrénées, Corse, Massif central, Vosges et Jura. Il peut ainsi tomber entre 1 800 et 2 200 mm de pluie par an dans certaines régions de Savoie, du Jura ou des Vosges : c'est quatre fois plus qu'à Marseille !

Deuxième bémol qui complique l'équation : les usages de l'eau sont aussi très divers et variables selon les régions. Sur le bassin Adour-Garonne, l'écrasante majorité de l'eau consommée (78 %) est destinée à l'agriculture, tandis qu'elle sert à 58 % à la production d'électricité sur le bassin Rhin-Meuse[13]. L'élevage, les cultures irriguées ou le refroidissement des centrales nucléaires font partie des activités très gourmandes en eau, ce qui génère, à population constante, d'énormes écarts entre les besoins. L'Ille-et-Vilaine prélevait environ 54 000 m^3 d'eau en 2016 contre plus de… 5 millions de mètres cubes dans la Drôme, qui compte pourtant deux fois moins d'habitants. Il faut ici noter une subtilité importante dans la manière de parler des usages de l'eau : on distingue l'eau prélevée de l'eau consommée. L'eau utilisée est dite « prélevée » lorsqu'elle est restituée au milieu aquatique après usage, au contraire de la seconde. Par exemple, une centrale nucléaire peut prélever l'eau d'un fleuve

12. Moyenne sur les années 2008 à 2018. Voir le rapport « Eaux et milieux aquatiques. Les chiffres clés. Édition 2020 » (*op. cit.*).
13. *Ibid.*, ministère de la Transition écologique, 2020.

pour ses besoins de refroidissement avant de la restituer un peu plus tard (et un peu plus chaude) au même fleuve. La part d'eau qui s'échappe des tours de refroidissement sous forme de vapeur est quant à elle perdue pour le fleuve et correspond à de l'eau dite « consommée ».

En France, sur les 210 milliards de mètres cubes d'eau douce renouvelée chaque année, les activités humaines en prélèvent environ 32 milliards de mètres cubes, dont la moitié sert à refroidir les centrales électriques. Si l'on regarde les volumes consommés, on arrive à 5,3 milliards de mètres cubes par an. Le refroidissement des centrales compte toujours pour 31 % de ce volume, mais le premier consommateur est l'agriculture, avec 45 % du total. La production d'eau potable complète le tableau avec 21 %, loin devant les 3 % des usages industriels.

Oui, je sais, une consommation de 5,3 milliards de mètres cubes sur 210 milliards, on peut se demander si parler de pénuries n'est pas une vaste blague… Mais si vous avez bien suivi mes explications, vous commencez à comprendre comment certaines régions, en périodes critiques, peuvent tout de même se retrouver dans une situation délicate.

Et puis, il faut ajouter un dernier bémol à l'impression d'abondance initiale, et pas des moindres : l'eau est un milieu de vie. Contrairement à une vulgaire nappe inerte de pétrole dans laquelle on puise sans retenue, l'eau compte de nombreux usagers autres qu'humains, qu'il faut prendre en considération. L'ensemble des écosystèmes en dépend, à commencer par la faune et la flore aquatiques. Il ne faut donc pas se figurer les eaux comme une ressource à gérer jusqu'à ce que la jauge tombe à zéro. Le seuil limite se situe bien avant si l'on ne veut pas transformer la France en désert. Dans les rivières, on appelle débit minimum biologique (DMB) le débit minimum à conserver pour y garantir la vie, la circulation et la reproduction des espèces qui y habitent. Ainsi, lorsqu'un ouvrage – barrage, dérivation ou autre – est construit sur le lit d'un cours d'eau, le Code de l'environnement stipule que, hors cas particuliers, la gestion de la retenue doit garantir un débit minimal à l'aval de l'ouvrage d'au moins un dixième du débit moyen annuel du cours d'eau. Bien que simpliste dans sa prise en considération des exigences – complexes – des milieux, cette définition réglementaire a le mérite de rappeler la nécessité de prendre en compte cette vie aquatique. Aujourd'hui, la politique française de l'eau découle de la réglementation européenne, et la Directive-cadre sur l'eau (DCE), adoptée par l'Union européenne en 2000, fixe des objectifs généraux de protection ou de restauration du bon état des milieux aquatiques. Des plans de gestion doivent être élaborés par bassin et issus de la concertation de tous les acteurs du territoire au sein de Comités de bassin, orchestrés par les agences de l'eau. Je vous épargne – pour l'instant – la profusion de sigles et l'empilement d'institutions chargées d'appliquer tout ça.

De tout cela découle un constat essentiel : hors année exceptionnelle comme 2022, et sans présager d'un réchauffement climatique futur, la disponibilité de l'eau est en réalité déjà critique dans plusieurs régions de France. En dehors même des périodes de sécheresse, certains territoires sont « quotidiennement fragiles », c'est-à-dire que les besoins en eau y dépassent structurellement la quantité d'eau disponible. Ces zones sont classées, par le Code de l'environnement, zones de répartition des eaux (ZRE). « Au fil des années, les ZRE sont de plus en plus étendues : c'est un signal fort puisque les territoires présentant une "fragilité chronique" gagnent du terrain », écrivent sur un site commun[14] les six agences de l'eau et le ministère de la Transition écologique. De fait, une large bande ZRE traverse le pays, partant de l'Occitanie, remontant le long de la Garonne puis dans le Poitou, le Val de Loire et englobant le Bassin parisien. Cette classification abaisse sur le territoire concerné les seuils à partir desquels une déclaration ou une autorisation sont nécessaires pour le prélèvement des eaux. Ce qui n'empêche pas une détérioration régulière de la situation… Lorsque, malgré les outils visant à quantifier les prélèvements et résorber les déficits,

14. Site public consacré à une série de vulgarisation sur l'eau : enimmersion-eau.fr. Voir « Les zones de répartition des eaux ».

les ressources viennent à manquer, la préfecture peut déclencher quatre niveaux d'alerte sécheresse (vigilance, alerte, alerte renforcée et crise) venant restreindre les usages. Le niveau de crise, appliqué à Morteau en 2022, interdit notamment, sauf dérogation, toutes les irrigations agricoles et les arrosages privés de potagers, de voitures et d'espaces publics. Or, de vastes zones, recouvrant en grande partie les ZRE, subissent depuis plus de dix ans des décrets de « crise sécheresse » presque systématiques : c'est le cas par exemple dans le Lot ou en Vendée, où des épisodes de restriction de niveau crise de plus d'un mois sont intervenus sept à neuf années entre 2012 et 2020. « Chaque année depuis 2017, des restrictions d'eau ont été prescrites sur au moins 30 % de la superficie du territoire métropolitain, eaux superficielles et souterraines confondues », rapportait également le ministère de la Transition écologique en 2020.

Tout cela serait-il en train de s'emballer sous l'effet du dérèglement climatique ? Patience, nous allons bientôt nous pencher sur les scénarios du futur climatique du pays. Mais avant cela, il reste un pan majeur du cycle de l'eau à explorer, un facteur crucial pour comprendre la répartition de la ressource et expliquer, entre autres, cette curiosité : comment le Doubs, l'une des régions où il pleut le plus en France, peut-il être également l'un des lieux subissant les plus sévères pénuries ? Il est temps de s'intéresser à la géologie et de retourner à Morteau, sur la piste des eaux cachées du sous-sol.

Les méandres invisibles du cycle de l'eau

« Pointez bien votre lampe vers le sol, il ne faut pas déranger les chauves-souris ! » Nous sommes le 11 août 2022, lendemain de mon arrivée à Morteau. Mon guide, comme l'ambiance, a radicalement changé : j'ai troqué le maire contre un spéléologue, et la torpeur caniculaire de l'été contre une fraîcheur saisissante venue des profondeurs. Nous avançons à la lueur de nos smartphones dans une grotte d'une dizaine de mètres de haut. Je progresse en tâtonnant contre une paroi lisse comme une baignoire, signe de la longue et puissante érosion du courant. Pourtant, les cailloux sur lesquels je trébuche sont formels : pas la moindre trace d'eau en ces lieux. « L'hiver, le courant est très fort. On le remonte en passant par cette petite ouverture, là-haut. J'avais posé une échelle au-dessus du torrent pour passer. » D'où vient toute cette eau, alors ? Et où disparaît-elle si soudainement quand pointe la sécheresse ? C'est pour répondre à ces questions que je chemine derrière Christophe Rognon sur son terrain de prédilection. Ce géologue, expert en géotechnique des sols et en construction BTP sur terrains accidentés, est aussi spéléologue, passionné intarissable et vice-président du Comité départemental de spéléologie du Doubs. « On est peu nombreux, les spéléos, dans le Doubs, mais on est actifs. On a recensé plus de 7 000 cavités sur le département. Ce sol est une espèce de gruyère dont on n'a encore exploré qu'une infime partie ! »

Invoquer le gruyère pour décrire les entrailles de la terre au pays du comté pourrait passer pour une infamie, mais il faut admettre que l'image est parlante. En des termes plus géologiques, le sous-sol de la région est défini comme un système karstique : il est constitué de roches solubles, lentement creusées par l'eau jusqu'à former un vaste réseau de fissures, cavités et galeries où l'eau peut s'infiltrer et s'écouler à foison. Le massif jurassien qui englobe le Doubs est essentiellement formé de calcaire. L'eau, rendue acide au contact de l'humus du sol, le dissout à merveille. Ce qui, d'une certaine manière, est un juste retour des choses, puisque c'est dans l'eau que s'est d'abord formé ce calcaire, il y a des dizaines de millions d'années.

La roche, ici, nous ramène à des échelles de temps vertigineuses : ces parois que je tâte à l'aveugle en spéléologue du dimanche sont le fruit de millions et millions d'années d'accumulation de sédiments marins, lorsque des mers et lagunes parsemées d'îles aux allures tropicales recouvraient la région pendant l'ère mésozoïque (entre -252 et -66 millions d'années). C'est plus précisément et surtout au cours du jurassique (-201 à -145 millions d'années) que se sont surtout formés les calcaires du Jura (jurassique… Jura… Vous l'avez ? Notez que c'est la région qui a donné son nom à la période géologique et non l'inverse). Encore quelques dizaines de millions d'années plus tard, l'océan s'est retiré et, avec le coup de pouce musclé des Alpes voisines, elles-mêmes soulevées par la remontée de la plaque africaine, la surface calcaire s'est plissée jusqu'à former la chaîne de montagnes du Jura.

Cette histoire a forgé, durant ces âges lointains, la structure du sous-sol qui régit le destin de l'eau dans le karst aujourd'hui. En s'accumulant, les sédiments ont formé le calcaire sous forme de strates horizontales successives. À la perpendiculaire de ces strates, le temps et les diverses pressions exercées sur la roche ont aussi généré des fissures verticales, que l'on nomme des diaclases. L'ensemble a formé une espèce de Rubik's Cube géant : un beau quadrillage en 3D de fissures, diaclases et interstrates, que l'eau n'avait plus qu'à suivre pour creuser avidement ses galeries. Christophe Rognon me montre fièrement les photos de ses descentes en rappel dans ces diaclases, larges comme une cheminée et profondes de dizaines de mètres. « À notre échelle, le calcaire en tant que tel est imperméable. Vous pourriez creuser une auge dans un bloc pour abreuver les bêtes sans problème. Mais à grande échelle, c'est ce réseau karstique qui le rend perméable. » Et pas qu'un peu : l'eau peut former dans le karst de véritables rivières souterraines. Attention toutefois à ne pas imaginer les systèmes karstiques uniquement comme de vastes galeries où l'on pourrait se promener à son aise. Le réseau comprend aussi de nombreuses microfissures et des voies d'infiltration aussi variables que difficiles à tracer. Quoi qu'il en soit, le karst évacue l'eau à grande vitesse. Lorsqu'elle s'infiltre dans ce type de sous-sol, elle peut progresser de plusieurs dizaines de mètres par jour, voire plusieurs kilomètres. C'est cette très faible inertie qui explique les forts contrastes observés dans le Doubs : même s'il pleut énormément pendant l'hiver, l'eau sera drainée et évacuée très rapidement, tandis que quelques semaines sans précipitations peuvent suffire à épuiser les réserves du milieu.

Cette euphorie torrentielle est tout de même entravée dans son élan par un autre phénomène qui complique le schéma :

des couches de marne, mélange d'argile et de carbonate, se sont elles aussi sédimentées et intercalées entre les couches de calcaire. Ces belles lignes superposées en lasagnes ont ensuite été complètement plissées en accordéon lorsque, de plancher océanique, la région est devenue montagnes. Or, les marnes, elles, ne sont pas dissoutes par l'eau et ne la laissent pas s'écouler tranquillement. Ces couches étanches constituent donc des barrières qui délimitent et réorientent les nappes d'eau souterraines. En résulte ce sous-sol digne d'une « boîte noire », selon l'expression de Christophe Rognon. Un véritable labyrinthe aquatique qui a, par le passé, joué des tours quelque peu alcoolisés aux Francs-Comtois…

Les locaux connaissent bien cette histoire : en 1901, les usines Pernod de Pontarlier ont pris feu, contraignant au déversement dans le Doubs de quelque 600 000 litres d'absinthe. Le surlendemain, des traces du spiritueux donnèrent une coloration singulière à… la Loue. Cette rivière, connue pour sa source magnifique jaillissant d'une grotte au pied d'une falaise, est un affluent du Doubs. Ce qu'a révélé cet incident, c'est qu'elle en était également une résurgence : l'eau du Doubs, par de souterraines voies karstiques jusque-là insoupçonnées, donne naissance à la Loue, avant que celle-ci finisse par se jeter à nouveau dans le même Doubs, 122 km plus loin !

Plus j'en apprends sur ces mécanismes invisibles à l'œuvre sous nos pieds, plus la lecture du paysage se révèle riche et fascinante. Outre ces tours de passe-passe entre Loue et Doubs, l'eau est aussi en surface l'architecte en chef des paysages jurassiens. Une fois revenus à l'air libre, mon guide m'entraîne par monts et par vaux sur les plateaux du massif jurassien. Pour qui sait regarder, le karst se montre partout. Çà et là, dans les prairies, des trous : ce sont des dolines. À force de grignoter la roche par en dessous, l'eau provoque par endroits ces effondrements en surface. Parfois, ce sont de simples dépressions de terrain de quelques mètres, parfois, de véritables gouffres. « Celui-là fait 13 m de profondeur, l'autre à côté 228 m. Je les ai explorés. » Je m'avance prudemment entre les hautes herbes jusqu'à surplomber le vide. Le trou tombe à pic, sans prévenir. Heureusement, des barbelés clôturent les dolines pour prévenir les chutes fatales des touristes ou du bétail.

Les habitants, ici, ont appris depuis de nombreuses générations à vivre au milieu de ces pièges d'eau et de calcaire. Au bout de la prairie, à la lisière des arbres, Christophe Rognon m'indique une vieille bâtisse délaissée. « C'est un vieux moulin à moitié effondré. Les anciens avaient construit une roue au bord d'un gouffre impressionnant de 16 m. Ils l'activaient pour faire tourner tout un tas d'activités. Il n'y a aucun cours d'eau ici, mais ils savaient profiter de la géologie du lieu, de l'humidité des tourbes pour générer une retenue et en tirer de l'énergie. »

L'évanescence de l'eau de la région ne serait donc pas une fatalité ? Entre les dolines et le vieux moulin, Christophe Rognon me conduit au beau milieu d'une zone humide, la tourbière des Guillemins. La tourbe résulte d'une fossilisation des débris végétaux, empêchés de se dégrader normalement à cause de la saturation en eau du milieu. Elle s'accumule au rythme prodigieusement lent d'un millimètre par an au maximum. Chaque mètre de tourbe dans le sol correspond à un bond de 1 000 ans dans le passé. Sa densité en fait l'une des plus massives sources de stockage de carbone : les tourbières représentent 3 % de la superficie terrestre, mais contiennent 25 % du stock mondial de carbone organique du sol. Raison pour laquelle leur dégradation est une catastrophe climatique et représente jusqu'à 10 % des émissions humaines de CO_2… Mais ce n'est pas encore notre sujet.

Les tourbières ne retiennent pas que du carbone : elles sont surtout composées à 90 % d'eau. Les sphaignes, une mousse typique de la surface des tourbières, retiennent 20 fois leur propre poids en eau ! Voilà donc une magnifique éponge géante qui, posée sur le karst, permet de ralentir considérablement l'écoulement des eaux. De fait, alors que je progresse dans la luxuriante végétation de la tourbière, mes chaussures finissent rapidement trempées. « Il paraît que c'est la sécheresse, en ce moment ? », me glisse le spéléologue avec un clin d'œil.

Au milieu des sphaignes spongieuses poussent des buissons, des myrtilles, parfois même quelques plantes carnivores comme le drosera, m'assure mon guide, qui n'oublie pas de m'avertir : « Ne marchez pas là, vous vous enfonceriez jusqu'à la taille ! » Entre les saules et les bouleaux épars volent des libellules, sur un tronc à moitié pourri tape un pic-vert : c'est l'autre richesse de ces tourbières qui abritent une riche biodiversité. « Il n'y a que les épicéas qui n'ont rien à faire là », râle Christophe Rognon. C'est en effet le développement de l'exploitation forestière qui a contribué à faire reculer les tourbières dans la région, et notamment celle des Guillemins. Le département a fait machine arrière il y a quelques années en acquérant ces prairies, classées comme « espace naturel sensible », et a entrepris de restaurer la zone humide.

Il a fallu installer des planches de bois pour aider le sol à se regorger d'eau. Christophe Rognon a aussi aidé à dépolluer les dolines, que certains ont longtemps prises pour des décharges. « Des batteries, des bidons d'huile, des détritus… j'ai tout retiré ! » Le comportement des pollueurs locaux prouve, a minima, la difficulté à comprendre la forte interconnexion des cours d'eau et le lien entre ce qu'on jette dans le karst et ce qui coule au robinet.

Nous continuons notre route pour en prendre la mesure, 6 km plus loin et 500 m plus bas, au fond du cirque de Consolation. Un panneau touristique indique : « Ce bout du monde est un havre de paix pour les animaux et les hommes : les premiers agriculteurs de l'âge de bronze, les religieux installés ici depuis 1438… » L'ancien monastère reconverti en centre culturel attire surtout les visiteurs pour sa magnifique reculée, un parc arboré encerclé par de puissantes falaises calcaires, écrin de la source du Dessoubre, affluent du Doubs, et de la grandiose cascade du Lançot, haute de 47 m… à sec lorsque nous arrivons. Il faut imaginer toutes les galeries dans le karst, derrière la falaise, et leur quadrillage anarchique de fissures et diaclases. L'eau est là, dormante, quelque part. « Elle s'accumule dans une cheminée d'équilibre, c'est-à-dire un puits plus bas que la source, l'exutoire. Il faut attendre la crue, que le niveau monte dans la cheminée, pour voir la cascade jaillir de la roche », détaille mon spéléologue. Un peu plus loin, une cascade plus modeste est, elle, toujours jaillissante. Claire comme de l'eau de roche, elle charrie ce secret depuis les tourbières du haut plateau : lorsque l'on souille le sol là-bas, les conséquences se retrouvent dans l'eau de source des kilomètres plus loin. Finalement, une source n'est jamais le commencement. Il est temps d'étendre la leçon à l'ensemble du pays.

Mosaïque de nappes et mammouth laineux

Comprendre le fonctionnement des sous-sols est fondamental si l'on veut suivre le cycle de l'eau. Sur nos 210 milliards de mètres cubes d'eau douce renouvelés annuellement, 120 milliards de mètres cubes s'infiltrent dans les nappes. Soulignons, d'ailleurs, que ces nappes ne correspondent pas vraiment à l'image d'Épinal du vaste lac souterrain reposant majestueusement dans sa cathédrale de stalactites. Il s'agit beaucoup plus, comme je l'ai décrit pour le karst, d'un ensemble de fissures et cavités minuscules ou plus grosses qui parsèment la roche, capable de se gorger d'eau à la manière d'une éponge. L'ensemble de ces roches poreuses capables de contenir de l'eau sont appelées aquifères. Lorsque l'eau s'infiltre dans l'aquifère, elle descend jusqu'à être bloquée par une strate imperméable. Elle s'accumule alors en remplissant les pores et remontant progressivement en hauteur. La zone saturée d'eau de l'aquifère constitue ce qu'on appelle la nappe.

Nos milliers de nappes souterraines peuvent être regroupées en trois grandes familles. La majorité du territoire est couverte de bassins sédimentaires – comme le Bassin parisien ou le Bassin aquitain – constitués de calcaire, de craies ou de sables qui se sont sédimentés au fil des âges. Ces bassins, très poreux, peuvent accueillir des nappes profondes et généreuses.

« Mais tous les calcaires ne sont pas karstiques comme dans le Jura. Dans les calcaires du Bassin parisien, l'eau a moins eu le temps de creuser et le calcaire est encore bien compact, donc les écoulements sont plus lents. De même, dans les craies poreuses, les pores peuvent être mal ou peu connectés entre eux et l'eau peut être bloquée, trouver son chemin petit à petit et mettre un an à parcourir quelques mètres ou dizaines de mètres. L'eau que l'on boit dans ces nappes peut ainsi avoir une vingtaine d'années », me précise au téléphone Violaine Bault[15], hydrogéologue au Bureau de recherches géologiques et minières (BRGM), le service géologique national. Ces bassins englobent donc déjà de fortes disparités, l'eau y circulant à une vitesse pouvant aller du mètre par an au kilomètre par an.

Tous les sous-sols de France ne sont cependant pas tranquillement nés par sédimentation au fond des océans. Une deuxième famille d'aquifères regroupe les roches volcaniques et cristallines, comme le granite ou le gneiss. Ces roches massives et très peu perméables sont issues d'éruptions volcaniques et de processus divers et complexes de refroidissement du magma. Des fracturations ultérieures permettent à ces aquifères, dits de socle, d'abriter de petites nappes qui sont généralement peu généreuses en eau. C'est le cas du Massif armoricain, recouvrant toute la Bretagne, la Vendée et jusqu'au Cotentin, et du Massif central, qui sont les deux grands domaines dits de socle du pays. La Corse est également essentiellement recouverte par un socle où l'on retrouve énormément de granite.

Enfin, une troisième grande famille concerne les aquifères alluviaux, autour des vallées creusées par les principaux cours d'eau et constituées de sables, galets et graviers déposés dans les limons par le courant. Elles contiennent des nappes souvent proches de la surface et qui accompagnent sous terre le mouvement des fleuves en surface. On parle aussi, pour ces nappes en lien étroit avec les cours d'eau, de « nappe d'accompagnement ».

15. Pour quelques explications, cartes et schémas plus détaillés, voir aussi l'article publié en 2021 par Violaine Bault sur le site theconversation.com : « En France, les pluies de mai permettront-elles de mieux affronter la sécheresse estivale ? »

Au total, 6 500 aquifères sont répertoriés en France, dont 200 ont une taille d'importance régionale[16].

Aquifères de socle, alluviaux et de roches sédimentaires : bien sûr, la réalité est plus complexe que ces trois archétypes et de joyeux mélanges se font sur le terrain. Ce qu'il est important de retenir, c'est que la structure des aquifères joue un rôle déterminant dans la vitesse du cycle de l'eau et sur les ressources que peut stocker un territoire. « On a des nappes à écoulement rapide, comme en Charente ou dans le sud de la Vendée, qui peuvent se vidanger en six semaines. Et des nappes inertielles, très lentes, où le niveau met plusieurs années à baisser, mais qui nécessitent aussi plusieurs hivers de recharge », explique Violaine Bault. Typiquement, la nappe de la Beauce, qui est la plus étendue d'Europe avec plus de 9 000 km^2 répartis au nord d'Orléans, de la Loire à la Seine, est très inertielle. Elle a conservé un niveau correct en pleine sécheresse historique à l'été 2022, et les agriculteurs de la région ont pu continuer à irriguer et à puiser dans les quelque 4 000 forages qui parsèment ses calcaires. En moyenne, en France, les deux tiers de l'eau potable sont puisés dans les nappes, ainsi qu'un tiers de l'eau destinée à l'agriculture.

À côté de ces nappes dites libres, où l'eau monte et descend au gré des pluies, il existe aussi des aquifères qui ont été coupés de la surface par une couche imperméable, comme des argiles, piégeant l'eau en profondeur. Ces « nappes captives » peuvent contenir des quantités considérables d'eau. C'est le cas de l'aquifère de l'Albien-Néocomien, enfoui sous les deux tiers du Bassin parisien. Peu profond et considéré comme une nappe libre sur ses bords, il s'enfonce progressivement pour atteindre 1 000 m de profondeur sous la Seine-et-Marne, où une couche d'argile l'isole de la surface. Cette eau captive, protégée des pollutions et donc de très bonne qualité, présenterait 700 milliards de mètres cubes, c'est-à-dire plus de trois fois le volume annuel renouvelé de tout le pays ! Elle constitue une réserve stratégique

16. « Prise en compte des services dépendants des aquifères dans les démarches d'évaluation des services écosystémiques », rapport BRGM, 2019.

pour la région et des forages sont entretenus pour fournir de l'eau à la population en cas de crise, d'attaque nucléaire, bactériologique ou autre situation critique.

Avec une moindre ambition, le baron Haussmann avait autorisé le forage profond dans Paris au milieu du XIXe siècle pour récupérer l'eau via des puits artésiens, d'où l'eau jaillit spontanément sous l'effet de la pression. Il reste aujourd'hui trois de ces puits en activité et en libre accès dans la capitale : à la Butte-aux-Cailles (13e arrondissement), au square Lamartine (16e) et au square de la Madone (18e). Si vous passez vous y désaltérer, songez que cette eau connaît un écoulement si lent que son temps de séjour est de 20 000 ans, dans ses zones les plus profondes. À cette époque glaciaire, la toundra remplaçait Paris et un mammouth laineux a peut-être été le dernier à marcher dans l'eau que vous venez de boire...

Sous la rivière coule une rivière

L'une des images marquantes de la sécheresse d'août 2022 fut celle du lit dénudé de la Loire. À Orléans, le débit du fleuve était si faible qu'on pouvait même le traverser à pied. Si l'anecdote est bien sûr révélatrice de l'intensité exceptionnelle de la sécheresse, tout n'est pas à mettre sur le dos de la chaleur ni du manque de pluies : la porosité du sol joue un rôle clé dans ces variations du fleuve, et la Loire n'était pas aussi basse partout sur son cours. En traversant le Val d'Orléans, l'eau s'infiltre massivement dans la nappe souterraine, avant de ressurgir dans le Loiret. Cela devient un mantra lorsque l'on plonge dans les enjeux du cycle de l'eau : tout est connecté. Les nappes que nous avons explorées ensemble sont importantes en elles-mêmes, du fait des volumes majeurs d'eau qu'elles concentrent, mais aussi en raison de leur relation permanente avec les eaux de surface, et notamment les rivières. Les aquifères ne se contentent pas d'alimenter les cours d'eau à leur source, comme à la cascade du Lançot. L'eau va et vient entre les rivières et les profondeurs sur toute leur longueur. De manière simplifiée, on pourrait voir la relation nappe-rivière comme un jeu de vases communicants. Les rivières coulent au niveau le plus bas des vallées (ce qui est logique puisqu'en plus de prêter allégeance à la gravité, l'eau contribue par érosion à creuser les paysages) et sont donc souvent bordées par des terrains surélevés par rapport à leur lit. Lorsque ces terrains sont des aquifères dont les pores sont gorgés d'eau à une altitude supérieure à celle de la rivière, autrement dit lorsque la nappe est plus haute que le cours d'eau, elle va alors naturellement s'écouler vers celui-ci. À l'inverse, si le niveau de la nappe est descendu sous celui de la rivière, c'est cette dernière qui sera drainée et alimentera la nappe. Ces mécanismes sont notamment dictés par les saisons : en période de crue, appelée aussi période de hautes eaux, ce sont les rivières qui vont remplir les nappes tandis qu'à l'étiage, c'est-à-dire lorsque le débit de la rivière est le plus faible, la nappe viendra soutenir le débit. Bien sûr, la situation varie fortement selon les situations géographiques et géologiques de chaque région. Dans la plaine de l'Ill, en Alsace, le Rhin alimente ainsi la nappe sur la majeure partie de son cours, tandis que dans la plaine du Forez, à côté des monts du Lyonnais, c'est la nappe qui alimente principalement la Loire[17]. « Eaux souterraines et eaux de surface [...] présentent des relations et une interdépendance hydrologique si étroites qu'elles constituent toutes les deux une ressource unique », souligne le BRGM[18].

Le voyage d'une goutte d'eau plongée dans une rivière est donc tout sauf un paisible écoulement jusqu'à la mer. Elle peut faire de nombreux allers et retours dans la roche avant de retrouver la salinité de l'océan. Les échanges sont plus particulièrement intenses avec ce qu'on appelle la zone hyporhéique, interface entre les eaux superficielles et les eaux souterraines. Sa taille dépend de la géomorphologie du cours d'eau, de sa perméabilité, et sera par exemple plus développée lorsque la rivière fait de généreux méandres. Or, cette interrelation entre les eaux de surface et du sous-sol est cruciale pour la vitalité des rivières : en période d'étiage, l'apport des nappes peut permettre d'éviter la

17. Naprom, rapport Onema, 2011-2014.
18. « Contribution à la caractérisation des relations entre eau souterraine, eau de surface et écosystèmes terrestres associés en lien avec la DCE », rapport BRGM 2010.

fragmentation du cours d'eau, laquelle peut bloquer le cycle de vie de la faune aquatique à des périodes critiques. L'alimentation par la nappe permet aussi à la rivière de moins subir le réchauffement, auquel elle est d'autant plus sensible que le débit est lent et peu profond. De même, le maintien d'un certain débit permet de limiter la concentration en polluant ou la prolifération excessive de plantes aquatiques[19].

Vous commencez à comprendre l'étendue des conséquences sur les rivières et les milieux que peuvent avoir les prélèvements d'eau en profondeur réalisés pour les activités humaines… Nous avons tenté dans ce premier chapitre de suivre le long voyage des eaux, dans leur colossal tapis roulant océanique, leur décollage vers les nuages par évaporation et leur cheminement sur terre dans les glaciers, les chevelus des rivières et les voies labyrinthiques du sous-sol. Mais ce grand cycle de l'eau reste bien trop idéalisé si l'on ignore l'influence humaine. Ce qui est, hélas, encore trop souvent le cas. Un groupe de chercheurs internationaux, dans une étude que j'ai déjà mentionnée[20], a réalisé une synthèse de la manière dont est représenté ce cycle dans le monde, en compilant 464 diagrammes : seuls 15 % de ces derniers y intégraient l'influence anthropique. Pourtant, nos activités canalisent une vaste partie des eaux vertes, dans nos cultures, des eaux bleues, prélevées pour l'irrigation, l'industrie et l'eau potable et même des eaux grises, une coloration créée spécialement pour nous, désignant nos eaux usées, domestiques et industrielles. « L'appropriation de l'eau douce par les humains redistribue la moitié de la décharge annuelle des cours d'eau et le double de la recharge annuelle de l'eau souterraine », rappellent les chercheurs, qui soulignent un élément capital à prendre aujourd'hui en considération : si le cycle de l'eau est perturbé à l'aval par nos prélèvements, il l'est peut-être encore davantage en amont par la manière dont nous changeons le climat. Le moment est venu de prendre notre écoanxiété à deux mains et de lever le voile sur ce que nous prépare le changement climatique.

19. Rapport BRGM 2019, *op. cit.*
20. Abbott *et al.*, 2019, *op. cit.*

CHAPITRE 2

La France du futur sera-t-elle un immense désert ?

La mémoire de l'eau

Entrons dans le maelström des enjeux climatiques par la petite porte de l'anecdote historique. En 1955, à l'université de Grenoble, un étudiant de 23 ans tombe sur une annonce : on cherche des volontaires pour partir en Antarctique, explorer les mystères de ce continent largement inconnu. Sur un coup de tête, le jeune Claude Lorius s'engage. Il se retrouve, deux ans plus tard, plongé au cœur du continent blanc. Avec deux camarades, il passe un an coupé du reste du monde, à étudier depuis la station Charcot les mécanismes du froid polaire. À cette époque, et dans une région aussi extrême, une telle mission scientifique n'a rien à envier aux grands récits d'aventures. Pendant plusieurs mois, les trois hommes devront vivre sans électricité ni radio pour contacter l'extérieur, la morsure du froid polaire venant tour à tour à bout de l'éolienne puis du groupe électrogène de la station, leur laissant quelques graisseuses lampes à pétrole pour seul éclairage. C'est aussi une époque où ces pionniers des glaces doivent manœuvrer presque à l'aveugle entre les crevasses, sans toujours éviter les chutes mortelles, et où plusieurs avions peuvent se crasher en tentant d'évacuer les explorateurs vers des terres plus paisibles, ainsi que le racontera Claude Lorius lui-même dans son autobiographie[21]. Car le glaciologue se prend rapidement de passion pour l'Antarctique, où il mènera au total une vingtaine d'expéditions.

Mais quel rapport avec le sujet qui nous préoccupe ? C'est que, l'eau, dont le cycle est si vulnérable aux aléas climatiques, s'est elle-même chargée d'en enregistrer les aléas. Ce que les glaciologues, et Claude Lorius en particulier, ont découvert, c'est que la glace est une véritable archiviste de l'histoire climatique de la Terre qui peut nous fournir de précieuses leçons pour le futur.

En 1965, Lorius est occupé à faire des carottages en terre Adélie, à quelques kilomètres de la base Dumont d'Urville, c'est-à-dire à forer pour extraire des cylindres de glace verticaux sur la plus grande profondeur possible. C'est utile pour étudier la glace ancienne, car les calottes polaires se forment par accumulation de neige en surface. En se tassant, la neige se transforme en glace sous l'effet de la pression, à partir de 60 à 100 m de profondeur, où elle reste ensuite intacte et préservée de toute altération pendant de très longues périodes de temps. Ces couches de glace s'accumulent en Antarctique sur des milliers de mètres d'épaisseur, représentant des strates chronologiques de glace remontant à des millions d'années. Ainsi, plus l'on fore profondément, plus il est possible d'étudier des glaces issues d'époques antédiluviennes. Un soir, après avoir collecté des carottes de glace dont l'ancienneté est estimée jusqu'à 20 000 ans, Lorius rentre éreinté à la base et s'offre, avec ses collègues, un whisky bien mérité. Ils agrémentent le breuvage d'honorables glaçons de 15 000 ans d'âge. « Le glaçon, à peine plongé dans mon verre, laissa échapper une myriade de fines bulles d'air faisant pétiller mon whisky comme du champagne. [...] Et si ces bulles d'air étaient en mesure de nous renseigner sur l'atmosphère du passé ?

21. Claude Lorius (avec Djamel Tahi), *Mémoires sauvées des glaces. Autobiographie*, Arthaud, 2016.

Après tout, l'air devait avoir sensiblement le même âge que la glace dont il venait de jaillir[22] », se demande alors le glaciologue. Il faudra encore de nombreuses années pour passer de l'idée aux résultats scientifiques qui firent de Claude Lorius un pionnier – honoré comme tel lors de sa récente disparition, à 91 ans, le 21 mars 2023. Car en étudiant la composition de l'atmosphère du passé, les chercheurs purent établir pour la première fois une corrélation parfaite entre l'évolution des températures et celle de la concentration atmosphérique de CO_2. Une corrélation toujours plus implacable au fur et à mesure que progressaient les forages. De 1970 à 1982, les Soviétiques réalisèrent un premier carottage profond en Antarctique, sur 2 000 m, récupérant 130 000 ans d'histoire atmosphérique piégée dans les glaces. En 2004, le carottage de la mission européenne Epica (pour European Project for Ice Coring in Antarctica) atteignit 3 270 m de profondeur, permettant l'étude d'archives climatiques sur les 800 000 dernières années.

Pour comprendre ce que l'eau avait à nous dire du climat, l'analyse des bulles d'air n'était toutefois pas suffisante. Encore fallait-il dater la couche de glace correspondante et évaluer la température qui régnait à l'époque de sa cristallisation. C'était d'ailleurs l'activité première des glaciologues venus farfouiller en Antarctique, avant que le whisky n'élargisse les perspectives.

Déchiffrer les messages secrets de la glace est avant tout une histoire d'isotopes. Laissez-moi vous expliquer. Vous savez que la matière est constituée d'atomes : des particules dont la quasi-totalité de la masse est concentrée dans un noyau, entouré d'un nuage d'électrons. Ces noyaux sont eux-mêmes composés de deux types de particules. Les protons, d'une part, qui constituent la véritable carte d'identité de la matière. Leur nombre définit la nature de l'élément chimique : un atome d'hydrogène a toujours 1 proton, un atome d'oxygène en a toujours 8. Les neutrons, d'autre part, qui grossissent aussi la masse de l'atome mais ne

22. *Ibid.* Pour un récit en images de la vie d'aventurier scientifique de Claude Lorius, voir le très beau documentaire *La Glace et le Ciel* (Luc Jacquet, 2015).

changent pas sa nature. Et leur nombre peut varier. Par exemple, 1 atome d'oxygène peut avoir 8 neutrons comme 10. Le nombre de masse (protons + neutrons) des atomes d'oxygène n'est donc pas toujours le même : ces variations constituent les différents isotopes, que l'on nomme d'après ce nombre de masse. Dans la nature, on trouve ainsi de l'oxygène en très vaste majorité sous la forme d'oxygène-16, noté ^{16}O. Près de 99,8 % de l'oxygène terrestre est du ^{16}O, mais 0,2 % se trouve sous la forme ^{18}O.

Voici maintenant comment ces isotopes se transforment en inlassables scribes du climat. Je vous ai déjà parlé de la manière dont l'eau s'évaporait à la surface des océans : en recevant de la chaleur du soleil, les molécules d'eau les plus agitées acquièrent suffisamment d'énergie pour s'échapper dans l'atmosphère. Les molécules plus lourdes, cependant, ont besoin de plus d'énergie pour s'élever vers les cieux. Les molécules H_2O comprenant des isotopes d'oxygène ^{18}O, plus lourds que les ^{16}O, vont donc statistiquement moins souvent s'évaporer. Dans les nuages, la proportion d'isotopes ^{18}O dans l'eau sera donc plus faible que dans l'océan. Mais ce n'est pas tout : sur leur route, les nuages vont aussi avoir tendance à relâcher, par les pluies, les isotopes les plus lourds. Et plus la température est basse, plus la vapeur s'appauvrit en isotopes lourds. « Au final, la composition isotopique de la neige des calottes polaires dépend linéairement de la température de l'air au moment de la précipitation neigeuse : le principe, extrapolé, donne accès aux températures du passé », concluent les climatologues Valérie Masson-Delmotte et Jérôme Chappellaz dans un article que les plus curieux pourront consulter[23].

Les glaciologues savent faire parler la glace de bien d'autres manières encore. On y décèle des poussières d'autres éléments chimiques qui permettent de dater le moment où s'est déposée la neige : des composés soufrés issus d'événements volcaniques

23. Valérie Masson-Delmotte, Jérôme Chappellaz, « Au cœur de la glace, les secrets du climat », dans le *Bulletin de l'union des physiciens*, vol. 96, décembre 2002. Consultable en ligne sur www2.cnrs.fr.

ou du béryllium apporté par les rayons cosmiques et signature des variations de l'activité solaire, par exemple.

Ce qui ressort de tout cela, c'est un chant cosmique. La pulsation lente et régulière du climat terrestre, conservée sous la glace depuis la nuit des temps. (Synchronicité amusante, le roman titré de cette expression par Barjavel et dont l'action révèle des mystères enfouis sous l'Antarctique, fut d'abord proposé comme scénario de film en 1965. Il fut donc sans doute écrit plus ou moins au moment où Claude Lorius dégustait son whisky sous la glace.) Étalées sur 800 000 ans, les courbes des niveaux de CO_2 et des températures atmosphériques se superposent sous une forme qui fait presque penser à un électrocardiogramme : tous les 100 000 ans environ, depuis près de 1 million d'années, la Terre répète les mêmes battements. Une longue période froide suivie d'une période plus courte, 5 ou 6 °C plus chaude et comportant une plus grande quantité de CO_2 atmosphérique. Des alternances de périodes glaciaires et interglaciaires. À force de recherches, de mesures et de modélisations, les scientifiques ont affiné[24] leur compréhension de ce lent balancier climatique. Si les températures et le CO_2 sont intimement liés, ce sont en fait essentiellement les variations régulières dans l'orbite de la Terre qui font varier la température. Ces déplacements orbitaux réguliers changent l'énergie que la planète reçoit du Soleil et provoquent ces grandes glaciations. Théorisés dès 1941 par le chercheur serbe Milutin Milanković, ces phénomènes sont appelés pour cette raison « cycles de Milanković ». Ces variations sont aussi à l'origine de changements dans le cycle du carbone, notamment via les océans, car lorsque les eaux deviennent plus froides, elles peuvent dissoudre davantage de CO_2 et, à l'inverse, le réchauffement des océans entraîne un dégazage de ce dioxyde de carbone. Sur ces grands cycles glaciaires/interglaciaires, ce sont donc les températures qui entraînent une variation du niveau de CO_2 et non l'inverse… Attention cependant, celui-ci a bel et bien un pouvoir réchauffant par augmentation de l'effet

24. Voir les travaux de synthèse mondiale des connaissances scientifiques sur le climat réalisés par le Giec et notamment sur ces questions le sixième rapport d'évaluation, premier volet : « Climate Change 2021: The Physical Science Basis ».

de serre, et il a contribué à amplifier les variations climatiques du passé : le réchauffement libère du carbone, qui entraîne plus de réchauffement, qui libère encore du CO_2, etc. Sans l'action du carbone, les cycles glaciaires auraient été moins prononcés.

Ce que nous montrent ces carottes de glace, c'est aussi le profond vertige de la situation présente et des bouleversements abyssaux que nous provoquons. Au cours des alternances de périodes glaciaires et interglaciaires, la concentration de CO_2 dans l'atmosphère variait grosso modo entre 180 ppm (parties par million) en période glaciaire, et 280 ppm en période interglaciaire. Or, en 200 ans à peine de consommation d'énergies fossiles, nous avons fait grimper la jauge à plus de 414 ppm enregistrées en 2020. Un niveau jamais atteint depuis au moins 2 millions d'années. Notre trajectoire actuelle nous emmène au-dessus de 500 ppm pour 2100, voire bien au-delà dans les scénarios les plus pessimistes… C'est non seulement énorme, mais aussi extrêmement rapide. La transition climatique qui a mené à la fin de la dernière ère glaciaire a duré approximativement 5 000 ans et a fait monter le mercure d'environ 6 °C. Pour vous donner une idée de l'ampleur des changements que peuvent engendrer 6 °C, imaginez qu'à cette époque un glacier de plus de 1 km d'épaisseur en son cœur recouvrait toute l'Europe du Nord, l'Irlande, une partie de l'Angleterre et de l'Allemagne, et que la Manche n'était plus qu'un paisible fleuve serpentant au milieu de la toundra… Aujourd'hui, notre civilisation est en passe de provoquer un changement de température d'une ampleur comparable (près de 3 °C aux dernières nouvelles) et plus de dix fois plus rapidement. Voilà la teneur du message que nous transmettent les climats du passé, gravés dans la mémoire de l'eau.

J'emploie à dessein cette expression de « mémoire de l'eau » – au demeurant très poétique pour décrire l'enregistrement isotopique du passé par les glaces – comme prétexte quelque peu taquin pour venir battre en brèche l'idée reçue la plus farfelue et tenace à propos de l'eau. L'usage premier du concept de mémoire de l'eau est en effet employé en homéopathie. Cette pratique, théorisée par le médecin Samuel Hahnemann en 1796, repose sur l'idée qu'on pourrait soigner un mal en injectant aux malades une dose infinitésimale de ce même mal (soulignons que cela n'a rien à voir avec la vaccination, qui vise non pas à guérir mais à prévenir, en stimulant le système immunitaire de personnes saines). Outre que les vertus des substances actives recommandées par l'homéopathie n'ont jamais été démontrées (pour soigner l'état grippal, il est par exemple préconisé d'administrer aux patients des viscères de canard), ces substances sont diluées à dose littéralement homéopathique : il ne reste en réalité souvent rien d'autre que de l'eau pure après dilution. Dit autrement, se soigner avec des granules homéopathiques consiste tout simplement à ingérer des petites boules de sucre aspergées d'eau. Si l'homéopathie prétend tout de même vous soigner, c'est grâce à la mémoire de l'eau. Car l'eau aurait la capacité d'enregistrer des informations liées aux substances présentes avant dilution, et d'avoir ensuite une action similaire à ladite substance, même en son absence. Cette propriété révolutionnaire de l'eau a fait grand bruit lorsque le chercheur français Jacques Benveniste a prétendu la démontrer, dans un article paru dans la prestigieuse revue *Nature* en 1988. Dans la vive controverse qui s'est ensuivie, la communauté scientifique a fortement critiqué l'étude de Benveniste. Ses résultats n'ont jamais pu être reproduits et la revue *Nature* a publié un démenti quelques semaines plus tard. La croyance, toutefois, est loin d'avoir disparu. En 2017, le Conseil scientifique des académies des sciences européennes rappelait dans un communiqué « qu'il n'existe, pour aucune maladie, aucune preuve, scientifiquement établie et reproductible, de l'efficacité des produits homéopathiques – même s'il y a parfois un effet placebo[25] ». Quant à la mémoire de l'eau homéopathique, elle n'a pas plus de fondement physique. Les petites molécules H_2O dont vous commencez à être familiers s'agitent en permanence, ainsi que je vous l'ai décrit. Leurs structures, les liaisons entre l'hydrogène d'une molécule et l'oxygène d'une autre, se font et se défont continuellement, toutes les 10^{-12} seconde[26].

25. « Homeopathy: Harmful or Helpful? European Scientists Recommend an Evidence-Based Approach », communiqué de l'Easac du 20 septembre 2017.
26. *L'Eau à découvert*, *op. cit.*

Au sens physique du terme, la mémoire de l'eau est donc bien plus éphémère que celle du poisson rouge qui s'y meut : à peine 1 millième de milliardième de seconde.

Ceci étant clarifié, passons aux conséquences bien réelles de ce que nous ont appris les archives des glaces sur les perturbations climatiques.

Un avenir à double inconnue

Non contente d'être une archiviste de choix, l'eau est aussi une actrice de premier plan en matière de climat. C'est elle qui, de loin, constitue le principal gaz à effet de serre de la planète. Je vous l'ai déjà dit, sans effet de serre, la température moyenne de la Terre serait de -18 °C, car les rayons du Soleil qui nous atteignent auraient tôt fait de repartir dans l'espace, embarquant leur chaleur avec eux. Plus exactement, la lumière solaire, en frappant la Terre, la réchauffe. La surface de la planète évacue ensuite cette chaleur en émettant à son tour un rayonnement qui a la particularité d'être infrarouge. Or, si les gaz de l'atmosphère laissent passer une bonne partie du rayonnement solaire, certains piègent ensuite cette énergie lorsqu'elle tente de repartir dans l'espace. Ils absorbent en effet la quasi-totalité des émissions infrarouges, qu'ils réémettent en partie vers l'espace et en partie vers la Terre, lui apportant un surplus de chaleur. Le plus important de ces gaz à effet de serre est la vapeur d'eau : elle compte pour environ 60 % de l'ensemble de l'effet de serre.

Pourquoi diable, dans ce cas, nous embête-t-on tant avec nos émissions de CO_2, et autres méthanes (CH_4) et protoxyde d'azote (N_2O) dans la lutte contre le réchauffement climatique ? Tout simplement parce que la quantité totale de vapeur d'eau dans l'atmosphère était à l'équilibre, avant que l'on dérègle le climat, et ne causait pas de réchauffement supplémentaire. Et que la vapeur d'eau émise par nos activités industrielles est marginale et négligeable par rapport au volume global. N'oubliez pas non plus ce que je vous ai raconté sur le cycle de l'eau : la vapeur ne reste que quelques jours dans l'atmosphère avant de retomber en précipitations. Elle ne s'accumule pas dans le ciel, contrairement au CO_2, dont près de la moitié est encore là-haut un siècle après son émission ! Nos émissions de carbone ont même un double effet vicieux sur le climat : non seulement elles augmentent l'effet de serre total et réchauffent l'atmosphère mais, ce faisant, elles contribuent à augmenter la quantité totale d'eau qui s'évapore et qui va, à son tour, accentuer l'effet de serre.

Ainsi, la vapeur d'eau ne compte pas parmi les facteurs déclencheurs du réchauffement climatique, mais elle contribue largement à l'accentuer par ce mécanisme en forme de cercle vicieux que les climatologues appellent une rétroaction : à chaque degré supplémentaire, l'air peut contenir environ 7 % d'humidité en plus à basse altitude. Celle-ci augmente alors l'effet de serre, qui réchauffe l'air, ce qui augmente le taux d'humidité potentiel, etc. « Cette forte rétroaction signifie, dans l'hypothèse d'un doublement des concentrations de CO_2 par rapport aux valeurs préindustrielles, que la vapeur d'eau et les nuages entraîneraient à l'échelle du globe une hausse de l'énergie thermique trois fois supérieure environ à celle induite par les gaz à effet de serre persistants », résume l'Organisation météorologique mondiale. Contrairement à ce que l'on entend parfois, cet effet est bien pris en compte dans les rapports du Giec. Il n'aboutit en revanche, en raison de l'imbrication avec d'autres phénomènes, qu'à une hausse de 2 % des précipitations globales par degré de réchauffement[27].

Attention, c'est ici que démarre le boulevard de l'angoisse. Les conséquences de ce phénomène seront désastreuses, car bien sûr les données planétaires ne s'appliquent pas par translation uniforme sur l'ensemble de la surface du globe : 2 % de précipitations de plus par degré de réchauffement ne signifient pas qu'il va pleuvoir un peu plus partout, mais que les événements extrêmes vont s'aggraver et générer des contrastes régionaux de plus en plus prononcés. Dans son sixième rapport d'évaluation

27. Voir le premier volet du sixième rapport d'évaluation du Giec, *op. cit.*

(le dernier en date, édité entre 2021 et 2023), le Giec estime par exemple que les précipitations extrêmes et les cyclones vont s'intensifier, de même que les sécheresses et vagues de chaleur dans certaines régions, de manière accrue pour chaque 0,5 °C de réchauffement supplémentaire. Une Terre plus chaude va donc perturber le cycle de l'eau. Paradoxalement, l'air plus chaud, en provoquant plus d'évaporation, va apporter plus de pluie mais augmenter dans le même temps la sécheresse des sols subissant cette évaporation, certaines zones arides ayant pour double peine de recevoir en outre encore moins de précipitations. Une sécheresse qui, avant le réchauffement, advenait 1 fois tous les dix ans dans une région donnée, pourrait frapper 2,4 fois par décennie à 2 °C de réchauffement, et plus de 4 fois à 4 °C... tout en étant également plus intense que par le passé.

Ce futur, objectivement inquiétant, l'est d'autant plus que de fortes zones de flou l'entourent. Si l'on veut savoir à quel point nous risquons de manquer d'eau à l'avenir, la première source d'incertitude majeure tient à ce que l'évolution du climat dépend avant tout de nos comportements. Selon notre capacité à limiter nos émissions de gaz à effet de serre, le niveau de réchauffement et donc l'intensité des bouleversements subis par le cycle de l'eau évoluent drastiquement. J'imagine que vous avez tous en tête les objectifs de l'accord international de Paris sur le climat signé en 2015 : limiter le réchauffement climatique à 2 °C d'ici 2100, et tout faire pour tendre vers 1,5 °C. Ces petits 0,5 °C d'écart sont déjà la source de différences cataclysmiques[28] : si la température passe de 1,5 à 2 °C de hausse, 10 millions de personnes supplémentaires sont menacées par la montée des eaux et 99 % des coraux risquent de disparaître contre « seulement » 70 à 90 % à 1,5 °C. C'est aussi un risque accru de passer des points de bascule irréversibles pour l'Antarctique, la forêt amazonienne et d'autres écosystèmes cruciaux...

28. Voir le rapport spécial du Giec : « Réchauffement planétaire de 1,5 °C », publié en 2018.

Vous tenez le coup ? Préparez-vous une camomille (c'est anxiolytique), on ne fait que commencer. Car si c'est déjà pire à 2 °C, sachez que nous nous dirigeons bien au-delà. À l'aune des politiques climatiques mises en place fin 2020, le Giec estime que nous nous dirigeons vers un réchauffement d'environ 3,2 °C à la fin du siècle[29]. Après la COP27, sommet climatique qui s'est tenu en Égypte en novembre 2022, c'était un peu moins catastrophique : l'Onu évaluait que les engagements des États réduisaient la trajectoire à 2,5 °C de réchauffement. À la condition non négligeable et loin d'être acquise que les promesses de papier se changent en politiques effectives.

Pour tenir l'objectif des 1,5 °C, il faudrait réduire drastiquement les émissions mondiales de 43 % d'ici 2030 par rapport au niveau de 2019 ; et les baisser d'un quart pour rester sous les 2 °C. Or, non seulement nous sommes loin d'une telle baisse, mais les émissions continuent même de monter, le niveau de 2022 dépassant celui de 2021, après la très éphémère baisse due au Covid en 2020. À ce rythme, les 1,5 °C auront une chance sur deux d'être dépassés dès 2032, estimaient une centaine de scientifiques[30] fin 2022. Le futur n'est certes jamais écrit, il n'est pas interdit d'être optimiste, mais une inversion aussi drastique, rapide et inattendue des courbes serait un exploit à placer au sommet des prodiges réalisés par l'humanité. L'idée de faire une croix sur cet objectif de 1,5 °C, considéré comme hypocrite par certains, fait débat dans la communauté scientifique. En octobre 2022, plus de 1 000 chercheurs signaient une tribune du groupe de désobéissance civile, Scientist Rebellion, qui affirmait que la communauté des climatologues savait pertinemment que cette trajectoire des 1,5 °C était maintenant hors de portée et que le public méritait de le savoir. D'autres préfèrent marteler que « chaque dixième de degré compte » pour maintenir l'opinion publique mobilisée. En 2021, la revue scientifique *Nature* avait réalisé un sondage auprès des 234 auteurs du groupe I du Giec : des chercheurs et chercheuses du monde entier qui ont

29. Voir le troisième volet du sixième rapport d'évaluation du Giec, *op. cit.*
30. P. Friedlingstein *et al.*, « Global Carbon Budget 2022 », *Earth System Science Data*, 2022.

analysé pour leur rapport pas moins de 14 000 études scientifiques sur la physique du climat présent, passé et futur. Parmi eux, 93 ont répondu au questionnaire anonyme : ils sont 60 % à estimer que nous dépasserons les 3 °C d'ici la fin du siècle. Cela ne vaut pas une étude scientifique objective, certes, mais le pessimisme d'une partie notable des meilleurs experts de la planète quant à nos chances d'incurver la trajectoire actuelle est tout de même significatif.

Un dernier élément ne pousse pas non plus à l'optimisme. Il est à chercher parmi les récentes évolutions géopolitiques du monde. Je vous préviens, la camomille risque de ne pas suffire. Revenons d'abord sur la manière dont sont établies les projections pour le futur. En épluchant la littérature scientifique la plus récente sur le climat, les scientifiques du Giec établissent plusieurs scénarios de référence projetant une évolution des températures et du climat, en fonction de nos décisions et des réactions du système Terre. Ces scénarios sont appelés « trajectoires socio-économiques de référence » ou SSP (en anglais « shared socioeconomic pathways »). Ces différents narratifs décrivent les évolutions politiques, économiques, sociales et technologiques possibles du monde, conduisant à différentes trajectoires de réduction des émissions de gaz à effet de serre permettant de contenir plus ou moins l'élévation des températures. Parmi les cinq scénarios de référence, le scénario médian conduit par exemple à un réchauffement catastrophique de 2,7 °C d'ici la fin du siècle, associé à un narratif SSP2-4.5 qui décrit une poursuite des tendances actuelles. Les pires scénarios menant à des réchauffements de 4 voire 5 °C à la fin du siècle, eux, sont jugés aujourd'hui improbables. Pourtant, un scénario conduisant à un réchauffement d'environ 3,6 °C pourrait être associé au narratif SSP3-7, celui qui prévoit schématiquement un monde plus fractionné, affecté par la montée des nationalismes, de fortes rivalités régionales, une compétition entre États et un recul de la coopération internationale. Une description du monde qui ne semble pas si éloignée de la réalité, notamment depuis l'invasion de l'Ukraine par la Russie…

L'analyse de la situation que me livre Aurélien Ribes est toutefois plus tempérée. Chercheur au Centre national de recherches météorologiques, il est l'un des climatologues avec lesquels j'ai échangé pendant la rédaction de cet ouvrage. « Il ne faut pas oublier, dit-il, qu'il existe des milliers de scénarios climatiques, autour des cinq scénarios centraux du Giec. Il existe notamment des scénarios SSP3 avec des trajectoires menant à un réchauffement global plus modéré. Quoi qu'il en soit, il est clair que la situation géopolitique nous rapproche du narratif SSP3. Certains de mes collègues sont persuadés que nous y allons tout droit. » On peut certes voir dans la guerre en Ukraine un mauvais signal pour la coopération internationale sur le climat. D'un autre côté, cela pourrait avec le recul s'avérer avoir été un accélérateur de la transition énergétique en Europe, soudainement privée d'une partie du gaz russe. La conclusion de tout cela, dans tous les cas de figure, est que le futur sera brutal d'un point de vue climatique, mais que le degré de catastrophe à venir reste compliqué à anticiper, plombé par l'instabilité de la trajectoire que nous emprunterons collectivement.

Ce flou en cache un autre lorsque l'on zoome sur l'Europe, et plus particulièrement sur la France. Notre pays s'achemine vers une crise climatique à deux inconnues : en plus de l'incertitude sur le réchauffement global, il a la mauvaise fortune de se situer pile à l'interface de deux régions climatiques aux évolutions antinomiques[31]. Le continent est découpé en différentes régions qui devraient réagir différemment aux évolutions du climat. Or, un bon quart sud de la France s'inscrit dans la région « Europe du Sud » (SEU, en anglais), tandis que le reste de l'Hexagone est intégré à « l'Europe de l'Ouest et centrale » (WCE). La limite entre ces régions n'est bien sûr qu'une estimation dépendante des modèles, et la frontière n'est ni nette ni intangible : la zone d'incertitude passe, autrement dit, en plein milieu de la France.

31. Un chapitre du dernier rapport du Giec résume les dernières avancées des connaissances sur l'évolution possible du climat à l'échelle européenne : « Climate Change 2022: Impacts, Adaptation and Vulnerability. Chapter 13: Europe ».

Quelques projections n'en sont pas moins extrêmement claires : l'Europe fait d'abord partie des régions du monde où les températures continueront d'augmenter plus rapidement que la moyenne mondiale, écrivent les climatologues. Le continent fera en conséquence face à quatre risques majeurs : une mortalité accrue à cause des vagues de chaleur, des pertes agricoles liées aux sécheresses, des pénuries d'eau et des inondations. Les sécheresses seront plus nombreuses en Europe du Sud, quel que soit le niveau de réchauffement envisagé, tandis qu'elles pourraient être à la hausse ou à la baisse dans les territoires de la zone WCE à 1,5 °C ; elles seraient en revanche également à la hausse là-bas à 4 °C de réchauffement. Les risques de pénurie d'eau seront « élevés » à 1,5 °C et « très élevés » à 3 °C en Europe du Sud, tandis qu'ils passeraient, avec ces niveaux de réchauffement, de « modérés » à « élevés » dans la zone WCE. Plus précisément, pour 2 °C, un tiers de la population d'Europe du Sud serait exposé à un risque de pénurie d'eau. À partir de 3 °C, les limites géophysiques et technologiques risquent de rendre plus compliquées les tentatives d'adaptation, dans l'ensemble de l'Europe.

Incertain et inquiétant : il va falloir vous habituer à ces deux mots. Les chercheurs français ont bien évidemment entrepris de modéliser ces évolutions à l'échelle du pays. Modéliser les précipitations et le devenir du cycle de l'eau à partir de l'évolution des températures est particulièrement ardu mais, autant vous prévenir, l'ambiance ne va pas vraiment virer à l'enthousiasme…

Des sécheresses en cascade

Quel que soit le scénario que nous réserve l'avenir, il fera donc plus chaud. Fin 2022, Météo-France annonçait que l'année qui s'achevait avait été la plus chaude jamais enregistrée depuis le début des mesures, donc au moins depuis 1900. La sécheresse a aussi été historique sur le pays : c'est la troisième la plus longue jamais enregistrée, étalée qu'elle fut sur huit mois. En dehors de ce type d'années exceptionnelles, la dynamique observée par Météo-France est sans appel : 5 % en moyenne du territoire était frappé chaque année par une sécheresse dans les années 1960 ; c'est le double sur ces dernières années. Mais quel lien peut-on faire entre le réchauffement à l'assèchement ? Pour comprendre cela, il faut que je vous explique d'abord ce qu'on entend exactement par « sécheresse ».

La notion de sécheresse, tout d'abord, est relative. Elle définit un écart par rapport à la normale : la description d'une sécheresse sera radicalement différente selon que l'on habite en Normandie ou en Provence. La même météo évoquant un « été doux et paisible » dans les calanques serait perçue comme une sécheresse catastrophique dans le bocage normand. En outre, plusieurs indicateurs sont utilisés pour caractériser les sécheresses et les définitions sont donc fluctuantes. Le portail en ligne « Drias, les futurs du climat » regroupe les informations issues des modèles climatiques régionalisés développés par les principaux centres de recherche français. On y trouve comme chiffre de référence pour définir les « jours secs » ceux ayant reçu moins de 1 mm de précipitations quotidiennes. Mais on ne peut parler de sécheresse que lorsque le déficit de précipitations est observé sur « de longues périodes »[32].

Ces sécheresses liées à un déficit de pluie sont ce qu'on appelle des sécheresses météorologiques. Au grand bestiaire des sécheresses on trouve deux autres types qui en découlent en partie : les sécheresses agricoles et hydrologiques. Les sécheresses agricoles (aussi appelées édaphiques) mesurent le manque d'eau disponible dans le sol pour la végétation. Le déficit de pluie joue bien sûr un rôle majeur sur cet assèchement des sols, mais d'autres facteurs sont aussi impliqués comme l'évaporation des sols et la demande en eau des plantes, qui, accentuées par les fortes chaleurs, contribuent à assécher la terre, de même que le taux d'humidité de l'air ou encore le vent. Quant au troisième

32. Voir « Les nouvelles projections climatiques de référence Drias 2020 pour la métropole », rapport Météo-France.

type de sécheresses, dites hydrologiques, il correspond au déficit de débit des cours d'eau, de niveau des nappes souterraines ou des retenues.

Ces trois types de sécheresses sont évidemment liés les uns aux autres : un manque de pluie peut créer une sécheresse météorologique, qui entraîne à son tour une sécheresse agricole dans les sols qui, ruisselant moins vers les cours d'eau et les réserves souterraines, provoque une sécheresse hydrologique. La chaleur peut en revanche, même en l'absence de sécheresse météorologique, participer à assécher ou prolonger une sécheresse du sol et des rivières en accentuant l'évaporation. Il y a donc deux projecteurs à braquer sur le climat du futur pour comprendre ce que va devenir l'eau du pays : l'un sur l'évolution des précipitations, l'autre sur l'élévation des températures.

Le problème, c'est que la France est toute petite. Les projections climatiques présentées par le Giec et que j'ai déjà évoquées se fondent sur des modélisations globales, dont le maillage est de l'ordre de la centaine de kilomètres. Ce qui veut dire que pour calculer l'évolution du climat, les modèles des climatologues découpent le monde en petits cubes de 100 km de côté, des « mailles », un peu comme les pixels d'une image. Puis, des calculateurs extrêmement puissants moulinent en prenant en compte l'ensemble des variables climatiques intégrées au modèle sélectionné, pour décrire l'évolution du climat cube par cube. Les modèles des climatologues se sont beaucoup améliorés au fil des décennies, intégrant un nombre croissant de phénomènes très complexes : ils font intervenir la mécanique des fluides géophysiques et d'autres lois pour modéliser les transferts d'énergie entre courants océaniques et atmosphériques, rôle des nuages, de la végétation, des reliefs, des turbulences, etc.[33]. Le maillage dans sa résolution actuelle tenant compte de tous ces paramètres est déjà, en soi, un exploit de précision, mais il n'est pas suffisant pour le sujet qui nous préoccupe.

---

33. Lire notamment : Catherine Jeandel et Rémy Mosseri (dir.), *Le Climat à découvert*, CNRS Éditions, 2011.

« Cette résolution ne permet pas de représenter finement ce qu'il se passe à l'échelle de petits bassins versants français. Les modèles précédents ne montraient par exemple pas le mistral et ne permettaient pas de modéliser le couloir rhodanien », détaille Jean-Philippe Vidal, chercheur en hydroclimatologie à l'Institut national de recherche pour l'agriculture, l'alimentation et l'environnement (Inrae). À partir des modèles globaux, les climatologues ont donc réussi, sur une surface plus modeste, à créer des modèles régionaux plus fins et ont obtenu, au niveau français, des projections avec un maillage de 8 km de côté seulement. C'est le cas de travaux qui font actuellement référence : les simulations Drias 2020 (déjà évoquées), basées sur les données du cinquième rapport d'évaluation du Giec (publié en 2014), et le projet Explore 2070[34], qui a simulé l'état des eaux superficielles en France à cet horizon et qui est un peu plus ancien (ses calculs réalisés de 2010 à 2012 s'appuyaient sur le quatrième rapport du Giec, rédigé en 2007).

Que disent ces simulations ? D'abord, que nous allons avoir chaud. Les simulations Drias 2020, les plus récentes, misent sur une hausse de 3 °C en France en 2100 dans le scénario médian, celui qu'il est plausible que nous empruntions en ce moment. Mais surtout, les événements extrêmes risquent de nous tomber plus souvent sur le râble : les vagues de chaleur (définies comme une suite d'au moins cinq journées connaissant un pic de plus de 5 °C au-dessus de la valeur de référence) vont être multipliées par trois ou quatre dans ce scénario médian. Dans le scénario le plus pessimiste, elles peuvent même être multipliées par dix. Les nuits tropicales (lorsque les températures nocturnes ne descendent pas sous les 20 °C) viendront troubler notre sommeil 15 à 25 fois par an (scénario médian), voire 30 à 50 fois par an (scénario pessimiste) contre moins d'une dizaine par an observées à la fin du XXe siècle. Des régions seront particulièrement

34. Porté par la Direction de l'eau et de la biodiversité du ministère de la Transition écologique et solidaire avec la participation de l'Onema, du CETMEF, des agences de l'eau, des DREAL de bassin, du CGDD, de la DGEC et de la DGPR. Il a rassemblé une centaine d'experts venant d'établissements de recherche et de bureaux d'études spécialisés.

soumises aux extrêmes de chaleur, comme l'arc méditerranéen, le couloir rhodanien et la vallée de la Garonne, où « les vagues de chaleur et journées caniculaires pourront s'étaler sur des périodes supérieures à un ou deux mois en été »[35].

Ces hausses drastiques du thermomètre auront, on l'a vu, des conséquences directes sur les sécheresses agricoles. D'autres simulations, publiées en 2011 pour le projet ClimSec de Météo-France[36], se sont concentrées sur ce qu'il adviendrait de l'eau du sol. Conclusions : dès les années 2050, les sécheresses agricoles devraient connaître « des évolutions très significatives », avec l'apparition de sécheresses plus étendues et plus intenses que celles que nous connaissons aujourd'hui. Puis, dans les années 2080, « il y a une grande probabilité qu'une grande partie du territoire connaisse de très longues sécheresses du sol quasiment sans retour à la situation normale, définie par le climat actuel ». Profitons-en pour rire jaune. Pour une fois, les incertitudes inhérentes aux projections climatiques et leur lot d'anxiété ne vous tourmenteront pas : quel que soit le scénario de réchauffement envisagé à la fin du siècle, le niveau d'humidité des sols considéré comme extrêmement sec lors de la période de référence 1961-1990 deviendra la norme, conclut Météo-France.

L'étude ClimSec précise également que les sécheresses agricoles vont évoluer plus vite et plus fortement que les sécheresses météorologiques. Ces dernières sont surtout les plus ardues à prévoir. Toutes les simulations ne sont d'ailleurs pas d'accord entre elles. Le rapport Drias 2020 anticipe, pour le scénario médian, une baisse estivale des précipitations de 5 % sur la période 2041-2070 à l'échelle de la France, puis de 11 % pour celle allant de 2070 à 2100. Mais le projet Explore 2070, lui, est beaucoup plus sec, avec une baisse pour l'été estimée entre 16 % et 23 % d'ici 2070. Une divergence qui ne surprend qu'à moitié les chercheurs puisque, comme nous l'avons vu précédemment, la France se trouve à la frontière entre deux régions européennes

35. *Ibid.*
36. « Projet ClimSec. Impact du changement climatique en France sur la sécheresse et l'eau du sol », rapport final, Météo-France, mai 2011.

à l'évolution météorologique complètement antagoniste. « Tous les modèles convergent pour dire qu'il y aura plus de précipitations au nord de l'Europe et moins au sud. Mais la latitude où se fait cette transition varie selon les modèles. Ce qui est sûr, c'est qu'au sud de la France, grosso modo en dessous de la Loire, on aura moins de pluies. Au-dessus, certains modèles indiquent moins de pluies, d'autre plus, on ne sait pas vraiment… », avoue Jean-Philippe Vidal. Même constat pour Éric Sauquet, hydrologue à Inrae qui coordonne le projet Explore 2 devant prendre la suite d'Explore 2070 : « Les processus physiques qui conduisent à des précipitations sont très complexes à appréhender à grande échelle car ils agissent à des échelles plus fines que les mailles des modèles climatiques. Les précipitations convectives ne sont notamment pas prises en compte de manière explicite dans les modèles climatiques globaux. Mais la communauté scientifique progresse… La dispersion des futurs des précipitations est énorme. Certaines projections annoncent des hausses, d'autres des baisses sur un même territoire, et cela pour des hausses de température équivalentes. »

Là où les choses se compliquent encore davantage, c'est que même si le cumul annuel de pluie venait à augmenter dans une partie nord du pays, cela n'y empêcherait pas les sécheresses météorologiques ! La subtilité tient à ce que ces eaux tomberont du ciel de façon très différenciée selon les saisons. Les pluies pourraient par exemple être plus abondantes l'hiver dans le Nord, mais la plupart des modèles s'accordent sur une tendance à la baisse des précipitations l'été, et ce sur tout le territoire. Avec pour conséquence de provoquer une augmentation des sécheresses météorologiques l'été dans une bonne partie du pays, indépendamment de la latitude, ou presque. Drias 2020 prévoit 30 % de hausse de ces sécheresses en fin de siècle, selon le scénario de réchauffement médian, concernant plus spécifiquement la région méditerranéenne, le Bassin aquitain, mais aussi la Bretagne et les Pays de la Loire.

Autre aspect de la complexité du problème : la même quantité de précipitations ne va pas garantir le même stock d'eau au territoire selon l'environnement sur lequel elle tombe. « Le taux d'évaporation du bassin de la Seine est supérieur à celui du bassin du Rhône. Dans le premier, elle s'écoule dans les sols et est fortement reprise par la végétation qui l'évapore, tandis qu'autour du Bassin rhodanien, les précipitations sont en partie stockées sous forme de neige dans les montagnes puis s'écoulent dans les rivières l'été sans être autant accaparées par la végétation », m'explique Florence Habets, hydrogéologue, directrice de recherche au CNRS. « Nice, à côté des montagnes, est moins affectée par les pénuries d'eau et les arrêtés sécheresse que Lille », souligne-t-elle. Nous avons également vu au premier chapitre que la disparité géologique des sols entraînait des vulnérabilités différentes en cas de sécheresses, selon que l'eau coule par exemple dans le karst du Doubs ou se stocke dans les nappes géantes du Bassin parisien. Cette hétérogénéité implique d'adapter les réponses aux pénuries futures selon les spécificités de chaque territoire. Même si, comme le souligne l'étude ClimSec, les sécheresses du sol auront un impact intense sur tout le territoire.

Si je résume, il pourrait davantage pleuvoir en France l'hiver au fil du siècle, et moins l'été. Les sécheresses météorologiques vont donc s'accentuer l'été sur une bonne partie du pays. À ce déficit de pluie s'ajoute une hausse continue des températures et vagues de chaleurs qui vont, ensemble, provoquer une hausse des sécheresses agricoles. Dès 2050 et plus encore en 2080, ces sécheresses du sol seront intenses et omniprésentes sur le territoire. Moins de pluie, moins d'eau dans les sols… Quid du troisième niveau du cycle de l'eau du pays, les nappes et rivières ? Sans surprise, les sécheresses hydrologiques vont aussi s'accentuer. Les simulations réalisées par Explore 2070 s'accordent sur une baisse de 10 à 40 % des débits moyens des cours d'eau sur l'ensemble de la métropole (toujours pour le scénario de réchauffement médian et en comparaison avec la période 1961-1990). C'est encore pire pour le bassin Seine-Normandie et pour les contreforts pyrénéens (nous irons y faire un tour dans le chapitre 5), où la baisse pourrait atteindre 60 %. Surtout, la situation risque d'être particulièrement critique à l'étiage, période définissant le moment de l'année où l'eau est la plus basse : le débit du Rhône pourrait baisser de 50 % à l'étiage, celui de la Seine et de la Garonne jusqu'à 70 % lors des années extrêmes (ayant un risque de se produire une fois tous les cinq ans). Comme pour la sécheresse des sols, la chaleur à la hausse sera l'une des coupables de cette perte d'eau des fleuves et rivières, en accentuant leur évaporation.

Faisons une courte pause dans la maltraitance de votre système nerveux en rappelant que ces scénarios n'ont rien encore de totalement inéluctable, la plupart des projections déroulées précédemment prenant en effet en compte le « scénario médian ». Dans le cas du scénario « optimiste », celui où l'humanité parvient à limiter le réchauffement global en dessous de 2 °C, les modélisations régionalisées françaises sont beaucoup moins anxiogènes : les sécheresses météorologiques, dues aux manques de pluies, n'évolueraient ainsi quasiment pas par rapport à aujourd'hui, selon les simulations Drias 2020, et pourraient même diminuer ! À condition de baisser drastiquement et de toute urgence nos émissions de gaz à effet de serre… Aussi, lorsque votre tolérance à la tisane en aura dissipé les effets anxiolytiques, vous pourrez avantageusement la remplacer par un activisme en faveur de l'action climatique. Les vertus sur le moral du passage à l'action étant également avérées, je vous laisse juge du degré et des modalités du militantisme le plus pertinent à adopter et qui ne font pas l'objet de ce livre. Une fois rassérénés par votre entrée dans la lutte active, reprenez votre lecture. Et laissez-moi vous expliquer pourquoi la situation pourrait être encore pire que prévu.

Année 2022, prophète du pire à venir ?

Les nombreux records de température, sécheresse et restriction d'eau établis un peu partout sur le territoire en 2022 pourraient être assez emblématiques de ce qui nous attend. En matière de sécheresse météorologique, 2022 est « seulement » classée « parmi les dix étés les plus secs en France » par Météo-France.

Pourtant, cette année présente plusieurs caractéristiques inédites. D'abord, la sécheresse historique de 1976, qui fait figure de référence, n'avait concerné que la moitié nord de la France, tandis que 2022 fut une sécheresse intense sur l'ensemble du territoire, ce qui est nouveau. Autre spécificité : sans avoir été la pire sécheresse météorologique de l'histoire, le déficit pluviométrique de 2022 a entraîné des sécheresses agricole et hydrologique records. « Depuis la mi-août, l'indice d'humidité des sols a dépassé le record national absolu de sécheresse observé pendant l'été de 1976 », notaient dans un article les chercheurs Juliette Blanchet et Jean-Dominique Creutin en octobre 2022[37]. C'est en fait le combo de températures caniculaires records et de déficit de pluie – pas tout à fait record – qui ont démultiplié les conséquences sur les sols et les rivières et provoqué des pénuries d'eau d'une ampleur inédite. « Quelque chose aurait-il changé dans la répartition des pluies dans le temps et l'espace qui, à volume de précipitations constant, entraînerait des humidités des sols, des écoulements fluviaux et des niveaux de nappes différents ? » se demandent également les deux auteurs. Hausse des températures, déficit de pluie et changement de la saisonnalité des précipitations… Cela vous rappelle quelque chose ? Bien vu : ce schéma résonne fortement avec les projections pour le futur que je vous ai livrées un peu plus tôt. « L'été 2022 et ses extrêmes météorologiques pourraient être la norme après 2050 », résume ainsi Météo-France.

Jusque-là, rien de bien surprenant : cela fait des décennies que les climatologues nous alertent sur le fait que le changement climatique provoquera des phénomènes météorologiques extrêmes de plus en plus fréquents, sévères et intenses. Mais la multiplication des canicules et sécheresses ces dernières années est-elle trop rapide ? Le futur catastrophique a-t-il fait un saut dans le présent et, autrement dit, a-t-on sous-estimé la vitesse du réchauffement en cours ? Beaucoup de médias, durant la

37. À lire sur le site theconversation.com : Juliette Blanchet et Jean-Dominique Creutin, « Sécheresse 2022 : un manque de pluies presque "ordinaire" aux effets exceptionnels ».

canicule estivale de 2022, ont titré sur l'accélération du changement climatique ou sur la sous-estimation de ce qui nous arrive.

Comme souvent en matière de science, si l'on ne veut pas dire n'importe quoi, il faut apporter une réponse nuancée à cette question. On peut constater, d'une part, que la communauté scientifique internationale a anticipé de manière très pertinente dans ses modèles le réchauffement climatique à l'œuvre. Mais ce réchauffement, d'autre part, semble tout de même avoir été légèrement sous-estimé. Je m'explique. La référence mondiale qui met tout le monde d'accord en ce qui concerne les projections climatiques est contenue dans les rapports d'évaluation du Giec, dont je vous parle régulièrement. Ces rapports sont issus d'un travail de synthèse des dernières avancées des climatologues et, notamment, d'un travail autour des meilleurs modèles disponibles de simulation du climat futur. Pour le sixième et dernier rapport en date du Giec, plus d'une centaine de modèles climatiques provenant d'une cinquantaine de centres de recherche mondiaux ont été rassemblés au sein du « Projet d'intercomparaison des modèles couplés » (CMIP pour « Coupled model intercomparison project » en anglais). Dans le rapport du Giec version longue, ces dizaines de modèles du CMIP6 tracent autant de courbes de température comme des scénarios de réchauffement plus ou moins catastrophiques. Ainsi, lorsqu'il est question du scénario médian SSP2-4.5 nous menant à 2,7 °C de réchauffement global, ou du scénario SSP3-7.0 faisant exploser le thermomètre à 3,6 °C, il s'agit de la meilleure estimation issue de ces dizaines de simulations présentant toutes de légères variations, plus pessimistes pour les unes, plus optimistes pour les autres. Lorsqu'un monde de 2,7 °C plus chaud qu'à l'ère préindustrielle en 2100 est évoqué, il s'agit d'ailleurs, dans les termes du Giec, de la « meilleure estimation » au sein d'une fourchette jugée « très probable » (soit 90 % de probabilité) s'étalant de 2,1 °C à 3,5 °C.

Inquiétant et incertain… je vous avais prévenus. Sauf qu'il existe une manière très simple et efficace de vérifier la pertinence de ces simulations : ces modèles ayant de nombreuses années d'existence, il suffit de comparer les simulations des années déjà écoulées avec les observations effectives sur le terrain. C'est bien évidemment ce qu'ont fait les chercheurs. Une étude parue en juillet 2022[38] a ainsi comparé l'évolution climatique réelle des dernières années aux différents ensembles de modèles utilisés pour les rapports successifs du Giec : CMIP3, CMIP5 et l'actuel CMIP6. Ce qui est rassurant, c'est que les observations sont cohérentes avec les simulations. Ce qui l'est moins, c'est que les hausses observées du mercure sont systématiquement dans la fourchette haute desdites simulations. Les projections moyennes retenues dans les scénarios sont donc légèrement trop froides. Les températures des dernières années ont grimpé de 0,17 °C de plus que ce que prévoyait le scénario médian du CMIP6, et même de 0,14 °C de plus que dans le scénario le plus pessimiste. Les chercheurs notent toutefois que ces données sont trop minces pour aboutir à des conclusions solides, puisque seules six années de projections sont aujourd'hui comparables aux données réelles pour les modèles CMIP6. Avec quinze années de recul, les modèles CMIP5 s'avèrent plus proches de la réalité mais sous-estiment tout de même légèrement le réchauffement, ce qui fait conclure ceci aux auteurs de l'étude : « Les scénarios climatiques du futur comprenant les plus hautes émissions de gaz à effet de serre s'avèrent être les plus réalistes. » Soulignons qu'il faut rester prudent avec les conclusions de cette étude et leurs implications à long terme : il est clair que les observations montrent que les modèles sont globalement pertinents et légèrement trop optimistes (contrairement à ce que prétend le discours climatosceptique ou « rassuriste » qui accuse le Giec d'être trop alarmiste), mais le recul est insuffisant pour conclure que nous serions condamnés au pire en 2100…

Et à l'échelle de la France, vous demandez-vous ? C'est, hélas, encore un peu plus délicat. On savait déjà que le pays, comme l'ensemble de l'Europe, se réchauffait plus vite que la moyenne mondiale. Depuis trente ans, le continent se réchauffe de 0,5 °C

38. D. Carvalho *et al.*, « How Well Have CMIP3, CMIP5 and CMIP6 Future Climate Projections Portrayed the Recently Observed Warming », *Scientific Reports* 12, 1 1983, 2022.

par décennie, soit deux fois la moyenne planétaire, ce qui en fait la région du monde se réchauffant le plus rapidement, selon l'Organisation météorologique mondiale[39]. En 2020, le réchauffement moyen atteignait ainsi 1,1 °C à l'échelle du globe, mais d'ores et déjà 1,7 °C en France métropolitaine. Cela tient en partie au fait que les continents se réchauffent plus vite que les océans, en partie aux effets du réchauffement très rapide de l'Arctique, dont la banquise disparaît à une vitesse alarmante, et en partie… à des causes encore inexpliquées. Les scientifiques se grattent la tête pour affiner leurs modèles et comprendre ce qu'il se passe au-dessus de l'Europe, plus encore avec la succession de vagues de chaleur extrêmes de ces dernières années. « On est tous surpris, non seulement cet été, mais aussi les quelques années qui ont précédé », concédait en août 2022 à France Info[40] le climatologue Robert Vautard, directeur de l'Institut Pierre-Simon Laplace (IPSL), le centre de référence français en climatologie avec Météo-France.

Il s'agit toutefois d'une surprise relative, sur laquelle se penchent les chercheurs français depuis quelques années. « On sait que les modèles qui suggèrent les réchauffements les plus importants sont ceux qui rendent le mieux compte de l'évolution des températures en France. De plus, on constate que les modèles sous-estiment très largement l'augmentation observée de la fréquence et de l'intensité des vagues de chaleur en Europe », me confirme Olivier Boucher, coauteur d'une étude qui pointait déjà ces divergences en 2020[41]. Or, le climatologue est également l'un des concepteurs du modèle de simulation du climat de l'IPSL, l'un des deux modèles français retenus dans le CMIP6. Et ce modèle fait justement partie de la « fourchette haute » des simulations prises en compte par le Giec, celles qui semblent le mieux correspondre au réchauffement déjà observé. Celles, aussi, qui ont le meilleur potentiel pour entretenir notre

39. Voir le rapport : « State of the Climate in Europe. 2021 », Organisation météorologique mondiale, 2022.
40. « Vagues de chaleur : "On est surpris, le calendrier s'accélère", reconnaît un climatologue », article du 11 août 2022 sur francetvinfo.fr.
41. Robert Vautard *et al.*, *Environmental Research Letters,* 15, 094077, 2020.

anxiété à petit feu : d'après ces simulations de l'IPSL, dans le scénario pessimiste (SSP3 menant à 3,6 °C de réchauffement global), un été aux températures similaires à celles de 2003 en Europe de l'Ouest devient habituel dans les années 2050 et « typique » (90 % de probabilité) dans les années 2070. « Il s'agit des températures moyennes de l'ensemble de l'été, souligne Olivier Boucher. Mais on part du principe qu'une anomalie de température élevée sur l'été conduit à de fortes probabilités qu'il y ait des vagues de chaleur, comme cela s'est produit en 2003. »

Une toute récente étude est venue ajouter du crédit à l'hypothèse de la « fourchette haute » pour le futur de la France. Le climatologue Aurélien Ribes et ses collègues ont utilisé une nouvelle méthode pour simuler l'avenir climatique du pays[42]. Les modèles classiques font tourner des algorithmes qui simulent l'évolution du climat du globe, maille par maille, en résolvant des équations complexes de mouvement des océans, de l'atmosphère, de bilan radiatif, interactions et rétroactions multiples… Le modèle de l'IPSL évoqué précédemment a ainsi fait tourner de puissants supercalculateurs français, cumulant 300 millions d'heures de calcul ! Ces simulations sont de plus en plus fines mais intègrent peu les observations. La nouveauté a donc consisté à contraindre les modèles par la prise en compte en réel : « Parmi les modèles existants, on a retenu un sous-ensemble cohérent avec les données disponibles pour la France depuis 120 ans », explique Aurélien Ribes. Sans surprise, les estimations subsistantes concernent la fourchette haute des simulations existantes : pour le scénario médian de réchauffement global à 2,7 °C en 2100, la France verrait ainsi sa température moyenne grimper de 3,8 °C.

Le plus inquiétant concerne les disparités et extrêmes qui se cachent derrière cette température moyenne. Car 3,8 °C de réchauffement annuel signifient surtout un très fort réchauffement estival, de 5,1 °C, contre 3,2 °C seulement durant l'hiver. « La tendance actuelle des émissions mondiales de carbone

42. Aurélien Ribes *et al.*, *Earth System Dynamics*, 13, 1397-1415 (CC BY-4.0), 2022.

nous éloigne du pire des scénarios mais finalement, la France connaîtrait, même avec ce réchauffement médian, des étés à 5 °C de plus, ce qui est proche de ce qu'on attendait il y a quelques années dans le scénario le plus catastrophique », alerte le chercheur. Pour vous faire une idée concrète de cet avenir qui se dessine, replongez-vous simplement dans l'été 2022 : « On a eu en 2022 environ 4 °C de plus qu'au début du XXe siècle sur juin, juillet, août. Or, 5,1 °C en 2100, c'est 4 °C courant 2050 et l'été 2022 qui devient la norme en matière de températures. Et quand on parle de norme, cela signifie qu'un été sur deux pourrait être encore plus chaud… »

Voilà pour le tableau caniculaire plus que plausible qui nous attend d'ici une trentaine d'années, les vagues de chaleur de 2022 devenues la norme. Il n'en sera toutefois pas forcément de même pour les sécheresses, l'évolution des précipitations étant, on l'a vu, plus incertaine et contrastée sur l'Hexagone. Quelques phénomènes bien identifiés permettent malgré tout d'imaginer ce qu'il adviendra du cycle de l'eau, notablement chamboulé dans une France en surchauffe.

Quand la pluie et la neige ne tombent plus à pic

Voici un conseil pratique qui va vous changer la vie : chaque lundi matin, au réveil, ingurgitez une bonne dizaine de litres d'eau, soit la quantité dont votre corps a à peu près besoin en sept jours. Vous serez ainsi parés pour une semaine complète. Plus besoin de perdre du temps à vous désaltérer : que de précieuses minutes de gagnées pour vaquer à vos occupations !

Vous trouvez ça absurde ? Ça l'est tout autant à l'échelle d'un bassin versant. Même si, en moyenne annuelle, certaines régions françaises devraient recevoir la même quantité, voire davantage de précipitations à l'avenir, tout est en réalité une question de timing : le surplus d'eau attendu l'hiver dans la moitié nord de la France ne sera malheureusement que de peu d'utilité face aux périodes de sécheresse attendues l'été.

« À précipitations constantes, le changement de régime des pluies peut augmenter les sécheresses agronomiques. Si les précipitations, plus intenses, se concentrent sur un nombre de jours plus restreint, l'assèchement des sols sera in fine plus important. Et ça semble être ce que l'on observe dans de nombreuses régions où l'indice de précipitations journalières tend à augmenter », confirme Yves Tramblay, hydrologue pour l'Institut de recherche pour le développement, à l'unité mixte de recherche HydroSciences Montpellier. De même que vous ne pouvez pas absorber 10 litres d'eau d'un coup, les sols ont aussi leurs limites. Les capacités d'infiltration varient selon le type de sol : on parle de « taux de perméabilité » pour mesurer la vitesse à laquelle l'eau peut s'infiltrer dans les sols. Cette perméabilité varie énormément selon la taille des pores du sol et la qualité de leur connexion entre eux, à même de laisser s'écouler l'eau. Sur une terre sableuse très poreuse, la quantité d'eau qui s'écoule peut atteindre 5 cm/h, quand un sol argileux très compact peut se montrer quasi imperméable avec un taux descendant à 0,05 cm/h. Pour la même quantité d'eau tombant du ciel, une pluie fine répartie sur plusieurs semaines laissera donc s'infiltrer bien plus d'eau qu'une pluie intense dépassant la capacité d'infiltration du sol, provoquant le ruissellement de l'eau avant qu'elle ne puisse recharger le sous-sol.

Le cercle vicieux, c'est que les sécheresses s'auto-entretiennent en diminuant les capacités d'infiltration du sol. Lorsque le manque d'eau est venu à bout d'une partie ou de toute la végétation, cela diminue d'une part la perméabilité du sol, favorisée en temps normal par les racines des plantes, et le sol sec, d'autre part, devient lui-même hydrophobe. Lorsque les premières pluies arrivent après la sécheresse, généralement d'intenses pluies orageuses d'été, l'impact des gouttes va désagréger le sol, projetant de petites particules de terre qui vont s'éparpiller et retomber de manière homogène, comblant de plus en plus les pores du sol en surface. Ce phénomène, baptisé effet « splash », va former une « croûte de battance » imperméable sur le sol, favorisant le ruissellement de l'eau qui ira se perdre à l'aval du bassin versant. Au cœur de la sécheresse de 2022, les rares épisodes de pluie se sont ainsi bien souvent avérés vains : « Les épisodes orageux d'août n'ont eu que peu d'impact sur les nappes. La part des pluies infiltrées en profondeur reste faible à inexistante en raison de sols très secs et de la consommation de ces eaux par la végétation », constatait le BRGM dans un communiqué de presse du 15 septembre 2022.

La question des pénuries d'eau à venir relève donc autant du timing des précipitations que de leur volume. Et ce d'autant plus que nos usages ont la mauvaise idée d'être en décalage complet avec la disponibilité de la ressource : les besoins en eau pour refroidir les centrales électriques et surtout pour irriguer les cultures sont massifs l'été lorsque les sécheresses pointent leur nez (nous le verrons aux chapitres suivants), de même que les besoins pour l'économie touristique liée aux activités aquatiques, par exemple. Avec en prime cet effet pervers que les fortes chaleurs accroissent encore les besoins tout en réduisant les ressources…

Une autre facette des chamboulements du cycle de l'eau doit être prise en compte : elle concerne les neiges et glaciers de nos montagnes et plus particulièrement deux phénomènes que sont la fonte et disparition d'au moins une partie des glaciers, et la fonte de plus en plus précoce du manteau neigeux hivernal.

La disparition des glaciers fait partie, au même titre que les ours polaires, des images emblématiques et souvent médiatisées du changement climatique, car ils y sont extrêmement sensibles et en sont donc un bon indicateur. Ces gigantesques stocks de glace, permanents à l'échelle humaine (du moins jusqu'à maintenant), ont encore fortement souffert en 2022.

Dans le massif du Mont-Blanc, l'immense mer de Glace est le plus grand glacier des Alpes françaises en superficie (environ 40 km^2). Des peintures le montrent en 1860, foulé par les pieds de Louis Pasteur, venu collecter de l'air pur pour ses expériences… Depuis, des photos comparatives témoignent du progressif et inéluctable recul des glaces. « Je m'étais préparé mais ça fait mal.

Très mal. Les mots manquent. Désolant. Affligeant. Terrifiant », témoignait par exemple sur Twitter le 2 août 2021 le climatologue Matthieu Sorel. Ses mots étaient accompagnés d'une photo de ce qui fut une majestueuse langue de glace serpentant entre les flancs des montagnes, aujourd'hui métamorphosée en une simple rivière sèche de poussières grises et de cailloux. Le glacier a reculé de 800 m et perdu 100 m d'épaisseur en 25 ans. Dans le scénario de réchauffement médian, il aura diminué de 80 % à la fin du siècle – et totalement disparu dans le scénario du pire[43]. En 2022, les températures extrêmes ont encore fait fondre l'ensemble des glaciers du massif du Mont-Blanc quatre fois plus vite que lors des 20 dernières années.

La situation, similaire dans l'ensemble des Alpes, s'avère critique pour l'avenir : quel que soit le scénario de réchauffement que nous suivrons finalement, leur sort en 2050 est déjà scellé et la masse totale des glaciers alpins devrait à cette échéance être divisée par deux par rapport à 2017. Ensuite, si par miracle nous limitons le réchauffement à 2 °C, un tiers de la masse actuelle devrait survivre, d'après les calculs effectués par des chercheurs en 2019[44]. Dans le scénario médian, ce sont les trois quarts des glaces actuelles qui disparaîtront, et la quasi-totalité dans le scénario le plus pessimiste. « La plupart des glaciers sont en déséquilibre avec le climat actuel. Ils continueraient à fondre même si le réchauffement s'arrêtait immédiatement », me précise Isabelle Gouttevin, météorologue au Centre d'études de la neige. « Et on sait que la région alpine va se réchauffer encore plus vite que le reste de l'Europe, car lorsque la neige fond, le sol et la végétation qui poussent ont un albédo plus fort, c'est-à-dire qu'ils absorbent davantage le rayonnement solaire, chauffent plus vite et augmentent encore la fonte. Les choses s'emballent à cause de cette rétroaction. » Au fur et à mesure de leur fonte, les glaciers montent également en altitude : ils se réfugient là où la température et les chutes de neige leur permettent de survivre. Les glaciers les plus petits et ceux à plus basse altitude sont donc

43. Christian Vincent *et al.*, *La Météorologie*, n° 106, août 2019.
44. Harry Zekollari *et al.*, *The Cryosphere*, 13, 1125–1146, 2019.

logiquement les premiers condamnés. Raison pour laquelle les glaciers des Pyrénées, moins hauts que leurs voisins des Alpes, pourraient avoir tous disparu avant 2050, d'après l'association Moraine, qui regroupe des glaciologues pyrénéens.

Les glaciers des Pyrénées ne contribuent toutefois que marginalement aux ressources en eau douce de la région et leur disparition ne devrait pas, en soi, aggraver les problèmes de pénurie. Il faudra simplement faire le deuil d'un patrimoine, des paysages et de quelques espèces endémiques… Mais la situation pourrait être plus préoccupante dans les Alpes, connues sous le nom de château d'eau de l'Europe. En effet, « ces montagnes abritent la plupart des eaux contribuant au Danube, au Rhin, au Pô et au Rhône, ainsi fournissent-elles des services des écosystèmes vitaux qui dépassent le seul cadre de la région, assurant un bien-être social et économique à de vastes zones de plaine », souligne l'Agence européenne pour l'environnement.

Pour autant (profitez-en pour respirer un grand coup, c'est l'une des rares bonnes nouvelles de ce chapitre), la fonte des glaciers de ce château d'eau géant ne devrait pas mettre l'Europe à sec. Paradoxalement, cela va même dans un premier temps rendre les ressources en eau plus disponibles puisque, en plus des apports annuels, la fonte d'une eau stockée là-bas depuis des milliers d'années va créer un surplus d'écoulement dans les fleuves et rivières de ses bassins versants. « Le régime glaciaire des rivières qui naissent de la fonte des glaciers dépend de la fonte de la neige au printemps, puis de la fonte des glaciers, qui prend le relais en été. Avec la phase de recul actuelle, le glacier va exporter de plus en plus d'eau dans les rivières, jusqu'à atteindre un pic, puis voir son apport décroître d'année en année jusqu'à disparaître. Paradoxalement, les cours d'eau peuvent donc voir temporairement leur débit estival augmenter les premières années de la phase de récession glaciaire. Mais les études menées à grande échelle montrent que ce "peak water" est probablement déjà passé ou en phase de l'être dans les Alpes », précise Isabelle Gouttevin.

Pas de panique cependant : même une fois passé ce pic, l'impact sur les débits restera limité. D'une part parce que de nombreuses rivières, même à proximité des Alpes, comme la Drôme par exemple, ne sont pas alimentées par des glaciers et ont d'autres ressources, et que l'importance de ces glaciers se dilue avec l'éloignement et la longueur du bassin versant. Mais surtout, d'autre part, parce que la fin des glaciers ne signifie pas la fin des précipitations sur les montagnes, d'où l'eau continuera donc de s'écouler. « Il n'y a pas de tendance très claire sur l'évolution des précipitations sur les Alpes, note la chercheuse. Mais dans tous les cas, c'est surtout la saisonnalité des débits qui va changer. »

Voilà, en effet, le vrai problème. Celui, encore une fois, du timing. Car le réchauffement va aussi impacter le manteau neigeux, cette neige saisonnière qui tombe chaque hiver et fond chaque printemps, engendrant une « onde de fonte » qui alimente le débit des cours d'eau. D'après l'Onerc[45] (Observatoire national sur les effets du réchauffement climatique), sur la période 1981-2010, le manteau neigeux des massifs français atteignait en moyenne sa valeur maximale début mars, avec une fonte qui s'accélérait fortement à partir de la deuxième quinzaine d'avril. Or, cette onde va se réduire au fur et à mesure du réchauffement du climat et devenir de plus en plus précoce, au début du printemps. Le stock de neige mesuré au 1er mai fond de 12 % par décennie depuis les années 1980, note l'Onerc. Un rapport[46] consacré aux Alpes du Sud prévoit pour sa part une baisse globale du cycle neigeux annuel de 50 % dès les années 2030 sous les 1 500 m d'altitude, de 20 % au-dessus.

Cette baisse de l'enneigement et cette précocité de l'onde de fonte vont ainsi venir s'agréger aux autres effets du changement climatique. Dans le même temps vont s'accentuer les sécheresses,

---

45. Voir la fiche « Impacts du changement climatique : Montagne et glaciers » sur le site du ministère de l'Écologie, ecologie.gouv.fr.
46. « Les ressources en eau et le changement climatique en Provence-Alpes-Côte d'Azur », cahier thématique du groupe de travail « Ressources en eau » du Groupe régional d'experts sur le climat en Provence-Alpes-Côte d'Azur (2017).

les fortes chaleurs provoquant de plus fortes évapotranspirations et de plus importants besoins en eau au plus dur de l'été. Dans ce contexte, le cumul du décalage de l'onde de fonte et de la – légère – baisse des débits estivaux dans les bassins versants sous influence glaciaire ne peut qu'augmenter les vulnérabilités de la ressource sur cette période critique.

Peut-être ressentez-vous une certaine frustration face à la difficulté d'appréhender cet agrégat de risques. Pris individuellement, chacun de ces phénomènes pourrait sembler largement surmontable. Ce serait d'abord occulter les conséquences parfois lourdes localement. Pour la biodiversité, notamment : une méta-analyse[47] conduite en 2019 a montré qu'à l'échelle mondiale, 6 à 11 % des êtres vivants étudiés seraient menacés par le retrait des glaciers, principalement des espèces spécialisées et dépendantes des conditions extrêmes de ces glaces, ou vivant dans les fjords ou rivières glaciaires qui en dépendent. Elles pourraient être remplacées par des espèces plus généralistes, induisant une homogénéisation des milieux et une perte globale de biodiversité. Les activités humaines ne seront pas non plus épargnées : que l'on pense aux stations de ski de moyenne montagne, dont la fermeture définitive, faute d'enneigement, fait de plus en plus souvent la une des journaux en France. Outre ces usages touristiques, aux conséquences majeures sur les économies locales, le large éventail des usages et besoins en eau liés à nos activités implique une réalité contre-intuitive et importante à garder en tête : les pénuries d'eau peuvent être graves bien avant que les cours d'eau ne soient à sec. Car l'abondance est relative aux besoins, y compris ceux des vivants autres que nous et dont nous dépendons. Lorsque les besoins dépassent les ressources, il ne reste alors que deux solutions : soit adapter les activités à une moindre utilisation de l'eau, soit apprendre à renoncer à certaines d'entre elles, lorsque l'adaptation atteint ses limites. C'est ce que le Giec, y compris dans son chapitre sur l'Europe, appelle les « hard limits ». Au-delà, les choix et

---

47. S. Cauvy-Fraunié, O., Dangles, « A Global Synthesis of Biodiversity Responses to Glacier Retreat », Nature Ecology and Evolution 3, 1675-1685, 2019.

renoncements sont inéluctables, ce qui peut susciter, nous le verrons, des conflits d'usage. Avant cela, bouclons le cycle de l'eau en passant par le sous-sol et voyons quelle première image de la France du futur se dégage de tout cela.

Une France transformée en garrigue géante ?

Il reste un maillon de la chaîne que nous n'avons pas encore creusé – si l'on peut dire : il s'agit du rôle des aquifères dans cette histoire. Comment résistent-ils aux récentes sécheresses et que peut-on attendre d'eux pour les prochaines décennies ?

Nous avons largement exploré ensemble dans le premier chapitre la fascinante diversité et complexité de ces roches où l'eau circule de mille manières et s'interconnecte aux eaux de surface. On pourrait ajouter une métaphore en soulignant que ces aquifères sont les véritables amortisseurs du cycle de l'eau. Ces réservoirs naturels géants permettent d'assurer une certaine continuité dans le débit des rivières et celui de nos robinets, qui ne s'interrompent fort heureusement pas dès qu'il s'arrête de pleuvoir. Les nappes, dans ces aquifères, alternent ainsi entre période de recharge, lorsque les pluies sont abondantes l'hiver, et période de vidange l'été, à l'occasion de laquelle elles irriguent la surface. Les ennuis commencent lorsque la sécheresse empêche la recharge, voire inverse le processus. C'est ce qu'il s'est passé dès le début de l'année 2022 : « Après une période de vidange débutée précocement, entre janvier et mars 2022, les niveaux sont généralement restés orientés à la baisse durant tout le printemps et l'été. En septembre, la vidange s'est poursuivie bien que ralentie par les premières pluies infiltrées en profondeur », indiquait en novembre de la même année le BRGM, précisant que le niveau des nappes à l'entrée de l'hiver restait largement inférieur à celui de l'année précédente.

Cette dette d'eau dans les nappes devient un engrenage infernal si l'hiver suivant n'est lui-même pas suffisamment généreux pour compenser le manque. Un scénario dont on peut légitimement s'inquiéter quand on sait que le profil de l'année 2022 risque de devenir de plus en plus courant. Des signes précurseurs alertent déjà Violaine Bault, hydrogéologue au BRGM : « Depuis 2017, nous observons une succession d'années sèches qui font que les recharges des nappes sont moins bonnes. Mais ce qui nous inquiète le plus, c'est le type de pluie qui survient : sur un sol sec, elle rebondit et recharge mal les nappes. L'allongement des périodes de sécheresse risque d'aggraver ce phénomène ». Le fameux effet « splash » dont je parlais précédemment. Pour l'instant, des sécheresses longues, pluriannuelles, sont rares en France, mais jusqu'à quand ? Risque-t-on de devoir affronter des sécheresses extrêmes comme en 2022, répétées sur plusieurs années consécutives, sans répit hivernal ?

Félicitations : vous êtes sur le point d'atteindre le climax de l'anxiété promise par ce chapitre. Le bouquet final vous est offert par le projet Aqui-FR, qui réunit sept laboratoires français autour d'une étude sur l'évolution passée et à venir des ressources en eaux souterraines. Les chercheurs ont utilisé, pour la partie prospective, les scénarios du cinquième rapport d'évaluation du Giec. Le projet, en cours de développement, ne modélise pour l'instant l'hydrogéologie française que sur une partie nord du territoire, du Pas-de-Calais au Poitou, en passant par la Haute-Normandie et le Bassin parisien. « L'évolution des sécheresses que l'on projette est tellement énorme qu'il est difficile de s'en rendre vraiment compte », prévient Florence Habets, hydrogéologue et autrice principale de l'étude. Les cartes issues des simulations qu'elle me présente forment une mosaïque bariolée de couleurs : évidemment, aux multiplicités des situations météorologiques du territoire se superpose la variété des types de sols. Chaque couleur indique l'occurrence en fin de siècle (2070-2100) des sécheresses décennales des nappes, c'est-à-dire le niveau le plus bas atteint en moyenne une fois tous les dix ans. Une tendance générale se dégage néanmoins de la moyenne de ces couleurs : dans le scénario d'une baisse drastique des émissions permettant de maintenir le réchauffement à 2 °C, ces sécheresses décennales seraient un peu plus récurrentes, advenant une année sur sept. Dans le scénario du pire, elles surviendraient près d'une année sur trois. La première occasion de déglutir de travers me prend lorsque j'observe le scénario médian : c'est une copie quasi conforme du scénario du pire. Deuxième déglutition ratée : la moyenne vers laquelle on se dirige (une sécheresse des nappes tous les trois ans, donc) cache des disparités où se nichent des extrêmes ahurissants. De larges zones, en Normandie, autour de la Loire et de l'Île-de-France sont teintées en orange foncé : plus de deux années sur trois de nappes à sec. Surtout, des taches cramoisies émaillent la carte en Picardie, au sud de la Normandie ou encore à l'ouest de l'Île-de-France : jusqu'à 100 % de sécheresse. C'est-à-dire tous les ans. « Ce sont des modèles ; quand on s'approche des limites, on entre dans l'inconnu et on peut rater toutes sortes de rétroactions », tempère Florence Habets. Mais tout de même, « on se retrouve avec des valeurs sous les critères de décennales sèches en continu, sur l'ensemble des trente années projetées. Il y a des endroits où l'on n'en sortira plus. Sur ces points rouges, ce sont des têtes de bassins versants, certaines rivières, qui vont disparaître ».

Bien sûr, aucun humain habitant sous le cramoisi de la carte ne devrait mourir de soif. On ira chercher l'eau ailleurs, en améliorant l'interconnexion du réseau, à l'image de ce que fait actuellement la municipalité de Morteau. Mais à quel prix ? La question se pose au sens économique du terme, puisqu'il faudra pour les industries et l'agriculture s'adapter à une eau plus rare et lointaine. Mais on peut aussi, et surtout, s'interroger sur le prix à payer pour le vivant. La végétation et la faune tiennent tant bien que mal le coup lors des sécheresses, en espérant limiter la casse jusqu'au retour à la normale. Si la sécheresse est la nouvelle normale, la situation risque de tourner à l'aigre… De nombreuses forêts françaises sont d'ores et déjà fragilisées, des essences d'arbres adaptées à des climats tempérés sont poussées dans leurs retranchements par les sécheresses et canicules à répétition. Brûlures, stress hydrique, embolies… dans toutes les régions, des hêtres aux sapins, des milliers d'hectares de forêts françaises dépérissent chaque année à cause de la multiplication des sécheresses. Sans parler des feux de forêt, encore particulièrement impressionnants en 2022. Les arbres qui résistent, affaiblis, cèdent plus facilement à l'expansion des parasites et maladies. « Depuis 2018, plus de 300 000 ha de forêts publiques en France ont subi un taux de mortalité inédit. L'équivalent de 30 fois la superficie de Paris. Et le mouvement se poursuit. D'ici cinquante ans, la moitié de la forêt française pourrait avoir changé de visage », résume l'Office national des forêts, qui tente de diversifier les essences d'arbres pour éviter le pire.

Une sécheresse devenue la norme n'étant, par définition, plus une sécheresse, c'est un changement de climat qui se profile donc pour la majorité de la France. Le chapitre consacré à l'Europe dans le rapport du Giec présente une autre carte, qui tend elle aussi à se couvrir de rouge, couleur du climat méditerranéen, qui se répand sur la France. Tandis qu'aujourd'hui ce climat ne concerne que le pourtour méditerranéen (ce qui semble géographiquement assez logique), il s'étendrait à l'horizon 2077-2100, dans l'hypothèse pessimiste d'un réchauffement global de 4 °C, à toute la moitié nord-ouest de la France : des Landes à l'Alsace en passant par la Bretagne, le climat actuel majoritairement qualifié de « tempéré océanique » passerait au climat « méditerranéen », au sens de la classification dite de Köppen-Geiger, c'est-à-dire composé d'étés chauds et secs et d'hivers doux et humides. Bref, vous voyez quelles sont les conditions météorologiques que l'on peut rencontrer, typiquement, en se promenant dans la garrigue.

Le géographe Vincent Dubreuil a réalisé une analyse plus fine de ces changements de types de climat à l'échelle de la France qui conclut elle aussi à une « méditerranéisation » du pays, plus ou moins écrasante selon les scénarios[48]. Si l'on suit le réchauffement médian, plus de la moitié des années seront de type méditerranéen au milieu du siècle, « au sud d'une ligne Nantes-Paris-Strasbourg », tandis qu'en fin de siècle, écrit le chercheur, « seules les régions proches de la Manche et des montagnes n'ont pas un type majoritaire [méditerranéen]. La fréquence des années a été chaud et sec deviendrait donc

48. Vincent Dubreuil, « Le changement climatique en France illustré par la classification de Köppen », *La Météorologie* n° 116, février 2022.

largement prédominante sur l'Hexagone ! », Les régions historiquement méditerranéennes, quant à elles, seront de plus en plus souvent confrontées à des années sous un climat de type semi-aride, dit « sarde », voire semi-aride chaud, c'est-à-dire « sicilien ». Je vous épargne la description du scénario pessimiste qui ne fait, évidemment, qu'accentuer ces tendances. À noter, avec le géologue, que ces classements sont des archétypes qui ne tiennent pas compte de certaines subtilités et sont à considérer seulement en matière de températures et précipitations. Ils ignorent certains facteurs décisifs pour définir un climat, tels que le vent. « Pour ces raisons, si en 2100 Nice et Paris se retrouvent dans le même type moyen Csa (méditerranéen), le climat de Paris ne sera pas celui de Nice tel qu'il sera dans le futur ou tel qu'il est actuellement. »

Il n'empêche, ces projections permettent de surligner au marqueur fluo, au cas où cela n'était pas encore assez concret, l'ampleur phénoménale des changements qui s'annoncent et les impératifs d'adaptation auxquels nous commençons déjà à être confrontés. Dans un scénario médian de réchauffement global de 3,2 °C, le Giec anticipe des conditions climatiques qui restent adaptées pour 60 à 80 % des espèces de plantes en France (plutôt 40 à 60 % au sud et au centre), et pour à peine 20 à 40 % des espèces d'insectes. Mais puisque Paris ne deviendra pas Nice, pour savoir dans quelle proportion nos paysages changeront, disparaîtront ou s'adapteront, il reste un facteur essentiel à prendre en compte : le rôle du cycle de l'eau anthropisé. « Modéliser le cycle naturel, on sait faire. La vraie inconnue, le front de science pour nous, c'est le cycle de l'eau non naturel. Comment et combien les humains prélèvent-ils d'eau, la stockent et la gèrent-ils ? » interroge Jean-Philippe Vidal. Il est donc temps pour nous d'aller voir d'un peu plus près l'activité humaine la plus gourmande en eau : l'agriculture.

PARTIE II

Vices et vertus de l'agriculture

CHAPITRE 3

Première coupable, première victime ?

Pénurie de pâturage dans la Brie

Si l'été 2022 voulait nous faire passer un message pour l'avenir, la méthode manquait légèrement de subtilité : de juin à août, les Français ont enquillé trois canicules consécutives. La deuxième d'entre elles fut l'occasion de célébrer dans la torpeur de nombreux records absolus de température. Le 18 juillet sur toute la façade ouest : 41 °C à Saint-Nazaire, 39,7 °C à Saint-Brieuc… Et le lendemain plus au nord : 40,4 °C à Dieppe et les 40 °C frôlés à Calais. Je cuisais quant à moi sous quelque 40,5 °C enregistrés à Paris, presque déçu de ne pas participer à cette bouillonnante vague de records, la température n'étant que la deuxième plus haute jamais enregistrée dans la capitale. À défaut d'être inédit, ce déferlement de chaleur était au moins le prétexte parfait pour aller rencontrer des agriculteurs et quitter l'air suffocant de la ville.

J'ai donc rendez-vous, ce 19 juillet, au sud de la Seine-et-Marne, au cœur de la Brie verte, autrement appelée Brie humide. Deux appellations sèchement démenties par le climat caniculaire du moment. Philippe Dufour, éleveur, m'attend au milieu de ses champs. L'air est toujours aussi sec. Le soleil brûle et écrase tout. Y compris les machines : le tracteur, en surchauffe, refuse de démarrer. « Ça me l'a déjà fait hier, peste l'agriculteur, le joystick est trop chaud, ça bloque toute l'électronique ! »

La bête mécanique finit par reprendre conscience et son énorme bras télescopique attrape l'abreuvoir des vaches. Il s'agit de déplacer le troupeau vers une parcelle plus ombragée et de s'assurer qu'il ait de quoi s'hydrater correctement. C'est-à-dire beaucoup d'eau. Une vache en ingurgite 50 à 100 l par jour en moyenne, jusqu'à 150 l sous de fortes chaleurs. Philippe Dufour et sa femme Pascale en élèvent environ 250 – des blondes d'Aquitaine, destinées au marché de la viande. Chaque année, ce sont donc 6 000 à 7 000 m^3 d'eau qui sont nécessaires pour abreuver le cheptel, estime Philippe. À l'échelle nationale, l'eau destinée aux animaux d'élevage représente un volume loin d'être négligeable, avec plus de 300 millions de mètres cubes, essentiellement pour leur abreuvement. Cela ne représente, certes, qu'environ 15 % de l'eau utilisée par l'agriculture, mais ce sont 15 % d'un chiffre énorme[1]. Rappelez-vous des ordres de grandeur que je vous donnais au début de ce livre : le secteur agricole est responsable à lui seul de 45 % de l'eau consommée en France.

Il n'est bien évidemment pas question de laisser ces animaux mourir de soif : « L'arrêté préfectoral relatif à la sécheresse concerne l'arrosage, mais pas l'alimentation des vaches. Les miennes boivent l'eau de la ville, malheureusement, ça coûte une fortune… », admet Philippe Dufour. Plus concrètement, ce sont environ 10 000 euros par an que doit débourser l'agriculteur en eau pour ses bêtes. Sans être le poste de dépenses principal, c'est un coût loin d'être négligeable dont il aimerait bien pouvoir se passer. L'eau, pourtant, était jadis omniprésente sur ces terres. Son grand-père y élevait des vaches laitières, dont l'auguste production servait à la fabrication du fameux brie de Melun,

1. Voir notamment : D. Leenhardt, M. Voltz, O. Barreteau (coord.), *L'Eau en milieu agricole : Outils et méthodes pour une gestion intégrée et territoriale*, Quæ, 2020.

« roi des fromages » au dire de ses promoteurs[2]. Mais ses parents, lorsqu'ils reprennent la ferme, coupent court à la tradition et remplacent les vaches par du maïs. L'heure est à la politique agricole commune européenne et à l'optimisation des rendements. Les prairies humides, jusqu'alors peu valorisables en dehors du pâturage, sont drainées. « Ils ont labouré et ont profité de toute la matière organique apportée par les années d'élevage. Ils ont eu des rendements très corrects pour les années 1970 et 1980 », raconte le fils. Quand il reprend à son tour l'exploitation, il décide toutefois de revenir à l'élevage. « Ça reste une mauvaise terre, par endroits la roche est presque à l'effleurement, et ce sont des terres argileuses donc très étanches, l'eau ne descend pas. Lorsqu'il pleut beaucoup l'hiver, c'est inondé et les céréales pourrissent. Et à l'inverse, si l'on manque de pluie, la terre est sèche très rapidement. » Las de ces aléas, l'agriculteur a donc reconverti les champs en prés. Mais l'eau continue à faire des siennes et joue la ressource erratique que les terres de Philippe Dufour peinent à retenir. Les prairies sont en pente douce, elles convergent en une sorte d'entonnoir irrégulier vers un fossé qui traverse le domaine. Ici, à 20 m sous la surface, coule une veine d'eau. L'éleveur aimerait en puiser la quantité nécessaire à ses vaches, avant qu'elle n'aille rejoindre la vaste nappe de Champigny, qui couvre une large partie de la Seine-et-Marne. L'investissement est important, mais il permettrait à terme de faire des économies en arrêtant de tirer l'eau potable de la ville.

Tous les agriculteurs n'ont, hélas, pas les mêmes perspectives de recours pour les sécheresses à venir. L'abreuvement des animaux a beau ne pas être soumis aux mêmes restrictions que l'irrigation, les éleveurs rencontrent de plus en plus de difficultés à désaltérer leurs cheptels correctement. « Les problèmes d'abreuvement ont concerné plus de la moitié des élevages lors des dernières sécheresses, avec des conséquences réelles sur les animaux et la qualité des produits, sur le transport et le temps

---

2. Le brie aurait gagné ce titre au cours d'une dégustation lors du Congrès de Vienne, en 1814, entre diplomates européens venus décider de l'avenir du continent après la chute de Napoléon Ier... Voir le récit qu'en livre notamment cet article lemonde.fr : « Le brie, roi en ses royaumes », Marie-Béatrice Baudet, 14 août 2017.

de travail, sur les surcoûts d'achat d'eau et de matériel, entraînant des conséquences importantes sur le moral des éleveurs », alertait en 2022 Didier Ramet, de la Chambre régionale d'agriculture Bourgogne-Franche-Comté[3]. Deux ans auparavant, des chercheurs de l'INRAE et AgroSup Dijon avaient déjà mené une enquête[4] dans la même région auprès de 189 éleveurs, suite aux sécheresses de 2018 et 2019 : « Les problèmes d'abreuvement concernent plus de 50 % des élevages et 75 % des élevages allaitants en 2019 », concluaient-ils, reliant ces difficultés accrues à la hausse du tarissement des sources et rivières sur cette période. Des animaux déshydratés produisent forcément moins de lait et de viande, et sont davantage victimes de parasitisme. L'affaiblissement des vaches va jusqu'à engendrer une surmortalité – même si celle-ci est très minoritaire parmi les conséquences déclarées par les éleveurs.

Le même constat était martelé sur tout le territoire par les chambres d'agriculture, dans un bilan publié en septembre 2022 : Auvergne-Rhône-Alpes, Occitanie, Grand Est… de nombreuses régions font remonter des difficultés d'abreuvement. Mais l'impact le plus lourd pour les éleveurs vient dans un second temps, avec la perte de fourrage engendrée par la sécheresse : jusqu'à 80 % sur les récoltes de fourrages dans le Cantal ou en Haute-Loire, par exemple, pratiquement 100 % sur la deuxième fauche en Côte d'Or, assènent en 2022 les chambres d'agriculture.

C'est l'effet à double tranchant des sécheresses sur les élevages : en plus de contraindre les capacités des bêtes à se désaltérer, elles viennent mettre sous tension leurs besoins en nourriture. Les prairies constituent en effet la première source d'alimentation du bétail, que les vaches, chèvres et moutons broutent directement dans les pâturages ou que les herbes soient coupées pour servir de fourrage ultérieurement. En fait, l'image d'Épinal de la verte prairie parsemée de ruminants,

3. *Guide de l'abreuvement : Pour une meilleure utilisation des ressources naturelles et un abreuvement responsable*, Assecc, édition 2022.
4. Sandrine Petit, Denis Lépicier, « Sources et rivières à sec, impasses, inquiétudes et solutions des éleveurs », article disponible sur hal.inrae.fr, 9 février 2021.

invoquée sur un mode suranné et un brin réactionnaire pour représenter la France éternelle, reste très pertinente d'un point de vue purement territorial : pas moins de 41 % de la surface agricole utile de France est composée de prairies. Au total, ce sont 20 % du territoire national qui en sont recouverts ! Soit plus de 11 millions d'hectares parsemés de luzerne, graminées, trèfles, sainfoin, lotier et autres herbes dont plus d'une trentaine d'espèces se mêlent en moyenne dans chaque pré permanent[5]. Et les troupeaux s'en nourrissent largement : la moitié de la ration alimentaire des vaches laitières, et même environ 80 % de celle des vaches à viande et des ovins, est composée d'herbes en France, qu'elle soit pâturée ou coupée et consommée plus tard[6].

Vous commencez à comprendre pourquoi le jaunissement de ces vertes prairies et leur assèchement sous les coups de boutoir des canicules sont une catastrophe pour les agriculteurs. À défaut de fourrage, les éleveurs doivent acheter des céréales et ballots de fourrage pour nourrir leurs bêtes, engendrant de nouveaux surcoûts, eux-mêmes soumis aux fluctuations hasardeuses des prix du marché des matières premières. Une vulnérabilité accrue par le changement climatique dont se serait bien passée une profession déjà structurellement fragile économiquement. « Le fourrage, c'est 120 euros la tonne. Si on doit l'acheter, ça va nous faire pas loin de 20 000 euros de frais », calcule Philippe Dufour.

Dans sa ferme du pays briard, ce dernier associe, comme beaucoup d'éleveurs, l'entretien de prairies et la culture de céréales en complément pour nourrir ses vaches. En tout, une soixantaine d'hectares de terres cultivées en fève, tournesol, blé, orge, dont une partie sera donnée au bétail et l'autre, en surplus, sera revendue comme revenus complémentaires. Un système dans lequel, là aussi, tout est affaire de timing : lors d'une année idéale, les vaches se nourrissent seules au pré tout l'été et le

5. Voir le document « Les chiffres clés des prairies et des parcours », publié en 2022 par l'Institut de l'élevage et disponible sur leur site idele.fr.
6. *Ibid.*

surplus de fourrage et de céréales est récolté pour les nourrir l'hiver. Mais si les prairies ne donnent plus rien l'été, c'est tout le calendrier qui s'effondre comme un château de cartes. « Une partie des vaches est déjà nourrie au foin en intérieur, à l'abri de la chaleur, d'autres tournent dans les prés mais là, l'herbe va cramer. On va être obligés de mettre du foin et des céréales pour qu'elles ne perdent pas en croissance. Tous les stocks vont y passer ; à mon avis d'ici septembre, il faudra acheter en plus », diagnostique l'éleveur. Par chance, il peut s'appuyer sur les stocks exceptionnels de l'été précédent. Mais si les années sèches s'enchaînent à l'avenir ? En 2018, déjà, la situation était plus critique qu'aujourd'hui. « On avait dû commencer à nourrir les bêtes dès le 1er juillet ! Et ça ne s'est pas arrêté jusqu'à ce qu'on les rentre en novembre. Niveau sécheresse, c'était encore pire que cette année, pour nous. Mais au moins on n'avait pas des pics à 42 °C comme maintenant… »

De telles conditions sont-elles tenables à long terme ? La question est d'autant plus sensible que l'eau n'est pas la seule à faire exploser les comptes de la ferme : « Les aléas géopolitiques et des marchés mondiaux ont triplé le prix des engrais azotés ; sans parler du carburant, qui lui coûte en ce moment 100 euros de plus qu'avant par semaine, rien que pour soigner les bêtes », m'assure-t-il. Les années difficiles, Philippe en a affronté plus d'une, depuis qu'il a repris la ferme en 1989. Quand je l'interroge sur l'avenir, ses yeux, pourtant, se perdent dans le vague. « Les sécheresses, on connaît. Mais ce qui me fait peur, c'est l'enchaînement d'extrêmes comme en ce moment. » L'intuition de l'agriculteur pourrait s'avérer aussi sinistre que pertinente, pourtant un certain vent d'optimisme souffle encore sur les plaines et vallées françaises, si l'on cherche bien… Le vaste projet Climator, regroupant 17 équipes de 8 organismes de recherche, coordonnées par l'Inrae, s'était penché dans le détail sur l'avenir de l'agriculture du pays à l'aune du changement climatique, donnant naissance à un Livre vert[7], paru en

7. Nadine Brisson, Frédéric Levrault, *Livre vert du projet Climator. Changement climatique, agriculture et forêt en France : simulations d'impacts sur les principales espèces (2007-2010)*, Ademe, 2010.

2012, dont un chapitre se concentre sur le cas des prairies. Il est rappelé que trois variables climatiques majeures, modifiées par le changement climatique, régulent ces herbes des prés : la quantité d'eau disponible et la température, dont on a vu les dégâts que leur manque ou leur excès pouvaient occasionner (notons qu'avant même de s'assécher, dès 25 °C la plupart des herbes arrêtent de pousser). Et un troisième facteur, la concentration de CO_2 dans l'air, qui vient, lui, contrebalancer les deux premiers, puisque davantage de CO_2 stimule la croissance des plantes. Ces facteurs cumulés font étonnamment conclure aux auteurs que « le changement climatique aura un impact modéré et plutôt positif sur les niveaux de production fourragère en France ».

Dans les détails se cachent bien sûr quelques diables venant tempérer cet optimisme. Premier bémol : l'impact est très contrasté selon les saisons. En effet, le CO_2 disponible et les températures clémentes induisent « une accélération de la production en hiver et au printemps dans le futur, jusqu'à utilisation complète de l'eau disponible dans le sol », tandis qu'à l'été devraient s'accentuer les diminutions de rendement en même temps que les occurrences des sécheresses se prolongeant jusqu'à l'automne. « Ainsi, le changement climatique devrait accentuer le problème de surproduction d'herbe au printemps et de manque de fourrage en été. » Les reports de fourrage que cela engendrera constituant une charge de travail importante pour les agriculteurs, notent les chercheurs. Deuxième bémol : les auteurs soulignent quelques limites inhérentes à leur étude, dont la difficulté à prévoir les épisodes climatiques extrêmes, tels que les canicules, susceptibles d'avoir « un impact non négligeable sur la mortalité des prairies ». Or, dix ans après la parution de ce Livre vert, nous avons vu comment les chercheurs réorientaient leurs modèles vers la « fourchette haute » du réchauffement climatique pour la France. Notre devise pour l'avenir, « inquiétant et incertain », reste donc bien d'actualité.

L'adaptation sera quoi qu'il en soit un processus inéluctable que devront explorer les éleveurs comme l'ensemble des agriculteurs. Les perturbations du cycle de l'eau touchent directement le bétail et, nous avons commencé à le voir, énormément de végétaux. Avant de retourner aux champs, prenons le temps de pointer un microscope sur ces organismes miraculeux d'ingéniosité que sont les plantes. Et demandons-nous pourquoi plus de la moitié de l'eau du pays devient de « l'eau verte ».

Comment l'eau fait pousser le monde

Si Gustave Courbet avait été féru de botanique, *L'Origine du monde* eût été un stomate. Ces minuscules pores à la surface des feuilles, délimités par les parois de deux cellules, sont le goulot d'étranglement du cycle de l'eau, à l'échelle du bassin versant. Par ici passe tout le phénomène de transpiration, c'est-à-dire l'eau absorbée puis rejetée dans l'air par les plantes. Cette transpiration ainsi que l'évaporation des sols, que l'on nomme ensemble « évapotranspiration », représente près de deux tiers des précipitations, qui repartent ainsi dans l'atmosphère. « À l'échelle du territoire français, sur 900 mm de pluie annuelle en moyenne, 600 mm sont évapotranspirés et 300 mm restitués au milieu », chiffre le Livre vert. Mais les stomates sont encore bien plus que ça : ce sont eux qui captent le CO_2, qui libèrent de l'oxygène et qui permettent, autant que possible, aux plantes de résister aux sécheresses. Voilà. Maintenant que je vous ai mis l'eau et les stomates à la bouche, permettez-moi, avant d'en développer les secrets, de revenir sur quelques considérations générales, et non moins fascinantes, sur les plantes.

D'abord, prenez quelques secondes pour remercier intérieurement vos amis les végétaux. Pas de panique, cet ouvrage n'est pas devenu un guide de développement personnel, mais cela n'empêche pas de s'émerveiller à bon escient. Songez au traditionnel schéma de la chaîne alimentaire appris à l'école. L'ensemble du monde animal, insectes, herbivores, prédateurs – vous compris –, n' est capable que d'une seule chose : manger la matière organique d'autres êtres vivants pour la métaboliser. Les plantes (et une partie des bactéries) ont un pouvoir autrement plus impressionnant : elles créent leur propre matière organique à partir d'éléments minéraux. Les savants disent qu'elles sont autotrophes. Une salade verte a cette faculté extraordinaire de transformer la lumière du soleil, le CO_2 de l'air, l'eau et les minéraux puisés dans le sol en davantage de salade verte. Que vous mangiez ensuite directement cette salade ou un animal qui s'est lui-même nourri de verdure, vous ne faites que récupérer cette matière organique que vous auriez été bien en peine de fabriquer vous-mêmes, simples hétérotrophes que vous êtes.

Ce pouvoir des plantes leur vient de la photosynthèse. Au sein des cellules des feuilles, des pigments appelés chlorophylles, et qui donnent leur couleur verte aux végétaux, ont cette faculté d'absorber l'énergie lumineuse pour la transformer en énergie chimique. Cette énergie va servir à faire réagir le CO_2, capté dans l'air par les stomates de la plante, avec de l'eau, pour les transformer en matière organique, en sucres qui réagiront à leur tour pour permettre à la plante de s'autofabriquer et de croître. Nous avions déjà évoqué, au premier chapitre, les limites assez floues de ce qui définissait votre corps, finalement constitué pour l'essentiel d'un flux d'eau qui ne restait en vous que pour un temps très éphémère. Nous pourrions finir de déconstruire votre ego en considérant que la matière organique actuellement en votre possession est issue de deux carburants, le CO_2 et l'eau, changés en matière vivante, bien avant d'arriver en vous, dans ces incroyables usines organiques que sont les feuilles.

Au cœur du processus, donc, l'eau. Elle est essentielle dans la fabrique de biomasse végétale, et en quantités gigantesques : les arbres, par exemple, consomment environ 150 m^3 d'eau pour produire 1 m^3 de bois[8]. Cette eau, les plantes vont la chercher avec leurs racines, au bout desquelles se trouvent une multitude de poils absorbants, de quelques millimètres à peine. Leur paroi très fine constitue la surface privilégiée par laquelle l'eau du sol est absorbée par les végétaux. Ces derniers sont également aidés dans leur entreprise par les mycorhizes, un extraordinaire

8. F. Courbet, C. Doussan, J.-F. Limousin, N. Martin-StPaul, G. Simioni, *Forêts et changement climatique : Comprendre et modéliser le fonctionnement hydrique des arbres*, Quae, 2022.

réseau de filaments issu de la symbiose entre les plantes et des champignons. Cette symbiose signifie que les deux organismes coopèrent de manière mutuellement bénéfique : la plante offre aux champignons les sucres dont ils sont friands mais que seule la photosynthèse peut produire, en échange de quoi les champignons fournissent aux racines l'eau et les minéraux récoltés dans le sol. Cette eau chargée en minéraux constitue la « sève brute » qui va monter irriguer l'ensemble de la plante à travers l'équivalent de son système sanguin : un réseau de tuyaux regroupés au sein de ce qu'on appelle le xylème.

Le mécanisme est finement réglé, mais quel est donc le moteur de cette prodigieuse pompe à eau ? C'est assez contre-intuitif, mais la sève n'est pas poussée vers les cimes par une force que lui insufflerait l'arbre, elle est en fait plutôt aspirée : le moteur, c'est l'évaporation, qui, lorsqu'elle concerne l'eau des feuilles, se nomme évapotranspiration. C'est ici que nous retrouvons nos stomates. Par ces orifices, l'eau s'évapore de la même manière que je vous l'ai décrit au-dessus de l'océan. Moins l'air est saturé en vapeur d'eau (et donc, potentiellement, plus il fait chaud), plus les molécules d'eau liquide vont être nombreuses à vouloir s'y aventurer. Cette transpiration des feuilles via les stomates (qui permet aussi aux feuilles de se refroidir) va créer une tension dans la colonne d'eau présente dans le xylème. La plus faible présence d'eau dans les feuilles fait chuter leur potentiel hydrique, c'est-à-dire l'ensemble des forces qui empêchent l'eau liquide d'avancer. Les molécules d'eau de la feuille sont alors attirées vers le haut par cette différence de potentiel, et attrapent au passage par la main leurs copines situées derrière elles. Dit de manière plus austère, cela signifie que les liaisons hydrogènes qui relient les molécules mettent en mouvement tout ce continuum liquide, des poils de racine jusqu'aux feuilles. En bref, de la même manière que vous aspirez le fond de votre cocktail avec une paille, l'évapotranspiration aspire par les stomates l'ensemble de la sève des plantes, lui permettant de réguler sa température et, au passage, d'utiliser l'eau pour réaliser sa photosynthèse et convoyer les minéraux dont elle a besoin.

Que se passe-t-il en cas de sécheresse ? Lorsque la plante commence à trop manquer d'eau, un mécanisme va spontanément lui faire fermer les écoutilles pour limiter les dégâts : les stomates se referment et l'évapotranspiration s'arrête. Je vous ai dit que les stomates étaient des pores à la jonction de deux cellules. Un peu comme si votre lèvre inférieure et votre lèvre supérieure étaient les parois mobiles de deux cellules voisines. Lorsque ces cellules sont gorgées d'eau, leur membrane va se tendre et cette turgescence ouvre un espace entre elles. Mais lorsque les cellules manquent trop d'eau, la turgescence cesse, les parois se rétractent et les stomates se ferment. Le manque d'eau empêche ainsi l'évapotranspiration, mais également tout échange gazeux, d'oxygène et de CO_2 avec l'atmosphère, et la plante arrête de croître. Ceci est bien sûr simplifié, les stomates réagissant en réalité également de manière complexe à de nombreux stimuli environnementaux. La lumière, par exemple, favorise l'ouverture des stomates et la température peut provoquer leur fermeture au-delà d'un certain seuil de chaleur, comme dans les prairies de Philippe Dufour. Notez par ailleurs que ce phénomène de perte de turgescence par manque d'eau opère aussi dans toutes les cellules de la plante, qui perd en rigidité, ce qui explique pourquoi les fleurs que vous oubliez d'arroser se ratatinent tristement sur elles-mêmes…

Si l'eau ne tarde pas trop à revenir, le processus inverse s'enclenche, les stomates s'ouvrent à nouveau et la plante reprend son activité, mais au-delà d'un certain seuil de stress hydrique, le manque d'eau peut devenir mortel. En conditions extrêmes pour la plante, lorsque le sol se dessèche d'un côté, et que la demande en évapotranspiration augmente de l'autre, les colonnes d'eau du xylème sont soumises à une très forte tension qui peut provoquer la vaporisation d'une partie de la sève et l'apparition de bulles d'air. Ce phénomène peut entraîner une embolie, c'est-à-dire l'obstruction des vaisseaux du xylème par les bulles : la plante ne peut plus transpirer, se dessèche et meurt. « La mort est clairement liée au manque d'eau, mais le mécanisme mortel pour les cellules est pour l'instant difficile à comprendre, on ne maîtrise pas bien ce qu'il se passe », précise Sylvain Delzon, écophysiologiste à l'Inrae et spécialiste de la cavitation, ce phénomène d'apparition de bulles d'air.

Le chercheur est coauteur d'une étude publiée en 2017 sur le timing avec lequel les plantes ferment leurs stomates en cas de sécheresse[9]. C'est en effet un terrible dilemme qui se joue pour les feuilles : faut-il tout fermer pour économiser l'eau au prix de l'arrêt de la photosynthèse et de la croissance, ou prolonger encore un peu l'absorption du CO_2 et bénéficier d'un peu plus de photosynthèse en continuant à perdre de l'eau au passage ? Les scientifiques ont longtemps supposé que les plantes les plus résistantes à la sécheresse, et donc à la cavitation, pouvaient maintenir leurs stomates ouverts plus longtemps. « On a montré que ce n'était pas le cas, explique Sylvain Delzon. Toutes les plantes ferment leurs stomates très tôt en cas de sécheresse ; les plus résistantes ont simplement plus de marge de sécurité. » Message sous-jacent : pour adapter l'agriculture au changement climatique, faire pousser des plantes plus résistantes à la sécheresse pourrait leur éviter de mourir mais n'empêchera pas l'inévitable perte de rendements, passé un certain seuil d'aridité et de température. Il existerait un seuil universel au-delà duquel les stomates ne peuvent pas rester ouverts, « et tenter de forcer les plantes à garder leurs stomates ouverts ne serait pas une bonne idée, prévient le chercheur. Cela les ferait simplement mourir plus vite, ce serait contre-productif pour les rendements… ».

Reste que les conséquences des extrêmes climatiques à venir sur les plantes comportent encore une forte part d'inconnu. « Les travaux sont nombreux sur l'influence de la hausse progressive des températures, mais l'impact des extrêmes climatiques sur les plantes est beaucoup plus difficile à modéliser. En fait, tuer une plante dans nos modèles mathématiques est très compliqué, ils ne sont pas conçus pour ça », me confie Iñaki Garcia de Cortazar-Atauri, chercheur au sein de l'unité AgroClim de l'Inrae, qui se consacre précisément à l'influence

9. N. Martin-StPaul, S. Delzon et H. Cochard, « Plant Resistance to Drought Depends on Timely Stomatal Closure », *Ecology Letters*, 2017.

du climat changeant sur les agrosystèmes français. « Jusqu'aux années 2000, on ne voyait pas l'intérêt de soumettre des espèces à des températures de 45 °C. Nos connaissances en la matière sont trop récentes pour que l'on sache vraiment comment réagiront des espèces communes à ces températures et sécheresses extrêmes. » D'ici 2050, les espèces actuelles devraient tenir le coup, estime malgré tout le chercheur, « à condition que les événements extrêmes de ces dernières années ne continuent pas de progresser de manière linéaire ». Et après 2050 ? « Il faut vraiment prendre conscience de l'urgence de réduire nos émissions », élude-t-il sur un ton rappelant notre mantra pour l'avenir, « inquiétant et incertain ». La littérature scientifique, malgré son lot d'incertitudes susmentionné, converge pour signaler de fortes probabilités de pertes croissantes pour l'agriculture européenne, à l'instar du chapitre sur l'Europe du rapport du Giec, qui projette « des pertes substantielles pour la production agricole dans la plupart des régions européennes [...] qui ne seront pas compensées par des gains dans le nord de l'Europe ». La trajectoire de réchauffement actuelle conduirait notamment, selon ce rapport, à une perte de 50 % des productions de maïs.

Des travaux ont tout de même tenté de préciser comment pourraient évoluer les cultures, non seulement en ce qui concerne la quantité mais aussi la qualité. Entre 2012 et 2015, un vaste projet interdisciplinaire baptisé CAQ 40[10] a ainsi réuni sur ce thème des bioclimatologues, agronomes, écophysiologistes, généticiens, biochimistes et technologues de l'Inrae. « Les périodes de remplissage des grains et des fruits seront les moments du cycle des cultures les plus exposés aux risques de fortes températures associées ou non à des périodes de stress hydrique. Cela conduira à des baisses de rendement, mais aussi à des changements de composition biochimiques et biophysiques, modifiant les qualités gustatives et nutritionnelles, ainsi que l'aptitude à la transformation et à la conservation des produits », écrivent les auteurs. Ils ont donc mené un ensemble d'expérimentations et

10. Rapport final, métaprogramme Accaf, publié en 2016 : « CAQ 40 - Effets du changement climatique sur la qualité des fruits, grains et semences ».

de modélisations de l'impact des modulations climatiques sur le blé, le colza, le pois et, côté fruits, sur la tomate, la pêche et la clémentine.

Ces impacts seront d'autant plus déterminants qu'ils surviendront à des moments cruciaux. Car les plantes suivent un programme de développement saisonnier bien établi, que l'on nomme la phénologie : feuillaison, floraison, fructification, jaunissement automnal, etc. « Or, certaines étapes clés ont lieu à des moments précis. Si un blé subit un coup de chaud au moment où devaient se remplir ses grains, ce n'est pas réversible, le grain ne pourra pas compenser plus tard », souligne Hélène Gautier, directrice de recherche et coporteuse du projet CAQ 40. Et les effets sont perceptibles très rapidement : « dès 25 °C de température journalière maximale, les grandes cultures à grain sont altérées », note l'étude, dont les modèles annoncent « une réduction prévue de la masse du grain de blé entre 4 et 7 % pour chaque degré d'élévation de la température ».

Concrètement, on l'a vu, la matière créée par la plante vient essentiellement du carbone et de l'eau et, si un climat trop sec ou trop chaud ferme les stomates, toute la machine tombe en panne. Pas de stomate, pas d'eau, pas de fruit. L'étude montre la diversité des impacts selon le moment du processus où intervient un extrême climatique : si le début du cycle est perturbé, lors des phases de division cellulaire, les fruits auront un calibre réduit à la récolte. Si les contraintes sont plus tardives, ce peut être leur teneur en sucres, en acides ou composés oxydants qui sont modifiés. Côté semences, une dégradation de l'aptitude à germer a pu être observée pour le pois, tandis que le blé et le colza ont subi une accélération de la germination à cause des fortes chaleurs, allant jusqu'à une germination sur pied empêchant de réutiliser ces graines en semence. Ces perturbations ne sont toutefois pas toujours négatives et l'altération des fruits ou des grains peut parfois aller dans le sens d'une amélioration, précise l'étude.

« Les changements vont extrêmement vite. On voit bien aujourd'hui que toute notre production agricole est menacée. Il faut se mobiliser dès maintenant et que nous, chercheurs, apportions le plus de solutions possibles aux agriculteurs », commente Hélène Gautier. Si l'on quitte les stomates pour regarder l'impact futur de ces évolutions sur l'agriculture française, l'évaluation est toujours aussi délicate. Par chance, l'année 2022 nous offre une expérimentation grandeur nature : allons donc voir dans les champs comment les agriculteurs ont passé l'année.

Retour de bâton dans les champs

Vous vous souvenez des images satellites qui ont circulé sur les réseaux sociaux durant l'été 2022 ? Une photo prise le 9 août par les satellites du réseau Sentinel-3 de l'Agence spatiale européenne (ESA) montre une France presque intégralement jaunie. La vue, sidérante, d'un pays semi-aride aux colorations dignes du Sahel. Un léger panache grisâtre recouvre le jaune : « La fumée de l'incendie qui fait rage près d'Angers est parfaitement visible », commente l'ESA au-dessus de sa photo sur Twitter.

Profitons de cette prise de hauteur (ces satellites voltigent tout de même à 815 km d'altitude) pour rappeler la cruelle responsabilité de l'agriculture dans cette affaire. À l'échelle mondiale, le secteur défini par le Giec comme « agriculture, foresterie et autres usages des terres » représente 23 % des émissions de gaz à effet de serre[11], étant entendu que les « changements d'usage des terres » concernent surtout la déforestation et la dégradation des tourbières, elles-mêmes souvent pratiquées au bénéfice de l'agriculture. Ce chiffre est dû en partie aux émissions de CO_2 du secteur, mais surtout au méthane : ce gaz rejeté par le fumier et les rejets gastro-intestinaux du bétail est moins persistant que le CO_2 dans l'atmosphère mais, sur vingt ans, a un pouvoir réchauffant 80 fois supérieur. L'usage d'engrais azotés et les déjections

11. Voir le rapport spécial du Giec publié en 2019 : « Changement climatique et terres émergées ».

animales sont également responsables de puissantes émissions de protoxyde d'azote, un autre larron du gang de l'effet de serre, au pouvoir réchauffant sur un siècle quant à lui 310 fois plus puissant que le CO_2 à masse équivalente… Et à l'échelle de la France, l'agriculture est la troisième source d'émissions de gaz à effet de serre avec 17 % du total, derrière les transports et le secteur résidentiel-tertiaire, selon les chiffres du ministère de la Transition écologique. De 1990 à 2019, les émissions de l'agriculture nationale ont péniblement diminué de 8 %, précise le ministère. Il faudrait, tous secteurs confondus, une baisse 20 fois plus rapide si l'on veut atteindre l'objectif de neutralité carbone en 2050. L'agriculture a pourtant un fabuleux potentiel de captation du carbone et pourrait s'avérer être notre plus précieux allié pour l'avenir ; mais ne gâchons pas nos sources d'optimisme, je vous réserve les bonnes nouvelles pour la fin (c'est-à-dire le chapitre suivant).

Les conséquences sur les sols de nos activités réchauffantes sont tout aussi désastreuses vues depuis la terre ferme que depuis l'espace. En septembre 2022, les chambres d'agriculture confirment dans leur bilan que les dégâts n'ont pas concerné que les prairies évoquées précédemment : perte de 50 % des pommes de terre dans le Grand Est et dans le Gard, jusqu'à 50 % également de chute des productions de maïs en Bretagne et en Île-de-France, jusqu'à 100 % de perte sur les oliviers et le pois chiche en région Paca, « plus mauvaise récolte depuis quarante ans dans l'Aude » sur le tournesol… Bref, la catastrophe s'étend à toutes les régions et presque toutes les cultures. Pour Frédéric Levrault, docteur en agronomie et expert sur le changement climatique pour les chambres d'agriculture du pays, « l'année 2022 est loin d'être le premier coup de massue encaissé par les exploitants agricoles. L'inquiétude ne date pas d'aujourd'hui. Beaucoup me confient se sentir dépassés par la vitesse impressionnante d'évolution du climat ». Le changement climatique mène la bataille dans les champs sur quatre fronts simultanés, analyse l'agronome : « Ce sont quatre effets déjà palpables aujourd'hui : le climat modifie les rendements, modifie la qualité des produits, raccourci les cycles culturaux et fait évoluer les maladies qui touchent les cultures. » Étudions maintenant la situation sur chacun de ces fronts.

Je vous ai déjà parlé des deux premiers, le rendement et la qualité des cultures, et de la manière dont ils étaient perturbés par le stress hydrique et l'excès de chaleur. Ces phénomènes sont déjà responsables d'une stagnation des rendements agricoles depuis les années 1990 – jusque-là, l'agriculture connaissait une croissance effrénée. La « révolution verte » du XXe siècle avait fait exploser les rendements par l'utilisation massive de la chimie dans les champs, le développement de la mécanisation et l'optimisation génétique des semences. De 1950 à 2000, les rendements du blé en France ont été multipliés par sept, ceux du maïs par cinq ! Mais depuis, l'euphorie est retombée. Le constat faisait déjà l'objet d'un consensus parmi les chercheurs concernant la stagnation des rendements du blé, en 2018, lorsqu'une étude du Laboratoire des sciences du climat et de l'environnement et de l'Inrae[12] est venue approfondir la question pour d'autres cultures en compilant 120 000 observations dans les champs enregistrées entre 1990 et 2016. Résultat : le blé d'hiver, l'orge, l'avoine, le blé dur et le tournesol stagnent effectivement sur 25 % au moins des superficies cultivées. Les chercheurs pointent du doigt les effets du changement climatique, ainsi que les directives limitant l'usage des engrais et l'évolution des prix agricoles. Cette stagnation est en réalité déjà une baisse de rendement déguisée : « Le progrès génétique est évalué entre 10 et 15 q/ha [quintaux produits par hectare] entre 1990 et 2008, selon Arvalis. Mais ces bénéfices sont absorbés par l'évolution du climat et les conduites de culture », constatait déjà en 2014 Viviane Pons-Thevenot, de la Direction économie des agricultures et des territoires des chambres d'agriculture de France[13].

---

12. B. Schauberger, T. Ben-Ari, D. Makowski *et al.* « Yield Trends, Variability and Stagnation Analysis of Major Crops in France Over More than a Century », *Scientifics Reports* 8, article 16865, 2018.
13. Source : « Rendements en grandes cultures. Une stagnation fortement influencée par le climat », dans *Chambres d'agriculture* n° 1 031, mars 2014.

La baisse va-t-elle s'accentuer ? Tirer une conclusion générale pour le futur est évidemment un véritable casse-tête. Car si d'un côté le manque d'eau et la chaleur peuvent entraver la croissance des plantes, l'augmentation du CO_2 dans l'air stimule au contraire la photosynthèse, tel un véritable engrais aérien. Plusieurs recherches ont observé certains effets de ce surplus de CO_2 que les plantes mettent à profit pour accroître la surface de leurs feuilles[14], augmentant d'autant le nombre de leurs stomates et leur capacité de photosynthèse, ou pour développer davantage leurs racines[15]. D'autres études[16] ont confirmé que pour un même volume d'eau à disposition d'une plante, la hausse du CO_2 atmosphérique disponible pouvait lui permettre de capter et utiliser davantage de carbone. Le projet Climator avait quant à lui évalué la balance des effets positifs et négatifs de ces différentes influences climatiques, avec des conclusions très contrastées selon les cultures. Prenons le paramètre de la température : à lui seul, il suffit à mesurer la complexité des phénomènes impliqués et enchevêtrés les uns dans les autres. D'un côté, lorsqu'elles ne sont pas excessives, les hausses de températures sont un atout pour le développement des cultures, et cette « disponibilité thermique » offrira des « possibilités de cultures dans les zones jusqu'ici trop fraîches », notent les auteurs du Livre vert de Climator. De l'autre, les journées trop chaudes entraînant la fermeture des stomates, provoquant des « échaudages thermiques », vont augmenter. À Toulouse, par exemple, le nombre de jours échaudant qui variait dans le passé récent de 2 à 29 par an, atteindra 16 à 60 d'ici la fin du siècle, estiment ces mêmes auteurs. De même, le stress hydrique pénalisera les rendements, mais paradoxalement, « une moindre humidité des sols à l'automne conduira à davantage de jours disponibles pour les travaux d'automne ». Tous facteurs confondus, la conclusion générale de l'étude est donc à première vue plutôt rassurante :

14. Lucas A. Cernusak, Vanessa Haverd, Oliver Brendel, Didier Le Thiec, Jean-Marc Guehl, Matthias Cuntz, « Robust Response of Terrestrial Plants to Rising CO_2 », *Trends in Plant Science* 24 (7), 2019.
15. S. B. Gray et S. M. Brady, « Plant Developmental Responses to Climate Change », *Developmental Biology*, vol. 419, nº 1, p. 64-77, novembre 2016.
16. J. L. Hatfield et C. Dold, « Water-Use Efficiency: Advances and Challenges in a Changing Climate », *Frontiers in Plant Science*, 10:103, 2019.

« Le changement climatique, tel que prévu par les modèles climatiques, ne provoquera ni dégradation ni amélioration générale des possibilités de culture. Il faut plutôt s'attendre à ce qu'un ensemble de facteurs, dont dépendent ces possibilités, soit modifié. » Autrement dit, les possibilités de cultures existeront toujours, à condition de s'adapter et de cultiver la bonne plante, de la bonne manière, au bon endroit, au bon moment.

Le blé tendre et le maïs, respectivement première et deuxième productions végétales en France, illustrent la diversité des destinées des cultures et la difficulté d'en tirer des conclusions générales. Le blé, globalement, devrait bien s'en sortir avec « une augmentation du nombre de grains pour un grand nombre de sites, anticipe Climator. À l'inverse, la monoculture de maïs grain irriguée sera très défavorisée par le changement climatique, en particulier dans les zones actuelles de production ».

Cela tient notamment aux deux autres effets du changement climatique dont parlait Frédéric Levrault : le raccourcissement des cycles culturaux et l'évolution des maladies. Ces deux effets sont liés au bouleversement du timing du vivant : les saisons, chamboulées par le changement climatique, chamboulent à leur tour tous les êtres habitués à vivre au fil des saisons. Ainsi, la hausse des températures entraîne une anticipation et un raccourcissement des cycles du blé d'hiver, ce qui lui permet de passer des stades critiques de son développement en étant moins soumis au risque de gel et l'aide à limiter son exposition aux contraintes hydriques. La baisse de la pluviométrie, si elle est bien sûr source de risques pour la plante, devrait d'un autre côté limiter à l'avenir le développement de la septoriose et de la rouille brune, les deux principales maladies nuisibles au rendement du blé. Le maïs a moins de chance avec le chamboulement du calendrier : les températures plus chaudes devraient provoquer une anticipation de 7 à 10 jours de sa floraison dans les années à venir et même de 15 à 20 jours après 2070. Ce qui induira un glissement de la phase de remplissage des grains au plus haut des chaleurs estivales, réduisant encore un rendement qui sera déjà durement touché par l'augmentation des déficits hydriques.

Notons également que la hausse des températures à l'hiver et au printemps, sans atteindre les niveaux caniculaires de l'été ni provoquer d'échaudage thermique, peut malgré tout avoir des conséquences dramatiques sur la phénologie des plantes, car si celles-ci fleurissent au printemps, c'est parce qu'elles ont senti le froid durant l'hiver. Il faut en effet une exposition des végétaux à un certain niveau de froid, pendant suffisamment longtemps, pour accumuler en eux un type précis de protéine qui, passé un certain seuil, déclenche la reprise du développement de la floraison et la croissance : c'est ce qu'on appelle la vernalisation. « C'est comme si la plante avait un compteur pour mesurer le nombre de jours froids afin de se réveiller au bon moment, à la venue du printemps », résume Hélène Gautier. Le blé doit ainsi traverser 40 à 80 jours en dessous des 10 °C de température moyenne avant de fleurir. Ce mécanisme d'une finesse fascinante a juste oublié d'anticiper qu'*Homo sapiens* allait changer radicalement le climat en à peine deux siècles, au risque d'empêcher la plante de fleurir au bon moment…

Un hiver trop doux pourrait ainsi rendre critique la mise en fleurs de certaines cultures comme le blé ; à l'inverse, une arrivée précoce du printemps peut aussi entraîner une floraison précoce des cultures, au risque de les rendre vulnérables aux gelées tardives, toujours susceptibles de survenir en avril, voire en mai. Vous l'aviez peut-être vu passer sur vos écrans : voici une autre photo à ranger dans votre album des plus beaux souvenirs du changement climatique, celle des milliers de bougies alignées dans les vignes en avril 2021, sous l'œil des caméras de toutes les chaînes d'info, pour tenter de préserver du gel nocturne les fragiles bourgeons déjà sortis de leurs écailles. La vague de froid qui avait alors déferlé sur l'Europe, atteignant -5 °C par endroits, avait dévasté largement la viticulture, l'arboriculture et les cultures céréalières du pays : 80 à 90 % de pertes annoncées par exemple pour les appellations de la vallée de Rhône. Le réseau international de scientifiques World Weather Attribution avait alors calculé que le changement climatique, tout en réduisant la fréquence et l'intensité de ces vagues de froid, rendait paradoxalement plus probable la survenue de dégâts provoqués par ce type de phase de gel sur les cultures, en provoquant un réveil plus précoce de la végétation.

Le cas de la vigne est d'ailleurs emblématique, et le projet Laccave fédère de nombreux laboratoires français travaillant sur l'adaptation de la vigne et du vin au changement climatique. Les chercheurs nous apprennent notamment qu'en vingt-six ans, la date des vendanges a avancé de quinze jours à Saint-Émilion et dans les Côtes-du-Rhône, et même de vingt-six jours en Alsace, ou que les conditions climatiques modifient la composition en sucres des raisins, dont la hausse entraîne un accroissement de la teneur en alcool des vins, tandis que leur acidité baisse d'autant[17]. Plus 0,9° d'alcool et moins 1 g d'acidité par litre mesuré par décennie par exemple pour les vins de Bordeaux. « Pour les sites de tradition viticole, des élévations de température pendant la période de maturation de l'ordre de 5 °C au moins sont à prévoir pour la fin du siècle », souligne de son côté le projet Climator. Le manque d'eau, plus spécifiquement, aura un impact de plus en plus négatif sur les rendements et la perte d'arôme des vins, mais devrait en accentuer la couleur. Une vraie menace pour une filière majeure de l'agriculture française et dont les caractéristiques gustatives et qualitatives sont extrêmement codifiées et soumises à des exigences de stabilité. Cerise sur le gâteau : la plupart des appellations interdisent la pratique de l'irrigation. Les chercheurs proposent différentes pistes d'adaptation pour les vignobles, dont l'adaptation des cépages avec des variétés plus résistances à la sécheresse et aux fortes chaleurs, la modification des pratiques viticoles, des ajustements des teneurs en alcool et acides après coup (lors des processus œnologiques), la révision des institutions pour tenir compte de la nécessaire évolution des pratiques et enfin, inévitablement, une délocalisation. Le banyuls, vin le plus au sud de la France, pourrait ainsi tenter de monter en altitude pour conserver des conditions climatiques propices, tandis que les vins bordelais seraient contraints de tester de nouveaux cépages, venant par exemple de

17. Nathalie Ollat, Jean-Marc Touzard, « La vigne, le vin, et le changement climatique en France », Projet Laccave - Horizon 2050, 2020.

régions plus chaudes, le merlot qui en est typique serait quant à lui parfaitement adapté à la région rennaise, et le grenache caractéristique du sud-est devrait particulièrement se plaire à Dijon d'ici quelques décennies, selon les évaluations du projet Climator. L'ensemble du nord de la France, y compris les régions inadaptées aujourd'hui au vignoble, de Calais au Finistère, pourrait être propice à sa mise en culture dès 2050 !

Toutes ces projections vous donnent le tournis ? Imaginez ce que vivent les agriculteurs. La chaleur et le manque d'eau vont perturber la croissance des cultures, décaler le calendrier et donc leurs conditions de développement, parfois de manière avantageuse, d'autres fois avec des conséquences désastreuses. Ces nouvelles conditions seront soumises à une forte part d'aléatoire, avec la menace que l'occurrence des phénomènes extrêmes soit plus forte que prévu et n'aggrave les prévisions : il faut donc, sans certitude, adapter le type de culture, les variétés, les dates de semis… Mais il est évident qu'un producteur de maïs normand ne peut pas s'improviser vigneron du jour au lendemain. Dans la quête d'adaptation des agriculteurs, la piste la plus alléchante est donc de tenter de faire perdurer artificiellement autant que possible les conditions climatiques d'antan, plutôt que de se lancer dans l'inconnu de méthodes et cultures pionnières. Face au stress hydrique notamment, le premier réflexe serait donc d'irriguer davantage. C'est ce qu'il se passe un peu partout, et ce n'est pas forcément une très bonne idée…

L'irrigation contre les poissons

Le Limousin n'est pas tellement connu pour ses huîtres… ce qui est assez logique, puisque ses vertes vallées en bordure du Massif central sont a priori plus favorables au pâturage de bovins qu'à la présence de mollusques. Et pourtant, comme d'habitude, l'eau connecte tout.

Aux confins occidentaux du plateau limousin clapote une petite source : ici naît le Clain. La rivière serpente ensuite vers le nord, à travers les plaines du Poitou. Elle gagne en assurance au cours de son voyage, son débit se gonfle au fil de ses rencontres avec ses affluents et son eau se charge en sels minéraux et matières organiques, charriés par les ruisseaux qui la rejoignent et qu'elle racle elle-même au fond de son lit. Au bout de 144 km, le Clain achève son périple en se jetant dans la Vienne. Ensemble, les eaux des deux rivières enrichies de la matière des multiples contrées traversées poursuivent vers le nord jusqu'à se déverser dans la Loire. Enfin, le fleuve et ses effluves, après quelques méandres, rejoignent l'océan. Et là, le long des côtes atlantiques… des huîtres.

Ce vaste littoral courant du sud de la Vendée à l'estuaire de la Gironde est même la première région européenne de production conchylicole (c'est-à-dire de coquillages : huîtres, moules, coques, palourdes, etc.). Or, ces êtres vivants dépendent directement des panaches d'eau douce que la Loire, la Sèvre niortaise, la Charente ou la Gironde déversent sur le littoral. « Les nutriments dissous et la matière organique apportée déterminent, en grande partie, la qualité de la croissance printanière à venir, elle-même déterminante pour les rendements annuels des élevages conchylicoles », observent des chercheurs de l'Ifremer (Institut français de recherche pour l'exploitation de la mer) à propos de cette région[18]. Plus généralement, les zones côtières, à l'interface des continents et de l'océan ouvert, constituent un milieu particulièrement riche, qui « reçoit des quantités considérables de nutriments et de matière organique provenant du milieu terrestre, échange de grandes quantités de matière et d'énergie avec le milieu océanique et constitue ainsi l'un des environnements les plus actifs de la biosphère d'un point de vue biogéochimique et écologique ». Ces littoraux jouent ainsi un rôle primordial dans la captation de CO_2 et de matière organique par l'océan et dans le développement du plancton, des poissons et de toute la biodiversité océanique, notent les mêmes auteurs.

18. Patrick Soletchnik, Pierre Polsenaere, Olivier Le Moine, Stéphane Guesdon, Christian Bechemin, « Relations entre apports terrigènes et conchyliculture dans les pertuis charentais », ODE/LER-PC, 2014, rapport disponible sur archimer.ifremer.fr.

L'exemple des cultures conchylicoles souligne à lui seul le double enjeu que recouvrent ces apports d'eau des fleuves. Les nutriments, d'une part, sont déterminants pour nourrir et permettre la croissance des mollusques : un déficit de croissance de 25 % a pu être observé les années de faible apport d'eau douce[19]. Et le taux de salinité de l'eau, d'autre part, doit être finement dosé pour rester adapté aux conditions de vie de ces êtres hybrides. Une trop forte salinité, lorsque l'eau de mer n'est pas assez dissoute par l'eau douce à l'étiage des fleuves, l'été, peut, en ce qui concerne la moule en particulier, entraîner un arrêt de son alimentation et sa mort. A contrario, une baisse trop rapide de la salinité dégrade également la vitalité de ces coquillages, très sensibles à ce type de stress. Voici comment de la qualité et de la quantité des eaux s'écoulant des terres de France dépendent jusqu'aux écosystèmes marins et l'activité économique du littoral. Et voici pourquoi le Limousin mériterait d'être mieux reconnu pour sa contribution aux huîtres des pertuis charentais – et vigilant quant à leur préservation.

Le problème, évidemment, c'est que le débit et la qualité de ces eaux sont fortement perturbés en cours de route. Ce qui a des conséquences sur la vie, au niveau du littoral comme sur l'ensemble des écosystèmes des rivières en amont. J'ai pu le constater en parcourant les abords du Clain, en pleine canicule d'août 2022.

Je découvre la rivière en arrivant à Poitiers. Elle n'est pas à sec mais fait pâle figure. Deux mois auparavant, la maire de la ville, Léonore Moncond'huy, faisait traverser le cours d'eau à pied à une flopée d'élus de gauche, alors en pleine campagne pour les élections législatives, pour alerter sur la sécheresse. J'ai rendez-vous quant à moi avec Brice Nowosielski, technicien pour la Fédération de pêche de la Vienne, qui me dresse le tableau d'emblée : « Un tiers de tous les cours d'eau du département sont à sec ou en rupture d'écoulement. Et peut-être un autre tiers avec un écoulement si faible que la vie aquatique ne

19. *Ibid.*

peut pas se maintenir. On est sur des minimums jamais connus. C'est dramatique. » Les pêcheurs, habitués à surveiller les cours d'eau et qui travaillent régulièrement à leur entretien et leur restauration, sont en première ligne pour constater les dégâts. Le technicien de la fédération me conduit auprès de divers affluents du Clain, censés l'alimenter. Partout, les mêmes scènes de dévastation se répètent : des lits privés de leurs rivières et de tristes ponts qui n'enjambent plus rien. Tandis que nous nous arrêtons au-dessus de l'un d'eux, je fais remarquer à mon guide qu'un mince filet d'eau coule toujours ici, entre les pierres et la vase. « Normalement, la Pallu fait 4 m de large et 1 m de profondeur. Ce que vous voyez là, ce sont les rejets de la station d'épuration, c'est la seule source d'eau restante », dit-il, le regard noir. Comme dans la Brie, le ciel jaune de la canicule impose son silence sur les champs alentour. Ce qu'il reste du cours d'eau est tout aussi muet et atone, confortant l'impression sinistre qui se dégage du lieu.

Pour la biodiversité, le bilan est évidemment désastreux. La fédération évalue à 95 % les pertes de population de truites communes, à 99 % celles d'écrevisses à tête blanche, sans présager de la suite de la saison… « Une rivière qui s'assèche complètement, c'est dix ans, d'après nos études, pour retrouver une population piscicole sur tout le linéaire du cours d'eau. Et des espèces comme la truite ne reviendront pas d'elles-mêmes, elles vont sans doute s'éteindre localement. Sur la Pallu, il y avait jusque-là des zones préservées qui ne s'asséchaient jamais, qui permettaient, sur 3 km, à des chevesnes, des barbeaux et quelques autres poissons de s'abriter. Mais ces zones se sont aussi asséchées aujourd'hui », relate Brice Nowosielski.

Le pêcheur ne décolère pas. Si le changement climatique est bien sûr à l'œuvre dans l'aggravation des sécheresses année après année, ce sont d'après lui les prélèvements d'eau, et en premier lieu l'irrigation agricole, qui rendent la situation intenable. Au pied de la Pallu disparue, la situation est là aussi emblématique : « Sur une année moyenne, il y a plus d'eau qui va dans les cultures alentour l'été que d'eau dans la rivière ! » assène-t-il.

En pleine sécheresse, les arrêtés préfectoraux restreignent en août l'irrigation sur tout le département de la Vienne mais des dérogations existent, pour les cultures à « haute valeur ajoutée ». Surtout, accuse Brice Nowosielski, le mal a été fait en amont, lorsque l'irrigation massive en période d'abondance a limité l'accumulation de réserves d'eau dans les aquifères, qui manquent cruellement aujourd'hui. « En 2021, on a eu une année très humide, certaines rivières étaient en crue en juin, voire en juillet. Mais les irrigants ont continué à envoyer d'énormes volumes d'eau dans les sols, pour gagner quelques points de rendement. Ce sont des volumes qui auraient pu être disponibles cette année... »

De fait, le bassin du Clain souffre d'un déficit chronique des ressources en eau, c'est-à-dire d'un déséquilibre entre la ressource disponible et les besoins. Et ce depuis au moins son classement en « zone de répartition des eaux », venu acter de cette situation en 1994. Sur le seul sous-bassin de la Pallu, les prélèvements en eaux souterraines pour l'irrigation sont estimés en moyenne à près de 4 millions de mètres cubes, soit le double de ce qui est prélevé pour l'eau potable[20]. Et encore, seuls 15 % de la surface agricole utile y sont irrigués ! Elles accumulent de tels volumes de consommation car elles concernent des plantes, notamment le maïs, très gourmandes en eau, qui plus est au moment où la chaleur et l'évapotranspiration sont au plus haut, comme nous l'avons vu précédemment. Sur l'ensemble du bassin de Clain, c'est environ la moitié des plus de 20 millions de mètres cubes engloutis par l'irrigation qui sont destinés à abreuver le maïs[21]. Depuis quelques années, le volume total de consommation d'eau par l'irrigation agricole est pourtant à la baisse sur le bassin, en relation avec la baisse des surfaces cultivées en maïs notamment. Mais les volumes restent suffisamment massifs pour

---

20. Voir l'avis du 1er avril 2019 : « Avis délibéré de la Mission régionale d'autorité environnementale de la région Nouvelle-Aquitaine sur un projet de création de six réserves de substitution pour l'irrigation (86) » sur mrae.developpement-durable.gouv.fr.
21. D'après l'étude « Hydrologie, milieux, usages, climat » (HMUC) pour la mise en œuvre du SAGE Clain. Phase 1 - Bilan des usages et perspectives d'évolution aux horizons 2030-2050, version provisoire de janvier 2021.

affaiblir drastiquement certaines rivières et leurs habitants – ce qui leur devient fatal lorsque le climat déclenche des sécheresses extrêmes.

À l'échelle du pays, la dynamique n'est guère encourageante. La « révolution verte » a aussi été celle de l'irrigation : entre 1970 et 2000, la surface irriguée a triplé en France, rappelle le Livre vert que nous avons déjà ouvert ensemble. L'intérêt est bien sûr économique, on a vu l'importance de l'eau comme carburant indispensable des plantes : des cultures irriguées sont des cultures plus productives et aux rendements plus stables, puisque dépendant moins de la pluie. L'Union européenne fut une promotrice majeure de ce développement au travers de la politique agricole commune, qui a institué des aides directes pour les surfaces irriguées. À partir des années 2000, la consommation d'eau par l'agriculture (dont je vous rappelle qu'elle représente près de la moitié de la consommation totale d'eau douce du pays) s'était toutefois stabilisée. Mais elle semble être repartie à la hausse dans les années 2010. D'après France Nature Environnement (FNE), fédération française des associations de protection de la nature et de l'environnement, qui a compilé des données du recensement général agricole 2020, la surface agricole irriguée a augmenté de 14 % entre 2010 et 2020. Et la hausse concerne toutes les régions. Certaines, déjà en grand déficit hydrique, « augmentent ainsi la pression sur leurs ressources », dénonce FNE. C'est le cas de l'Occitanie, qui voit ses surfaces irriguées augmenter de 13 %, tandis que des régions plus septentrionales, jusque-là peu concernées, voient la pratique exploser : + 68 % en Bourgogne-Franche-Comté et + 78 % dans les Hauts-de-France ! Sans surprise, les céréales représentent plus de 70 % des surfaces irriguées. Cette hausse est d'autant plus préoccupante que l'agriculture a besoin, par définition, d'irriguer quand l'eau manque, notamment l'été pour le maïs. Celui-ci est majoritaire dans les usages agricoles, qui représentent plus de 90 % de toute l'eau consommée l'été sur les zones côtières aquitaines et charentaises ainsi que dans les sous-bassins Mayenne-Sarthe-Loir, Tarn-Aveyron et Corse[22].

Cette proportion ahurissante traduit bien le nœud du problème : la sempiternelle question du timing. C'est ce qui explique cette contradiction apparente : le maïs concentre les critiques sur l'accaparement des ressources en eau, alors même qu'il en consomme moins que la plupart des autres céréales ! Les promoteurs de la maïsiculture ont la malice d'insister sur cette vertu de leur plante fétiche : pour produire 1 kg de grains, il faut consommer environ 450 l d'eau pour le maïs, contre 600 l pour le blé et 900 l pour le soja. Si l'affirmation est correcte, elle permet de glisser opportunément sous le tapis une autre vérité : c'est le maïs qui réclame le plus d'irrigation. Cette plante originaire du Mexique est initialement adaptée aux climats tropicaux, chauds et humides. Sous nos latitudes, la pluie tombe plutôt quand il fait froid, l'hiver, et l'irrigation devient nécessaire pour recréer artificiellement les conditions qui permettent au maïs de croître de manière optimisée au cœur de l'été, lorsqu'il s'active. Cultivée pour ses céréales ou comme fourrage pour le bétail, cette plante aux rendements exceptionnels fut un emblème de la « révolution verte », un miracle agronomique et économique, à une occultation près : sa culture s'est imposée en partant de l'hypothèse que l'accès à l'eau n'était pas un problème.

Dans une moindre mesure, bien d'autres cultures sont confrontées en France à ce même obstacle. Ce retour à la hausse de l'irrigation n'est donc guère surprenant pour les chercheurs qui travaillent sur ces changements de pratique induits par l'évolution du climat. « L'irrigation monte de plus en plus vers le nord. Certaines cultures, notamment céréalières, qui se contentaient jusque-là de la pluie vont devoir être irriguées. Il y a déjà des tensions sur le partage des ressources dans le Sud-Ouest, mais on voit que les agricultures tirent aussi sur les nappes dans la Beauce. Ou encore que les maraîchers autour de Nantes sont

22. « Eaux et milieux aquatiques. Les chiffres clés », ministère de la Transition écologique, édition 2020.

de plus en plus mis en difficulté par les arrêtés sécheresse », note Claire Wittling, agronome, spécialiste de la gestion de l'eau à l'Inrae. « On voit monter doucement la question dans de nouvelles régions. Dans les Hauts-de-France, on entend des réflexions dans la filière pomme de terre, par exemple, qui va devoir irriguer pour continuer à maintenir les calibres de son cahier des charges », illustre également l'agronome Frédéric Levrault. « Même dans la vigne, où l'absence d'irrigation est contrôlée dans les appellations, où cela participe des qualités du vin, la législation va devoir évoluer. Il y a des secteurs où c'est déjà très difficile de faire sans, pour les vignerons », ajoute quant à lui Hervé Quénol, directeur de recherche au CNRS en agroclimatologie.

Tous les chercheurs s'accordent également sur un point : l'adaptation de l'agriculture devra être rapide et radicale. Des ajustements à la marge seraient dérisoires pour surmonter les défis du bouleversement climatique à l'œuvre. « Les agriculteurs ont conscience de ces enjeux. Dans le Sud-Ouest, où il y a énormément de monoculture de maïs, cela fait plusieurs années que l'on voit apparaître des tentatives de diversification », témoigne Claire Wittling. D'autres agronomes ou hydrologues ont des mots beaucoup plus acerbes sur la volonté d'adaptation du secteur agricole. On pourrait, en simplifiant, résumer ainsi : lorsqu'une ressource vient à manquer, on peut s'adapter soit en réduisant les besoins, soit en augmentant la ressource. La deuxième option est celle qui catalyse les débats : construire des retenues d'eau pour faire face aux sécheresses, inévitable adaptation pour les uns, fuite en avant délétère pour les autres…

Les mégabassines ou la maladaptation à l'œuvre

À Sainte-Soline ont tonné les derniers soubresauts en date d'une guerre latente, que les médias surnomment déjà la « guerre de l'eau ». Le 29 octobre 2022, cette commune des Deux-Sèvres a vu déferler dans ses champs des milliers de manifestants convergeant vers le vaste chantier d'une future réserve de substitution.

Un gigantesque trou s'étalant sur 16 ha (soit environ 24 terrains de foot) prévu pour stocker 628 000 m^3 d'eau l'hiver destinés à irriguer les cultures l'été. Les opposants à cette « mégabassine », qui dénoncent un accaparement privé de l'eau et une fuite en avant de l'agriculture productiviste, ont été accueillis par 1 500 gendarmes. Certains militants ont réussi à s'introduire derrière les grilles pour entraver le chantier, au milieu d'affrontements violents, à coups de gaz lacrymogènes, volées de matraques et tirs de lanceurs de balles de défense (LBD) par les forces de l'ordre, faisant des dizaines de blessés dans les deux camps. Le projet ne s'est pas arrêté pour autant. Le 25 mars 2023, au moment même où je dois conclure cet ouvrage, un rassemblement encore plus massif d'opposants a déferlé à Sainte-Soline : jusqu'à 30 000 militants, selon les organisateurs. En face, 3 200 gendarmes et policiers mobilisés. S'ensuivent des affrontements qui dépassent un nouveau seuil de violences extrêmes. De véritables « scènes de guerre » ont été amplement décrites par de nombreux journalistes présents sur place[23]. Un déluge de plus de 4 000 grenades de désencerclement et lacrymogènes explosent au milieu des manifestants, touchant indistinctement les activistes violents, pacifistes et journalistes. Les gendarmes dénombrent 47 blessés dans leurs rangs et plusieurs véhicules incendiés. Les opposants recensent quant à eux 200 blessés dont 40 « grièvement touchés » par des tirs de LBD ou des éclats de grenades, et deux dans le coma, dont l'un était encore – fin mars – entre la vie et la mort. Deux enquêtes ont été ouvertes concernant ces deux victimes pour déterminer les circonstances et responsabilités dans cette escalade de violences, justifiées par la défense d'un simple « trou » géant dans la terre…

Comment est-on arrivé à cet acmé de tensions ? Pour le comprendre, revenons un peu en arrière. Les projets de retenues d'eau de ce type poussent comme des petits pains ces dernières années, en réponse aux sécheresses à répétition. La Coop de l'eau des Deux-Sèvres, qui porte le chantier de Sainte-Soline,

23. Voir par exemple le témoignage du reporter José Rexach, sur la chaîne YouTube du média en ligne Blast : « Sainte-Soline : le récit de notre reporter face aux mensonges du gouvernement ».

compte en tout 16 projets de bassines dans ses cartons. Plusieurs dizaines d'autres sont déjà en activité, notamment autour de cette région du Marais poitevin. Les actions des opposants se multiplient presque au même rythme. Avant Sainte-Soline, plusieurs mobilisations avaient déjà marqué l'actualité, comme en novembre 2021 lorsque des militants avaient réussi à découper et brûler une partie de la bâche d'étanchéité de la bassine de Cramchaban, en Charente-Maritime. À leur procès pour ces actes d'écosabotage, le 5 janvier 2023, deux militants ont fait valoir « l'état de nécessité écologique », arguant en outre de l'illégalité de cette retenue, le juge de la cour administrative d'appel de Bordeaux ayant annulé son autorisation préfectorale, en raison notamment d'insuffisances dans les études d'impact sur les conséquences pour les nappes phréatiques… Ces bassines représenteraient-elles donc une menace écologique majeure ?

Au premier abord, la démarche des agriculteurs irrigants semble pourtant on ne peut plus vertueuse : plutôt que de consommer l'eau des nappes et rivières l'été, lorsque la ressource est sous tension, ces bassines pompent l'eau l'hiver lorsqu'elle tombe abondamment et la stockent à l'air libre dans ces retenues dites « de substitution » (par opposition aux retenues collinaires, qui ne pompent pas dans les sols mais se contentent d'accumuler l'eau de pluie qui ruisselle dans une dépression du terrain). Une solution a priori avantageuse pour tout le monde : l'eau ne manque à personne puisqu'elle est puisée lorsqu'elle est au plus haut, les débits d'étiage l'été ne sont plus ponctionnés pour l'agriculture, et les agriculteurs peuvent quant à eux utiliser leurs réserves à volonté, puisqu'elles ne sont pas concernées par les restrictions de consommation sur le cycle de l'eau définies par les arrêtés préfectoraux lors des crises sécheresse.

L'idée essaime le long du Clain : le préfet de la Vienne a signé en novembre 2022 le protocole d'accord prévoyant la construction d'une trentaine de retenues de substitution sur le bassin. Le texte s'enthousiasme des effets bénéfiques attendus de ces bassines, faisant valoir les conclusions de l'étude d'incidence menée en 2016 par le Bureau de recherches géologiques et minières (BRGM). Celle-ci estimait[24] que le projet « améliorerait sensiblement l'état de l'ensemble des ressources sur le bassin du Clain », conduisant à un gain de 10 % du débit moyen mensuel en période estivale, soit une hausse de 400 l/s, en contrepartie d'une baisse des débits l'hiver de 300 l/s. Une amélioration de la ressource au moment le plus critique est une bonne nouvelle, donc. L'étude précise tout de même que ces prélèvements hivernaux ne seront « pas sans effets sur les ressources, bien qu'ils interviennent à une période de l'année où les nappes et les rivières sont moins vulnérables ». Lorsque l'on entre dans le détail, plusieurs points posent en réalité problème et suscitent de vives oppositions.

Porté par le collectif d'irrigants Rés'eau Clain, ce protocole a réussi à fédérer unanimement contre lui les associations environnementales, qui ont toutes refusé de le signer. La fédération de pêche fait partie des réfractaires. « Pourtant, quand on a appris le projet, on a sauté de joie au plafond ! On allait enfin pouvoir soulager les rivières l'été. Sauf que la majorité des bassines prévoient de pomper directement dans les nappes, plutôt qu'en surface… On a complètement déchanté », me raconte Brice Nowosielski. C'est la principale critique adressée contre ces retenues : en puisant l'hiver dans les aquifères du sous-sol, elles les empêcheraient de se remplir et de jouer pleinement leur rôle tampon en alimentant les cours d'eau l'été. « Prélever en surface pendant les crues, cela s'entend, mais les prélèvements dans les nappes doivent être limités car les aquifères constituent un réservoir capital pour que le fonctionnement de l'hydrosystème tienne la distance sur les étés de plus en plus secs et longs. Car l'apport des nappes au soutien d'étiage est de l'ordre de 50 à 60 %, notamment l'été », souligne Stéphane Loriot, directeur de l'Établissement public territorial du bassin de la Vienne (EPTB Vienne).

24. BRGM/RC-65780-FR d'avril 2016 : « Simulation de l'impact des projets de retenues de substitution du bassin du Clain avec le modèle hydrodynamique du jurassique ». Voir également la synthèse publique des évaluations disponibles dans le Protocole du bassin du Clain (novembre 2022).

Pour éviter de vider ces réserves souterraines indispensables aux rivières, des seuils limites sont bien prévus dans le protocole, en deçà desquels les irrigants n'auraient pas le droit de puiser dans les nappes, même l'hiver. Le pompage ne commencerait que lorsque la nappe serait suffisamment « pleine » pour que l'effet soit indolore. Mais l'établissement du niveau de ces seuils est sujet à de vives controverses entre les acteurs du bassin. « L'idée de puiser en sachant à quel moment s'arrêter est complètement pipeau, tous les hydrologues que l'on a contactés nous le disent », commente ainsi Jean-Louis Jollivet, vice-président de Vienne Nature, l'une des associations opposées au projet. « Une nappe n'est jamais pleine, ou très rarement. Et les seuils établis pour commencer à prélever l'hiver correspondent au niveau minimum observé par le passé, c'est une aberration », juge quant à elle Florence Habets, directrice de recherche CNRS en hydrométéorologie.

Le niveau de tensions entre irrigants, promoteurs du projet, élus et opposants a atteint son paroxysme à la fin de l'année 2022, alors que l'EPTB Vienne finalisait ses travaux sur l'état de la ressource avec une étude dite HMUC (hydrologie, milieux, usage et climat) dont le préfet de la Vienne s'était engagé à intégrer les résultats dans le protocole avant de démarrer les travaux. Le bassin du Clain est en cela emblématique du contexte dans lequel sont conçus ces projets de mégabassines : celui de milieux déjà exsangues, en déséquilibre hydrique depuis des décennies, et d'une agriculture à bout de souffle.

« Nous avons modélisé les débits du bassin du Clain "désinfluencés", c'est-à-dire tels qu'ils seraient sans influence humaine. Les débits d'étiage actuels sont en moyenne déjà diminués de 55 % par rapport aux débits désinfluencés. D'ici 2050, si nos usages ne changent pas, l'effet complémentaire du changement climatique fera que les débits seront diminués de 60 à 70 % par rapport aux débits naturels », prévient Stéphane Loriot. Or, les équipes de l'EPTB Vienne ont aussi recalculé les débits minimums biologiques, le seuil nécessaire à la vie et sa perpétuation dans les rivières. Et « le compte n'y est pas », alerte

Stéphane Loriot. De nombreuses espèces sont menacées par les perspectives d'accumulation d'assèchement des cours d'eau, ou par les pièges que constituent les tronçons d'eau trop affaiblis, et en conséquence davantage réchauffés à des températures létales pour de nombreux poissons. En bref, les modélisations annoncent les scènes de dévastation que je contemplai pendant la canicule aux côtés de Brice Nowosielski. En janvier 2023, l'étude HMUC n'était pas encore publiée mais suffisamment avancée pour que le comité syndical de l'EPTB Vienne émette un avis défavorable aux projets de bassines. Son président, Jérémie Godet, donnait quelques précisions le 6 janvier dans les colonnes de *La Nouvelle République* : parmi les onze sous-bassins du Clain, sur 3 dont celui de la Pallu, les volumes restants après usages actuels (eau potable, agriculture, industrie) seraient de toute manière insuffisants pour remplir les réserves de substitution prévues ! Plus généralement, les seuils de coupure sur le bassin devraient être relevés pour préserver les milieux, ce qui réduirait encore le temps de remplissage prévu. Dans la foulée, le préfet de la Vienne, Jean-Marie Girier, reconnaissait qu'il n'y aurait pas assez d'eau pour réaliser les 30 bassines prévues – 4 ou 5 pourraient être compromises, et les autres pourraient rester à sec deux années sur dix. « Dans certains secteurs [...] cela revient à arrêter l'irrigation. Dans celui de la Pallu, cela veut dire fermer 55 sociétés agricoles sur une centaine en deux ans », annonçait-il lui aussi à *La Nouvelle République*, provoquant l'ire des agriculteurs concernés. Début 2023, au moment d'écrire ces lignes, l'avenir de ces bassines était en suspens...

Au-delà de la situation du bassin du Clain, c'est tout le postulat de départ sur lequel se construisent ces mégabassines qui est sérieusement remis en question par les scientifiques. Celui d'une eau abondante et disponible à volonté l'hiver, rendu de plus en plus incertain au vu de l'évolution du climat. « Les prélèvements hivernaux en nappe supposent que la recharge sur la période sera suffisante. Malheureusement, à l'heure actuelle, on ne sait pas prévoir à plus de six mois l'évolution d'une ressource en eau à venir, et en particulier, les prévisions ne sont pas très pertinentes sur la période hivernale. Impossible donc d'être sûr que l'on pourra remplir ou pas les réservoirs et retenues en hiver », écrivaient par exemple en août 2022 Florence Habets et Magali Reghazza, géographe et membre du Haut Conseil pour le climat[25]. Sans compter que « ces retenues de substitution pourraient encore aggraver le problème, notamment lorsqu'il faudra faire face à des sécheresses très longues, s'étalant sur plusieurs années », ajoutent les chercheuses… « Les mégabassines vont sans doute permettre de maintenir les usages sur la première, voire les premières années d'une sécheresse pluriannuelle. Mais au prix de prélèvements conséquents dans les nappes et ces retenues, largement supérieurs à la capacité de recharge durant cette sécheresse longue. La somme de ces prélèvements peut alors contribuer à augmenter la durée de la sécheresse. On parle d'ailleurs pour cette raison de sécheresse "anthropique", qui est déjà une des formes dominantes des sécheresses de nos jours… »

C'est un autre cercle vicieux qui crispe les opposants aux bassines : loin d'être seulement une solution de « substitution », ces retenues encourageraient au contraire la hausse de l'irrigation. « Si les volumes préservés l'été grâce aux bassines augmentent les débits d'étiage des rivières, cette marge risque en fait être pompée par les autres agriculteurs irrigants, qui ne seront pas raccordés à ces bassines. Donc l'argument d'une amélioration des étiages l'été est faux : l'eau supplémentaire prélevée l'hiver risque simplement d'augmenter la quantité totale d'eau consommée ! » s'emporte Jean-Louis Jollivet, de Vienne Nature. Plus on stocke d'eau, plus on tend à en consommer : le soupçon est étayé par le constat général, au-delà de l'agriculture, dressé par des chercheurs dans une étude parue dans la revue *Nature Sustainability* en 2018[26]. Les scientifiques alertent sur ces cas où la construction de réservoirs engendre une dynamique de « cycles d'offre-demande », c'est-à-dire « des situations dans lesquelles l'augmentation de la disponibilité de l'eau entraîne

25. À lire sur bonpote.com : « Les mégabassines sont-elles des solutions viables face aux sécheresses ? », Magali Reghezza et Florence Habets, mis à jour le 21 janvier 2023.
26. Di Baldassarre, G., Wanders, N., AghaKouchak, A. et al., « *Water shortages worsened by reservoir effects* », *Nature Sustainability* 1, 617-622, 2018. Disponible sur nature.com.

une hausse de la demande, ce qui peut rapidement compenser les avantages initiaux des réservoirs ». Ce mécanisme en forme de cercle vicieux demanderait plus de données pour être confirmé, soulignent les auteurs. En l'absence de connaissances suffisantes, préviennent-ils toutefois, il faudrait d'autant plus se méfier que des « politiques et mesures fondées sur les méthodes actuelles pourraient avoir des effets imprévus » et notamment « produire une accélération » dans la surconsommation de l'eau disponible.

Autre effet délétère : ces bassines à ciel ouvert entraînent une évaporation de l'eau qui n'a pas lieu lorsque celle-ci est stockée dans le sous-sol, induisant donc une consommation supplémentaire de la ressource. Le taux d'évaporation, dont la connaissance pourrait être un argument crucial sur la pertinence de cette technique d'irrigation, est très compliqué à évaluer. « On pourrait mesurer directement le niveau d'évaporation sur les retenues existantes, mais les irrigants ne nous transmettent pas l'info. Ce genre d'opacité ne peut que renforcer la méfiance, déplore Florence Habets. Des données aux États-Unis évoquent 20 % ou même 60 % du volume total qui s'évaporerait mais c'est vraiment énorme, je ne suis pas sûre qu'on aille jusque-là. » Selon la situation géographique, l'ensoleillement, l'exposition au vent, la température, l'évaporation ne sera pas la même et les données existantes sont extrêmement disparates. « Il faut ajouter les paramètres de la profondeur du bassin et de la turbidité de l'eau, c'est-à-dire sa couleur, qui jouent sur l'évaporation, précise Claire Magand, spécialiste de la ressource en eau à l'Office français de la biodiversité. On obtient des chiffres très différents, de 10 % sur des étangs en Moselle, jusqu'à 80 % sur de grands barrages californiens ou en Afrique... » Une certitude demeure : l'eau serait mieux préservée si on la laissait tranquille dans les aquifères, à l'abri des conditions extérieures.

Quand bien même la pluviométrie serait suffisante pour autoriser le remplissage des bassines, sans générer de hausse de la consommation totale ni provoquer de surévaporation excessive, il resterait un problème fondamental. La philosophie même de ces retenues de substitution, consistant à capter l'eau l'hiver plutôt que l'été, est fondée sur un concept erroné qui agace beaucoup de chercheurs : l'idée que l'eau serait « en excès », « inutile », lors des crues hivernales, et donc consommable à souhait. « L'eau n'est jamais en “excès” pour son milieu, ce terme n'a pas de sens. Une rivière, ça respire, avec des cycles. Si on enlève de l'eau du circuit, quel que soit le moment, ça aura un impact sur le système », prévient l'hydrologue Éric Sauquet. « Les crues, le débordement des rivières, sont très importants pour leur auto-épuration, pour décaper le fond des lits où la matière organique s'accumule à l'étiage. Cela recrée les habitats indispensables à la vie de la rivière, de certains poissons », ajoute Brice Nowosielski. En évacuant la vase qui vient boucher les trous dans le lit des rivières, ces périodes de hautes eaux permettent, en outre, de préserver la relation entre la nappe et la rivière, d'assurer le transfert efficace des eaux de l'un à l'autre. Avec le risque de provoquer un cercle vicieux qui accélère encore les pénuries d'eau : « Dans le Lot-et-Garonne, le bassin de la Lède est très agricole, avec des centaines de retenues qui ont pour effet de diminuer les petites crues morphogènes. Or, celles-ci servent justement à soulever les sédiments, qui s'accumulent d'autant plus que les terres agricoles s'érodent et apportent des particules qui colmatent le lit de la rivière. Cela participe à faire ruisseler le cours d'eau encore plus vite, et la nappe ne vient plus du tout réalimenter la rivière à l'étiage… Sur la Lède, l'effet de ces retenues n'est pas énorme en quantité d'eau, mais cela participe de cette rétroaction », explique Claire Magand.

Enfin, en aval des bénéfices pour la rivière de ce cycle hivernal, l'eau qui finit à la mer n'est pas non plus une eau perdue : rappelez-vous de nos huîtres limousines… « L'eau douce des rivières est une eau 100 fois plus riche en matière organique et en sels nutritifs que l'eau de mer », souligne Olivier Le Pape, professeur d'écologie marine et côtière et directeur adjoint de l'unité mixte de recherche « Dynamique et durabilité des écosystèmes : de la source à l'océan ». « Ces apports en eaux douces sont primordiaux pour la vie des écosystèmes côtiers, lesquels représentent seulement 10 % des zones océaniques mais 50 % de leur production organique », souligne le chercheur. Or, le changement climatique perturbe ces apports en augmentant les rejets à la mer à l'aval des zones de montagne où les glaces fondent et en les diminuant ailleurs. « Les tendances à long terme sont très compliquées à évaluer, mais on constate un écrêtement des crues hivernales de la Loire, qui sont moins intenses qu'il y a quelques décennies, et la baisse du débit sur la Gironde est aussi avérée. » Il ne semble guère raisonnable, dans ces conditions, de considérer comme « excédentaire » l'eau hivernale ou d'envisager que sa captation soit dénuée de conséquences, même si le facteur premier de l'évolution des flux reste le changement climatique. « Le gros de la production biologique, dans les estuaires, c'est de mars à mai, avec des apports dès janvier. Ces débits hivernaux conditionnent la productivité des poissons », souligne Olivier Le Pape. De quoi dissiper le mythe d'une irrigation gratuite et dépourvue de conséquences. Une eau prise quelque part est toujours une eau qui manque ailleurs.

Ce sont les oreilles encore pleines de ce flot de critiques que je rejoins un café du centre de Poitiers pour y retrouver Bertrand Lamarche, président de Rés'eau Clain ainsi que d'une des cinq coopératives agricoles qui y sont rassemblées pour mettre en place ces retenues de substitution. Dans les rues piétonnes, je croise deux types d'affiches. « Précieuse, indispensable et… rare. Économisons l'eau ! » indique en réponse à la sécheresse une campagne publique de sensibilisation. « Pas une bassine de plus ! Manif de fin de chantier, le troisième week-end suivant le début des travaux d'une nouvelle bassine », répondent les militants via une toute fraîche action de collage sauvage, quelques mois avant Sainte-Soline. L'atmosphère est donc idéale pour entamer une discussion apaisée avec le représentant des irrigants de la région. « On a besoin de capter et stocker l'eau pour l'agriculture, on ne peut pas faire autrement. Avec les énormes restrictions qu'on veut nous imposer, c'est toute une partie de la production qui sera flinguée ! » tonne d'entrée de jeu Bertrand Lamarche.

La situation des irrigants est complexe. L'histoire personnelle du président du Rés'eau Clain permet de mieux comprendre les tensions contradictoires qui tiraillent ces agriculteurs et la manière dont ils se retrouvent aujourd'hui acculés. Bertrand Lamarche est céréalier, comme son père avant lui. Il cultive du maïs, évidemment, avec une longue tradition d'irrigation. « Depuis 1962, on irrigue sur notre exploitation. Il y avait, dans les années 1970, une vraie volonté des élus d'encourager le productivisme : l'agence de l'eau Loire-Bretagne subventionnait à 100 % les forages. L'Europe a aussi incité à produire plus. Depuis l'époque de mon père, on est passé de 80 irrigants à 900 aujourd'hui dans le département ! » L'eau, cet or bleu, offre des rendements spectaculaires qui rendent alors irrésistibles ces politiques productivistes. Le père de Bertrand Lamarche double sa production, passant de 45 q/ha à 90 q/ha grâce à l'irrigation, relate l'agriculteur. Lorsqu'il reprend à son tour l'exploitation familiale dans les années 1990, il investit massivement dans l'irrigation. Grâce aux autres évolutions de l'agro-industrie, notamment la sélection de semences optimisées, il atteint lui-même 140 à 150 q/ha aujourd'hui, tout en consommant deux fois moins d'eau, assure-t-il. « Mais sans irriguer, on retombe à 70 q/ha, c'est toujours un rapport du simple au double. » En 2022, la sécheresse couplée aux restrictions d'irrigation a fait tomber sa production à 30 q/ha – une perte heureusement couverte par les assurances.

Lorsque je mentionne les différentes critiques adressées aux projets de mégabassines et de perpétuation de cette irrigation massive, le point de blocage est toujours le même : le besoin de viabilité économique des exploitants. Pourquoi ne pas capter simplement en surface, au lieu d'aller puiser dans le capital du sous-sol ? « Ça coûte trop cher. Il y a peu d'exploitations en bordure de rivière, il faudrait poser de longues canalisations qui traversent des villages, ça nous coûterait le double… » Pourquoi ne pas remplacer le maïs par des plantes moins gourmandes en eau, ou à la saisonnalité moins problématique ? « Faire de la luzerne ? Je n'ai pas de débouchés, je la vends à qui ? Faire du sorgho ? La France est nette exportatrice, on n'arrive même pas à le consommer chez nous, et il ne sert qu'à faire du grain, tandis que le maïs permet aussi l'ensilage, la consommation pour le bétail. Moi je ne fais que répondre au marché, c'est une question d'offre et de demande. » Mais alors pourquoi ne pas accepter de faire du maïs non irrigué ? « Mon père vivait avec 90 q/ha à une époque où les prix étaient soutenus par l'Europe et beaucoup plus élevés. Si on me payait 800 euros la tonne, mes trois tonnes de 2022 m'iraient très bien. Mais je suis payé 250 euros la tonne. Je suis ouvert à tout, sauf à m'asseoir sur mon revenu ! »

Le point de blocage tiendrait ainsi davantage à la nécessité d'une réforme radicale des politiques agricoles, permettant de soutenir financièrement les principaux concernés, qu'à l'incapacité des agriculteurs à imaginer faire autrement. Les principaux syndicats de l'agro-industrie, au premier chef desquels la FNSEA, syndicat majoritaire chez les agriculteurs, militent toutefois eux-mêmes farouchement en faveur de ces retenues de substitution, au nom… de la survie de leur modèle économique. Le serpent qui se mord la queue ? Une cohérence idéologique en tout cas dénoncée par les opposants à « une certaine agriculture aveuglée par le productivisme », selon les termes, par exemple, du collectif « Bassines non merci ».

Reste que l'argument économique est réversible : moins de la moitié des irrigants devraient être raccordés aux bassines. Ceux qui en profiteraient sont ainsi accusés par les militants anti-bassines d'accaparer la ressource et de reporter les difficultés sur les autres agriculteurs qui seront, eux, soumis aux restrictions d'irrigation lors des sécheresses. Sans compter les autres usagers subissant ces restrictions, simples citoyens et industriels. Faire des efforts en pleine pénurie d'eau fait d'autant plus grincer des dents lorsque ceux qui doivent composer avec ces restrictions habitent en face d'exploitants profitant à foison de bassines ayant contribué à affaiblir les nappes. Les opposants dénoncent une privatisation de la ressource, d'autant plus difficile à avaler que les bassines sur le Clain devraient être aux deux tiers financées par de l'argent public. Les chiffres étant du même ordre de grandeur ailleurs.

Les contraintes économiques n'ont en outre pas le pouvoir d'effacer les contraintes physiques. Pour de nombreux hydrologues, ces mégabassines ne font que repousser l'inéluctable. « L'inconvénient de ces bassines, c'est qu'elles soutiennent le système tel qu'il est et freinent l'adaptation. Ça donne l'illusion aux agriculteurs d'un accès garanti à l'eau, mais lorsque les sécheresses videront les bassines ou les empêcheront de se remplir, ils seront de nouveau confrontés au même problème, sans s'y être adaptés », déplore Éric Sauquet. En d'autres termes, ces mégabassines risquent d'être un cas d'école de ce que le Giec appelle la « maladaptation », ces mesures aux effets contre-productifs pour lutter contre les effets du changement climatique. En prolongeant de quelques années l'accès à l'irrigation massive, les bassines maintiennent en place des cultures et des pratiques vouées à subir de plein fouet les conditions climatiques à venir. « On se place dans une situation de complète inadaptation, alerte également Florence Habets. C'est une fuite en avant complète, alors qu'il faudrait au contraire soutenir des solutions de long terme, qui retiennent davantage l'eau dans les sols, comme l'agroécologie. »

Des alternatives existent en effet bel et bien, flanquées de leurs propres lots d'incertitudes et de défis à surmonter, mais prometteuses, tant du point de vue agronomique qu'économique et, évidemment, écologique. Je vous l'avais promis, voici le chapitre de l'optimisme.

CHAPITRE 4

Cultiver l'eau, ou comment les paysans peuvent nous sauver

Ralentir le cycle de l'eau

« Vous voyez la différence de couleur ? C'est spectaculaire, non ? » À défaut de posséder les connaissances agronomiques de mon voisin, je distingue en effet sans peine le jaune du vert. Les parcelles agricoles défilent derrière la vitre de la camionnette et offrent des contrastes assez saisissants. Les zones vertes sont celles où de l'eau a pu subsister, au cœur de la sécheresse, en quantité suffisante pour nourrir les végétaux. « C'est l'azote qui rend les plantes vertes. Il faut de l'eau aux racines pour pouvoir puiser dans le sol les nutriments et l'azote qui va monter dans les cellules qui contiennent la chlorophylle, les pigments verts des plantes. Quand la végétation jaunit, c'est parce qu'elle n'a plus d'eau, donc plus d'azote. » J'ai le luxe d'avoir pour guide et chauffeur aujourd'hui, 22 août 2022, un éminent chercheur, Vincent Bretagnolle, directeur de recherche au CNRS.

Après mon séjour à Poitiers, lourd de tensions entre irrigants, pêcheurs et écolos, je tente de prendre l'air, légèrement plus au sud-ouest. Plus précisément au sud de Niort, dans les Deux-Sèvres. Vincent Bretagnolle me conduit sur des chemins de campagne qu'il connaît comme sa poche. Ou plutôt comme son bureau. Depuis près de trente ans, cette vaste plaine agricole constitue son laboratoire de recherche. Il a créé ici en 1994 la Zone Atelier Plaine & Val de Sèvre, un territoire de 450 km^2 englobant plus de 40 villages et, surtout, 435 exploitations agricoles. L'équipe de scientifiques qu'il dirige observe sur ces parcelles les conséquences sur le temps long des pratiques agricoles et leurs interactions avec la biodiversité. Les chercheurs analysent également comment de nouvelles pratiques agroécologiques changent les écosystèmes, ainsi que la manière dont les agriculteurs et les consommateurs s'emparent de ces pratiques.

L'observation la plus évidente, c'est donc ce tableau champêtre bichromatique : du jaune et du vert. Du sec et du moins sec. Du mort et du vivant. La dichotomie se superpose bien à celle des types de culture : des prairies en vert, des champs de monoculture en jaune. « La luzerne qu'on voit dans les prés de fauche est encore à peu près verte parce que cette plante à des racines profondes, qui vont jusqu'à 1 m. Elle peut encore trouver de l'eau quand le blé est à sec depuis longtemps, avec ses racines d'à peine 20 cm », explique le chercheur. Mais les racines ne font pas tout. Les pratiques agricoles participent largement à la coloration des paysages : l'agriculture conventionnelle, la monoculture et le labour ne permettent pas au sol de conserver son humidité via la matière organique (l'humus). Entre les larges rangées de pieds de tournesols ou entre deux périodes de culture, si le sol est nu, il va être beaucoup plus exposé à l'évaporation. Et donc subir plus drastiquement les sécheresses.

Nous nous arrêtons dans une monoculture de tournesol. Diagnostique du scientifique : des fleurs au quart de leur diamètre habituel, à la moitié, voire au tiers de leur hauteur, et quasiment pas de graines. « Les tournesols ont grillé sur place. Les rendements vont être apocalyptiques. » Plus loin, un champ a été déchaumé. Les chaumes, ce sont ces bouts de tiges de céréales qui restent plantés dans le sol après la moisson.

Déchaumer consiste à travailler le sol pour enfouir ces tiges et favoriser leur décomposition. « Le sol déchaumé est monté par ici à 41 °C, toute la vie du sol est morte sur les premiers centimètres... Alors qu'avec un couvert végétal, on est 10 °C, voire 15 °C en dessous. Ça a aussi été labouré là-bas, il n'y a pas pire pour accélérer l'évaporation. On est vraiment à contre-courant total des bonnes solutions. » Même à faible intensité, le travail du sol peut être délétère face à la sécheresse : les chercheurs de la Zone Atelier ont calculé qu'en période de stress hydrique, le binage du tournesol, c'est-à-dire le passage d'une houe pour casser la surface du sol et tuer les adventices (les « mauvaises herbes ») réduisait les rendements de 10 %. « Cette année, les agriculteurs ont quand même presque tous biné. C'est incroyable mais c'est comme ça... », soupire Vincent Bretagnolle.

Les bonnes solutions, pourtant, ne manquent pas. On les observe un peu plus loin, en s'enfonçant dans la Zone Atelier. Peu à peu, les bords de la route deviennent plus ombragés, les parcelles se garnissent d'arbres et de haies : nous entrons dans un secteur de bocage et de prairies. L'herbe est plus verte, ici. Parce que le sol est couvert, parce que les haies protègent du vent, qui accélère également l'évaporation, parce que le sol, aussi, est sans doute plus profond et de meilleure qualité. « C'est toujours multifactoriel, me glisse prudemment mon guide. Mais tout de même, la différence est flagrante. » Une différence qui tiendrait donc aux méthodes agroécologiques du lieu.

Définir l'agroécologie n'est pas simple car le terme recouvre une grande variété de concepts et de pratiques. On peut tout de même dégager l'idée directrice : cultiver la terre en s'inspirant de la nature. C'est-à-dire en adoptant une approche systémique tenant compte des organisations et dynamiques écologiques. Au sein d'un écosystème, chaque espèce est en interaction complexe avec les autres et avec son milieu, ce qui garantit la richesse et la résilience de l'ensemble. De multiples leviers, en agroécologie, s'inspirent de ces mécanismes naturels. Le premier est la diversification : cultiver plusieurs variétés et espèces ensemble permet par exemple aux légumineuses de fournir de l'azote aux céréales, ou aux prairies diversifiées d'être plus résilientes grâce à la présence d'espèces adaptées aux années sèches et d'autres aux années humides. Le retour d'une biodiversité plus riche permet de limiter les dégâts causés par les ravageurs de cultures, grâce au retour de leurs prédateurs naturels. L'utilisation de biopesticides d'origine végétale ou de phéromones au lieu de pesticides de synthèse est elle-même favorable à la biodiversité. L'association polyculture-élevage, s'appuyant sur la complémentarité de ressources entre animaux et végétaux, s'inscrit dans cette même philosophie, comme la couverture des sols et l'implantation de haies et d'arbres, aux multiples vertus sur lesquels je reviendrai plus tard. Plusieurs modèles agricoles comme l'agriculture biologique, l'agriculture de conservation des sols ou l'agroforesterie, s'inspirent de l'agroécologie en entretenant parfois une certaine ambiguïté : lorsque l'agriculture bio bannit les pesticides de synthèse et favorise la biodiversité, elle s'inscrit dans une logique agroécologique, mais si une forêt primaire est rasée pour planter de gigantesques champs de soja « bio » en monoculture, l'affiliation est plus problématique…

L'une des grandes vertus des écosystèmes, dont s'inspire l'agroécologie, c'est donc leur propension à conserver l'eau. Lorsqu'il pleut, un sol couvert de végétation permettra à l'eau de mieux s'infiltrer dans le sol, grâce aux multiples microcanaux creusés par les plantes. Sans parler de ces véritables spécialistes des galeries, qui les creusent avec bien plus de frénésie que les racines : les vers de terre. Plus largement, une présence abondante de micro-organismes dans le sol augmente considérablement sa capacité à stocker l'eau – c'est ce que l'on appelle la « capacité de rétention hydrique ». Arbres et haies, on l'a vu, protègent du vent et rafraîchissent le sol. « Les écosystèmes ralentissent le cycle de l'eau. Malheureusement, on a passé ces dernières décennies à faire l'inverse, et on continue de l'accélérer », déplore Vincent Bretagnolle. L'un des faits d'armes de la « révolution verte » dans l'après-guerre fut en effet de raser massivement les haies des bocages français. Pour accélérer la mécanisation et l'industrialisation de l'agriculture, la politique de remembrement menée par l'État a alors consisté à subventionner généreusement l'abattage d'arbres et de haies. Résultat : entre l'après-guerre et les années 2000, 70 % des 2 millions de kilomètres de haies de France ont disparu[27]. Et si le rythme a ralenti, la destruction du bocage restant est loin de s'être interrompu : plus de 11 000 km linéaires étaient encore perdus chaque année dans les années 2010[28]. Pour optimiser la production, favoriser des cultures à haut rendement comme le maïs, on a aussi massivement drainé les prairies, comme nous l'avons vu dans la Brie ou le Marais poitevin, et on a canalisé et rectifié les cours d'eau, à l'instar de celui de Morteau. « Or, dans un écosystème normal, les rivières débordent l'hiver et l'eau stagne ainsi dans les prairies inondées, où elle s'infiltre progressivement dans la nappe phréatique. Maintenant, les rivières rectifiées accélèrent l'écoulement de l'eau vers la mer, tandis que dans les champs qui ont remplacé les prairies, l'eau ruisselle sur une terre sèche qui n'absorbe rien. Quant aux bassines, l'évaporation, notamment, participe encore à accélérer le cycle de l'eau. Du coup, les nappes se rechargent beaucoup moins bien. Sur notre zone, le niveau de la nappe est 7 ou 8 m plus bas qu'avant. Évidemment, à ce niveau, aucune culture n'arrive à puiser en cas de sécheresse », résume Vincent Bretagnolle.

Il s'agit donc de s'employer à ralentir à nouveau le cycle de l'eau, par ces différentes pratiques agroécologiques. Et le potentiel est prometteur. Le projet BAG'AGES, porté par l'Inrae, a évalué de 2016 à 2021 les effets de l'agroécologie sur les ressources en eau dans le bassin Adour-Garonne, avec ce résultat éloquent : la réserve utile du sol, c'est-à-dire la quantité d'eau qu'il peut absorber puis restituer aux plantes, a augmenté de 10 à 15 % dans les parcelles diversifiées, avec un couvert végétal et un sol non travaillé, comparativement aux sols régulièrement labourés. Les bénéfices quant aux économies d'eau sont difficiles à évaluer car certains agriculteurs ont pu réaffecter à d'autres usages l'eau ainsi gagnée, « par contre, on observe que pour

27. P. Pointerau, « Les haies : Évolution du linéaire en France depuis quarante ans », *Le Courrier de l'environnement de l'Inra*, 2002.
28. D'après les courbes de la méthode « haies », publiée par le ministère de la Transition écologique (2021).

une quantité d'eau égale, on a un système plus productif en biomasse : plus 15 à 20 %. On a donc augmenté l'efficience en eau », précise l'agronome Lionel Alletto, dans la revue *Ressources*[29]. De manière encore plus directe, l'agroécologie entraîne de fait une diminution de l'irrigation massive demandée par les cultures gourmandes en eau comme le maïs puisqu'elle prône la diversification, donc la réduction des monocultures. Une modélisation réalisée sur le sous-bassin de l'Aveyron, là aussi par des chercheurs de l'Inrae[30], a estimé l'impact sur la consommation d'eau de différents scénarios d'adaptation à la sécheresse dans les pratiques agricoles : une rotation des cultures fondée sur les principes de l'agroécologie réduirait de 42 % les prélèvements en eau, grâce au remplacement des monocultures de maïs par des rotations maïs-tournesol-blé-colza ; tandis que mettre en place de grandes retenues de substitution (pour remplacer les petites existantes) conduirait à une hausse de 24 % de ces prélèvements…

Qu'en est-il dans les champs de la Zone Atelier Plaine & Val de Sèvre ? « Nos données montrent que la hausse de la biodiversité et de la richesse du sol en matière organique peut aller jusqu'à augmenter les rendements de 40 % ! » s'enthousiasme Vincent Bretagnolle. Cela ne signifie pas pour autant que l'agroécologie produit plus que l'agriculture conventionnelle… Dans un premier temps, la conversion à l'agriculture biologique fait baisser de deux tiers la production en céréales, à cause de l'arrêt des traitements chimiques et surtout de celui de la fertilisation azotée. « Sur une culture qui avait un rendement de 65 q/ha, on descend à 20 q/ha… Mais on peut remonter en une dizaine d'années à 50 q/ha, à condition d'augmenter le taux de matière organique. Il faut trois à cinq ans pour que les insectes reviennent et dix ans pour que le sol retrouve sa richesse, détaille-t-il. Les rendements redeviennent quasiment équivalents mais, surtout, les revenus sont bien meilleurs puisqu'il n'y a pas tous les coûts

29. Voir le dossier « L'agriculture va-t-elle manquer d'eau ? », dans *Ressources*, la revue d'Inrae #2, avril 2022.
30. Delphine Leenhardt, Sandrine Allain et Clément Murgue, « Gestion d'étiage dans le bassin aval de l'Aveyron » (chapitre 16) dans : D. Leenhardt, M. Voltz et O. Barreteau (coord.), *L'Eau en milieu agricole : Outils et méthodes pour une gestion intégrée et territoriale*, Quæ, 2020.

d'intrants nécessaires à l'agrochimie », souligne encore le chercheur. Nous reviendrons un peu plus tard sur cette question cruciale des débouchés économiques – comme on l'a vu déjà à Poitiers.

Soulignons encore que ces rendements, en agroécologie, pourraient avoir la vertu précieuse d'être plus stables, car plus résistants aux aléas climatiques. Cela peut à première vue sembler paradoxal, car si l'agriculture intensive emploie à profusion des engrais et traitements chimiques, c'est justement pour stabiliser – et optimiser – ses rendements. Une méta-analyse[31] avait ainsi épluché près de 200 études, en 2018, comparant la stabilité des rendements de l'agriculture conventionnelle face à l'agriculture biologique et l'agriculture de conservation des sols : l'agriculture bio, concluent les auteurs, s'avère en moyenne 15 % moins stable que l'agriculture conventionnelle dans les exploitations observées. Pas de différence notable n'est observée en revanche entre agriculture conventionnelle et agriculture de conservation, sans travail du sol. Mais ces résultats, à l'avenir, pourraient tourner franchement à l'avantage des pratiques agroécologiques, mieux à même de résister aux extrêmes climatiques. Des chercheurs américains[32] ont analysé les données agricoles de vingt-huit années de récoltes dans le Piedmont, dans l'est des États-Unis, afin de comparer la stabilité des rendements avec ou sans labour des sols, en fonction des aléas climatiques. L'absence de labour augmente le rendement du maïs de 42 à 93 % et permet surtout d'augmenter la stabilité de ces rendements lorsque le sol est particulièrement sec, avec 10 à 32 % de variabilité en moins par rapport aux champs de maïs labourés. Sur le bassin Adour-Garonne, les chercheurs du projet BAG'AGES arrivaient à la même conclusion : à long terme, l'agroécologie améliore la résilience, c'est-à-dire qu'elle s'adapte mieux aux fluctuations climatiques et diminue les pertes de rendements.

31. S. Knapp, M. G. A. van der Heijden, « A Global Meta-Analysis of Yield Stability in Organic and Conservation Agriculture », *Nature Communications* 9, 3632, 2018.
32. C. Mathers *et al.*, « No-Till Imparts Yield Stability and Greater Cumulative Yield Under Variable Weather Conditions in the Southeastern USA Piedmont », *Field Crops Research*, Vol. 292, 2023.

« Le changement climatique, ce sont des climats plus extrêmes, mais aussi plus irréguliers, avec de grandes sécheresses et des moments de forte pluviométrie. C'est pour ça que les écosystèmes sont cruciaux pour réguler ces flux d'eau. Il faut changer complètement de manière de raisonner : vouloir optimiser une culture pour un rendement maximum ne fonctionne pas dans un environnement instable. Il faut diversifier, accepter une certaine baisse de rendement qui permet en contrepartie d'amortir les années désastreuses. Cela rend la production moins instable et, en moyenne, donne de meilleurs rendements et revenus », abonde Vincent Bretagnolle.

Si le salut de l'agriculture passe par le ralentissement du cycle de l'eau, une pièce maîtresse de ce cycle, incontournable quelle que soit la technique envisagée, c'est le sol. Allons creuser un peu plus en profondeur ce qui se trame dans la terre.

Le salut par les sols

Si vous lisez les chapitres de cet ouvrage dans l'ordre (j'espère que c'est bien le cas), vous commencez à vous faire une bonne idée de l'importance et de la complexité des sous-sols, des aquifères et de leurs réseaux de galeries et microfissures qui jouent un rôle vital dans le cycle de l'eau. Mais le terme de sous-sol implique aussi celui de sol. Un concept familier qui n'est pourtant pas si aisé à définir pour qui ne l'a jamais étudié de près. Pour le dire simplement, rappelons que la Terre est un gros caillou flottant dans le Cosmos ; le sol, c'est la couche de matière qui se trouve entre ce caillou et vos pieds. Il provient en partie, par une multitude de phénomènes, de la dégradation de la roche, appelée pour cette raison roche-mère : désagrégation de la roche exposée aux aléas climatiques et altérations chimiques des minéraux, entre autres, qui produisent des fragments de cailloux extrêmement variés. « La diversité minérale est extraordinaire dans les sols, qui renferment plus de la moitié des espèces minérales connues dans la nature », écrit Marc-André Selosse, professeur au Muséum national d'histoire naturelle, dans son livre *L'Origine du monde*[33], passionnant de vulgarisation et de détails sur les mécanismes du sol, et dont je me suis largement nourri ici.

La deuxième grande source de fabrication du sol, c'est le vivant. Plantes, micro-organismes et animaux libèrent de la matière (excréments, feuilles, cadavres, etc.), et cette matière organique morte se mêle aux fragments de minéraux pour composer le sol. Les proportions de ce mélange varient considérablement selon les terrains, mais on trouve en moyenne 1 à 10 % de matière organique dans les sols, parfois 20 voire 100 %[34]. Il faut ajouter enfin la matière organique vivante, c'est-à-dire les êtres qui vivent dans les sols : dans une seule poignée de terre, on peut trouver 100 à 500 insectes ou araignées, 10 000 bactéries, 500 à 1 000 champignons, 50 à 100 protozoaires et nématodes (deux autres groupes d'organismes microscopiques) et 100 à 500 vers et mollusques ! De larges pans de cette vie souterraine restent à découvrir, mais les chercheurs estiment que chaque gramme de sol pourrait contenir 1 million d'individus[35]. Malgré cette profusion grouillante d'activité, 60 à 99 % de la matière organique du sol concernerait la matière morte. Voilà pour la fiche d'identité.

Quelques mots maintenant sur les propriétés du sol et ses relations à l'eau. Les petits fragments qui composent le sol sont répartis en différentes catégories selon leur granulométrie, c'est-à-dire leur taille. De 2 à 0,050 mm, ce sont des sables, puis jusqu'à 0,002 mm, des limons, et en dessous de 0,002 mm, des argiles. Ces différences de taille ont de fortes conséquences sur le profil et les propriétés d'un sol et elles changent même la surface totale de terre disponible pour un volume donné ! Car plus une particule est petite, plus sa surface sera grande comparée à son volume. Pour comprendre ce concept, c'est très simple :

33. Marc-André Selosse, *L'Origine du monde : Une histoire naturelle du sol à l'intention de ceux qui le piétinent*, Actes Sud, 2021.
34. *Ibid.*
35. T. Eglin, E. Blanchart, J. Berthelin, S. de Cara, G. Grolleau, P. Lavelle *et al.*, « La vie cachée des sols », plaquette MEEDDM, 2010.

imaginez que vous remplissiez un vase avec des billes, la surface cumulée de toutes ces billes sera bien plus grande que celle d'un énorme galet qui remplirait le même vase. C'est pareil dans le sol. « Comparons du sable de 1 mm de diamètre à un limon de 0,01 mm, donc 100 fois plus petit en diamètre : pour un même volume, la surface de matériau sera 10 000 fois plus grande dans le cas du limon ! » écrit Marc-André Selosse. Cette surface de matériau est cruciale car elle démultiplie les nutriments potentiellement récupérables par les plantes et les microbes. La taille des fragments de sols détermine aussi la taille des trous qui sépare les pores. Très larges dans le sable, ils permettent au sol de respirer mais évacuent aussi beaucoup plus vite l'eau vers le sous-sol, qui circule de 1 à 100 cm/h en sol sableux ou limoneux contre moins de 1 mm/h dans un sol argileux.

L'eau, bien sûr, ne se contente pas de descendre gentiment sous l'effet de la gravité. Elle peut même remonter, notamment par capillarité. Sans entrer dans le détail, disons qu'en ce qui concerne les sols, cette force capillaire détient une particularité qui nous intéresse : elle attire l'eau en fonction de la taille des trous. Plus les trous sont petits, plus ils ont la capacité de retenir l'eau. Lorsque le soleil frappe un sol et que l'évaporation évacue l'eau en surface, celle qui se situe en dessous peut remonter, grâce à la force capillaire, en passant de micropores plus gros vers des micropores plus petits. D'où l'importance, en agriculture, de couvrir les sols, pour créer des pores bien plus gros que ceux du sol afin d'arrêter cet effet d'aspiration. « C'est l'un des intérêts du paillage ou du mulch [différents types de couverture du sol] de surface : les gros espaces entre les fragments de matière végétale limitent la remontée d'eau », conclut Marc-André Selosse.

On comprend ainsi l'intérêt, pour préserver l'eau, de couvrir les sols. D'autant plus qu'un autre phénomène accélérant le cycle de l'eau se met en place sur un sol nu, lorsque apparaissent des croûtes de battance. Vous vous souvenez ? Nous en avons parlé dans le chapitre 2. Ce phénomène se produit lorsque des fragments de sol de petite taille, les limons, sensibles au tassement, vont se comprimer sous l'impact des gouttes de pluie et former une croûte imperméable qui empêche l'infiltration de l'eau. Celle-ci va alors ruisseler jusqu'aux rivières et à l'océan au lieu d'abreuver le sol et de remplir les nappes en profondeur. Or, ce tassement des limons est rendu plus facile en l'absence de végétation ainsi que par le labour, qui détruit cette végétation et une partie de la matière organique. « C'est flagrant si l'on regarde l'eau qui ruisselle pendant les pluies violentes d'orage : à l'aval des vignes dépourvues de végétation, l'eau qui coule est marron, elle a ruisselé sur le sol et emporté au passage une partie de la terre. Alors qu'à côté d'une prairie, l'eau est claire parce que la végétation a retenu l'eau du sol dans les prés », observe Vincent Bretagnolle sur sa Zone Atelier.

L'autre intérêt de préserver les sols, c'est d'y maintenir vivaces toute la biodiversité et la matière organique qui y grouille. Or, labourer les terres, en plus d'aggraver les risques de tassement, nuit à cette vie souterraine. « En perturbant régulièrement les habitats de la faune du sol, il occasionne son appauvrissement (en matière d'espèces comme de quantité) », rappellent des chercheurs de l'Inrae dans un rapport de 2020[36]. Le constat se mesure dans les champs. Le labour y est pratiqué notamment car il permet dans un premier temps d'aérer le sol, ce qui offre de l'oxygène à certaines bactéries qui l'utilisent pour minéraliser de la matière organique et mettre ces nutriments à la portée des plantes. Mais à long terme, la destruction répétée des habitats nuit à cette biodiversité microbienne. C'est ce que l'on a constaté à la rédaction du magazine *Futura*[37] : pour un dossier sur l'avenir de l'agriculture, nous avions rencontré des agriculteurs ayant réalisé leur conversion vers des pratiques biologiques et de conservation des sols. À la ferme des Bourettes, dans le Rhône, des paysans ayant décidé d'arrêter le labour ont pu comparer l'évolution de leurs terres : celles qui n'étaient plus labourées

36. Sylvain Pellerin, Laure Bamière *et al.*, « Stocker du carbone dans les sols français : Quel potentiel au regard de l'objectif 4 pour 1 000 et à quel coût ? », synthèse du rapport d'étude, Inra, 2019.
37. Voir le reportage de Léa Dang : « Quand les paysans restaurent la vie des sols » dans *Futura* n° 1, *De la Terre à la Lune*, 2022.

depuis trente-cinq ans contenaient deux fois plus de masse microbienne par kilo de sol que les terres récemment labourées.

L'importance de cette matière organique en agronomie n'est pas vraiment notre sujet… sauf en ce qui concerne la ressource en eau. Car cette matière a la vertu d'être hydrophile, ce qui veut dire qu'elle interagit avec l'eau et la retient ainsi dans les sols. Cela a un impact majeur dans le rôle d'éponge que jouent les sols, puisque ces particules organiques y stockent jusqu'à 90 % de leur poids en humidité. Les pratiques d'agriculture de conservation des sols permettent de mieux stocker l'eau, aussi parce qu'elle peut mieux y circuler, « car même si les sols non travaillés sont plus denses, leurs pores sont mieux connectés, du fait de la présence de galeries de vers de terre et de réseaux de racines, qui peuvent aller en profondeur car elles ne sont pas arrêtées par les "semelles de labour" », écrit l'agronome Lionel Alletto[38].

Enfin, protéger et veiller à la bonne santé des sols pourrait contribuer de manière déterminante à la lutte contre le changement climatique, à l'origine de notre problématique. Toute cette manière organique foisonnant sous terre est, en effet, largement composée de carbone. Les sols mondiaux contiennent, selon les estimations, entre deux et trois fois plus de carbone que l'atmosphère. Plus de matière organique dans les sols, ce serait encore plus de carbone capté dans l'atmosphère et donc moins de gaz à effet de serre qui perturbe notre cycle de l'eau. C'est sur cette idée que s'est construite l'initiative internationale « 4 pour 1 000 », lancée en 2015 par la France lors de la COP21. L'idée générale est simple : si la quantité de carbone stockée dans les 30 à 40 premiers centimètres du sol augmentait chaque année de 0,4 ‰, ou « 4 pour 1 000 », cela compenserait presque entièrement l'augmentation annuelle des rejets de CO_2 dans l'atmosphère. Autrement dit, cela permettrait de stopper la hausse de nos émissions. On est encore loin d'une captation de l'ensemble de ces dernières, mais ce serait une aide non négligeable. D'autant que les techniques agroécologiques associées à cette

38. « L'agriculture va-t-elle manquer d'eau ? », *op. cit.*

captation du carbone permettraient de profiter des nombreux autres avantages déjà évoqués : hausse de la fertilité des sols, plus forte résilience climatique, meilleur stockage et ralentissement du cycle de l'eau…

À l'échelle de la France, une étude[39] de 2020 de l'Inrae a analysé quelles seraient les pratiques optimales pour atteindre cet objectif de 4 ‰. Les chercheurs ont modélisé l'impact de différentes techniques agricoles sur le stockage additionnel de carbone par les sols dans les trente prochaines années. Sans changement d'usage des sols et sans modifier les pratiques agricoles, la tendance actuelle serait à une hausse d'environ 2,3 ‰ par an. Loin des 4 ‰ visés. En adoptant des pratiques agroécologiques, un stockage additionnel de + 1,9 ‰ serait toutefois possible, assurent les chercheurs. L'essentiel de ce potentiel réside dans les grandes cultures, grâce à la mise en place de couverts végétaux intercalaires et intermédiaires, à l'introduction de prairies temporaires dans les rotations culturales, à l'apport de compost et enfin au plantage de haies ainsi que d'arbres dans le cadre de pratiques d'agroforesterie.

De manière tout aussi logique qu'enthousiasmante, les bonnes pratiques pour limiter le changement climatique sont les mêmes que celles qui permettent de ralentir le cycle de l'eau. Les prairies permanentes, louées pour leur effet tampon sur la circulation de l'eau de pluie par Vincent Bretagnolle, sont à ce titre exemplaires : elles stockent en moyenne autant de carbone que les sols des forêts, voire légèrement plus, d'après l'étude de l'Inrae. En prenant en compte les 30 premiers centimètres du sol, ces prairies contiennent en moyenne 85 tonnes de carbone par hectare, contre 52 à peine pour les grandes cultures.

Cette agriculture plus résiliente avance cependant sur un fil et doit louvoyer entre des enjeux parfois contradictoires. Car le travail du sol permet notamment de se débarrasser des

39. « Stocker du carbone dans les sols français : Quel potentiel au regard de l'objectif 4 pour 1 000 et à quel coût ? », *op. cit.*

adventices, ces plantes non désirées dans les cultures. Et si l'on veut se passer de pesticides, notamment en agriculture biologique, il devient difficile de désherber si l'on renonce, en plus, au labour. « Pendant longtemps, on avait comme objectif la réduction des pesticides, cela a incité au désherbage mécanique et à retourner la terre, ce qui libère du carbone. Avec les sécheresses, on insiste maintenant sur la préservation des sols… Si l'on ne s'intéresse qu'à un seul aspect, on prend des décisions contradictoires, il faudrait trouver un équilibre entre le bio et l'agriculture de conservation des sols », observe l'écophysiologiste et chercheur à l'Inrae Sylvain Delzon. Et faire les deux à la fois ? Protéger la vie des sols en se passant des pesticides de synthèse sans travailler le sol non plus est-il possible ?

En théorie, oui. Le faire en maintenant des rendements suffisants et une rentabilité économique pérenne, c'est une autre histoire. C'est malgré tout ce que tentent de concevoir des chercheurs du centre de l'Inrae Bourgogne-France-Comté, à Dijon, via une expérimentation sur 125 ha de grandes cultures répondant à la douce appellation de « plateforme CA-SYS ». Ils s'y livrent à différentes pratiques agroécologiques, toutes sans pesticides, certaines également en semis direct, c'est-à-dire sans aucun travail du sol, les graines étant semées telles quelles sur la terre. Leurs travaux, encore en cours, offrent des perspectives prometteuses quoique mitigées. « On a des rendements très convenables sur le blé et l'orge. Ça s'est moins bien passé sur la moutarde et le colza, on a eu beaucoup d'insectes », précise Stéphane Cordeau, chercheur agronome à l'UMR Agroécologie de l'Inra Dijon et animateur de la plateforme. « Les gens qui expérimentent sans pesticides ni travail du sol arrêtent souvent au bout de trois ou quatre ans. En tant que chercheurs, on a le luxe de pouvoir prendre des risques économiques que ne peuvent pas se permettre des agriculteurs. L'idée, c'est aussi de compenser le moindre rendement par l'absence de dépenses de mécanisation, de consommation de fioul et d'intrants chimiques. »

Fin 2022, paraissaient les résultats d'une expertise scientifique collective[40], commandée à l'Inrae par les ministères de l'Agriculture, de l'Environnement et de la Recherche. Fondées sur une analyse de la bibliographie internationale, les conclusions des chercheurs confirmaient que les pratiques agroécologiques (diversification végétale des parcelles et des paysages, hausse des rotations et associations de culture, notamment) étaient très efficaces pour lutter contre les adventices, insectes ravageurs et autres agents pathogènes, tout en ayant des effets positifs sur le stockage du carbone et… la régulation de l'eau.

Comme toujours, les orientations agronomiques s'imbriquent aux considérations économiques. Et dans le cas spécifique de l'eau et des pratiques attenantes, les solutions agroécologiques seraient, à en croire leurs détracteurs, fortement limitées par les contraintes du marché. Ce qui est d'autant plus rageant que les irrigants, à l'instar de Bertrand Lamarche, le président de Rés'eau Clain que nous avons rencontré, jurent le cœur sur la main qu'ils seraient prêts à tout changer si les revenus étaient au rendez-vous.

Il est temps de reprendre ma route dans le Poitou, en direction du nord de la Vienne, cette fois. La ferme du Pré Joly nous montrera que l'on peut concilier rentabilité et sobriété dans les usages de l'eau. Le temps que nous arrivions à destination, profitons-en pour nous intéresser, au-delà des sols, aux moyens de ralentir le cycle de l'eau.

L'EauTech

La mode est à « l'AgriTech », c'est-à-dire l'ensemble des technologies de pointe, notamment numériques, au service de l'agriculture. À chaque salon ou conférence sur l'avenir du monde agricole, les thuriféraires du sauvetage de la planète par

40. A. Vialatte, V. Martinet, A. Tibi (coord.) *et al.*, « Augmenter la diversité végétale des espaces agricoles pour favoriser la régulation naturelle des bioagresseurs et protéger les cultures », rapport scientifique d'Esco-Inrae, 2022.

la technologie nous promettent une armada de drones, capteurs, tracteurs-robots, systèmes d'irrigation connectés par satellite, tous capables de rationaliser au maximum les usages d'intrant et d'eau pour optimiser la production et minimiser l'utilisation des ressources. Vous sentez le sarcasme dans mon propos ? C'est que, si toutes ces innovations ne sont pas à jeter, la dynamique générale qui les sous-tend n'est ni utile, ni souhaitable.

Pas utile car, comme nous avons commencé à le voir, les sciences agronomiques nous enseignent de nombreuses voies pour bâtir une agriculture plus viable et résiliente, fondées sur l'agroécologie et des processus écosystémiques à portée de main, sans nécessité de robotisation supplémentaire. Et non souhaitable, car le mirage du solutionnisme technologique s'inscrit dans la continuité de la « révolution verte » qui prétendait, par le progrès technique, produire toujours plus de ressource agricole en se soustrayant aux contraintes environnementales, avec les résultats que l'on a vus. « Si ces technologies ne sont pas toutes en elles-mêmes dénuées d'intérêt, leurs applications actuelles sont généralement motivées par les logiques économiques du modèle agro-industriel : maximisation des profits des entreprises en situation d'oligopole et abaissement des coûts de production. Il y a donc toutes les raisons de penser qu'elles ne feront que renforcer les défaillances du système alimentaire et rendront les changements de trajectoire encore plus difficiles », souligne ainsi un rapport publié par l'association Les Greniers d'Abondances et coordonné par Félix Lallemand et Arthur Grimonpont, chargés de recherche au Laboratoire d'études rurales (université de Lyon) [41].

En outre, le déploiement massif dans les champs de technologies gourmandes en énergie et en ressources minérales n'est pas très opportun au moment où les multiples dépassements de limites planétaires soulignent l'urgence de diminuer toutes ces consommations. C'est ce qu'illustre particulièrement bien

41. Les Greniers d'Abondance, « Qui veille au grain ? Du consensus scientifique à l'action publique », 2022.

notre utilisation des « terres rares », cette famille de 17 métaux indispensables au développement numérique et à la transition énergétique, omniprésents dans nos ordinateurs, batteries électriques, robots, drones, etc. Nous en consommons, selon l'Ademe[42] (l'agence de la transition écologique) 130 000 tonnes par an. À ce rythme, nous en consommerons en une génération davantage que les 2 500 générations précédentes ! Pour purifier 1 tonne de terre rare, généralement contenue sous forme d'alliage dans de la roche, il faut utiliser 200 m³ d'eau, qui ressortent bien souvent contaminés en produits toxiques – pour ne parler que de cet impact écologique parmi d'autres. Par sûr que l'argument d'une numérisation permettant d'économiser un peu plus d'eau soit très pertinent dans ces circonstances… Le cobalt, qui n'est pas une terre rare mais qui est très utilisé dans les batteries, pourrait quant à lui être épuisé d'ici 2050[43], pour plus de 80 % des ressources connues.

Sans entrer davantage dans les détails d'une problématique qui n'est pas celle de ce livre, les solutions promises par l'AgriTech semblent clairement contrebalancées par des inconvénients d'autant plus délétères qu'ils ne sont pas indispensables : la voie des low-tech, et notamment des solutions inspirées de la nature, étant d'ores et déjà disponibles.

Améliorer les techniques existantes est tout de même un levier important à activer qui dispose aujourd'hui d'une forte marge de manœuvre, notamment dans l'irrigation. La vaste majorité des irrigants abreuvent leur sol par aspersion. Ce sont ces tuyaux qui envoient en l'air des jets d'eau, que vous pouvez souvent voir dans les champs et qui laissent retomber l'eau au sol sous forme de pluie artificielle, générant à l'occasion d'éphémères arcs-en-ciel admirables le long de vos balades champêtres. Malheureusement, cette technique perd en eau ce qu'elle gagne en esthétique. Une étude publiée en 2017 sur le sujet fait état de pertes en eau

42. Source : « Les métaux : des ressources qui pourraient manquer ? », multimedia.ademe.fr.
43. Source : « Le cobalt dans la transition énergétique : quels risques d'approvisionnements ? », ifpenergiesnouvelles.fr.

de 5 à 10 % causées par des fuites le long des tuyaux[44], auxquelles s'ajoutent des pertes spécifiquement liées au principe de l'aspersion : le temps qu'elle passe en l'air, l'eau s'évapore encore de 5 à 15 % selon les conditions météorologiques. S'y ajoutent les pertes par dérive, lorsque le vent envoie l'eau en dehors de la parcelle, et les pertes totales dues à l'aspersion, qui, en cumul, peuvent atteindre ponctuellement 20 %. Or, 80 % des irrigants utilisent encore aujourd'hui l'aspersion[45]. Le potentiel de gain est donc énorme. Les économies sont évaluées par l'étude de 2017 de 15 à 25 % en améliorant seulement le matériel. Encore mieux : se passer de la méthode par aspersion pour irriguer au goutte-à-goutte en supprime les désavantages et permettrait d'économiser entre 12 et 33 % d'eau supplémentaires. Sur les cultures de maïs, en année humide, l'économie peut même monter à 70 % ! L'étude souligne également quelles peuvent être les vertus de nouvelles technologies de pilotage de l'irrigation : des outils d'aide à la décision permettant d'utiliser l'eau au bon moment et en bonne quantité pourraient, avec de fortes variations, entraîner 10 à 40 % d'économies supplémentaires.

Intéressons-nous maintenant plus attentivement à la plus ancienne et admirable technologie d'irrigation : l'arbre. Comme tous les végétaux, l'arbre capte l'eau dans le sol au niveau de ses racines et l'évacue par les stomates de ses feuilles en transpirant. Le flux d'eau renvoyé dans l'atmosphère est énorme : un épicéa de 25 m consomme, lui, jusqu'à 175 litres par jour[46]. Sans parler des chênes pédonculés qui peuvent évacuer, selon l'Office national des forêts, jusqu'à 1 000 litres d'eau par jour ! Dans une forêt réunissant des milliers d'arbres qui produisent ce phénomène de concert, l'impact sur le climat local devient majeur. En 1494 déjà, alors que Christophe Colomb naviguait au large de la Jamaïque, il se prit à maudire les « grands arbres de ce pays », responsables selon lui des trombes d'eau que son équipage et lui-même se

44. Claire Serra-Wittling et Bruno Molle, « Évaluation des économies d'eau à la parcelle réalisables par la modernisation des systèmes d'irrigation », Irstea, 2017.
45. « L'agriculture va-t-elle manquer d'eau ? », *op. cit.*
46. *Forêts et changement climatique : Comprendre et modéliser le fonctionnement hydrique des arbres*, *op. cit.*

prenaient sur la tête, ainsi que le relatent les historiens Jean-Baptiste Fressoz et Fabien Locher[47].

L'intuition de l'explorateur selon laquelle les arbres « génèrent nuages et pluie » est corroborée aujourd'hui par la science. Dans une étude publiée en 2012[48], des chercheurs rappelaient qu'une controverse existait toujours quant à savoir si les arbres avaient un rôle négatif dans le cycle de l'eau, en en pompant une large quantité, ou positif, en générant davantage de pluie. Les auteurs concluaient alors en faveur de la seconde hypothèse, soulignant que l'évapotranspiration, et en large part celle des forêts, contribuait 1,4 à 1,8 fois plus que les océans aux pluies terrestres !

Mais comment une forêt fait-elle pleuvoir ? Quatre effets sont à l'œuvre dans cette performance, synthétisés par un rapport du World Resources Institute en 2022[49] : l'évapotranspiration, que l'on a évoquée et qui ajoute de l'humidité dans l'air ; l'albédo, c'est-à-dire le pouvoir réfléchissant de la canopée, qui influe sur la température de l'air ; l'irrégularité des cimes, qui affecte le vent et les turbulences ; et la libération d'aérosols comme les pollens et d'autres particules forestières et composés chimiques libérés par les arbres (à l'instar de ceux qui donnent au sapin son odeur si particulière). Ensemble, ces différents effets interagissent et contribuent à la formation de nuages.

À l'échelle locale, ces vertus des arbres se retrouvent par exemple dans les champs de la Zone Atelier où travaille Vincent Bretagnolle. « L'arbre pompe l'eau en profondeur, là où elle n'est pas accessible aux plantes. Il l'évacue par sa transpiration qui se condense la nuit et retourne au milieu le matin sous forme

47. Jean-Baptiste Fressoz, Fabien Locher, *Les Révoltes du ciel : Une histoire du changement climatique (XVe-XXe siècle)*, Éditions du Seuil, 2020.
48. D. Ellison, M. N. Futter, K. Bishop, « On the Forest Cover-Water Yield Debate: From Demand-to Supply-Side Thinking », *Global Change Biology*, 18(3):806–20, mars 2012.
49. Frances Seymour, Michael Wolosin et Erin Gray, « Not Just Carbon: Capturing All the Benefits of Forests for Stabilizing the Climate from Local to Global Scales », World Resources Institute, 2022.

de rosée. De cette manière, les arbres intégrés aux cultures en agroforesterie recréent des microcycles de l'eau très localisés », explique-t-il. Sans compter que cette transpiration, qui permet à l'arbre de se refroidir, rafraîchit aussi les alentours lors des fortes chaleurs, jusqu'à 5 à 10 °C de baisse, en plus de l'ombrage qu'apportent ses feuilles.

Autrement dit, l'arbre arrose les cultures en allant pomper l'eau en profondeur dans la nappe… Exactement ce que font les réserves de substitution installées par les irrigants ? Pas du tout, tranche Vincent Bretagnolle, car les arbres agissent en interaction étroite avec leur environnement : « Les arbres ne croissent pas en hiver, ils laissent l'eau descendre dans les nappes, contrairement aux bassines. Ils pompent l'été, mais sans provoquer cette évaporation des plans d'eau, qui s'échappent définitivement dans l'atmosphère avec le vent ; l'arbre relocalise le cycle de l'eau. Il fait ça mieux que nous et gratuitement », insiste-t-il. La pratique semble séduisante. Dans la Brie, pourtant, Philippe et Pascale Dufour n'étaient guère convaincus lorsque je leur rapportais ces arguments : « Les arbres font baisser les rendements ! » C'est vrai, mais seulement à courte échelle, assure Vincent Bretagnolle : « Les arbres vont diminuer les rendements sur 2 ou 3 m, mais en contrepartie, ils redistribuent de l'eau sur 50 m… »

La dynamique semble prendre, doucement. Chaque année, 2 000 à 3 000 agriculteurs se tourneraient vers l'agroforesterie, selon l'Association française d'agroforesterie. La disparition de la vaste majorité des bocages du pays, encore en cours de destruction, illustre malgré tout l'ampleur de la tâche qu'il reste à accomplir. Selon un rapport de la FAO[50], à l'échelle mondiale, les surfaces agricoles présentant au moins 20 % d'espaces arborés ont progressé de 1,8 % entre 2000 et 2010. Une timide source d'optimisme. Pour convaincre les agriculteurs de planter des arbres, de régénérer les sols par le couvert végétal, les associations de cultures, le renoncement au labour, il reste à les convaincre que cela peut être rentable. Et même rentable économiquement

50. « The State of the World's Biodiversity for Food and Agriculture », FAO, 2019.

en acceptant de baisser ses rendements agricoles. C'est ce que va nous montrer Bruno Joly dans sa ferme. Me voilà arrivé à destination.

L'abondance sans l'irrigation

« Tiens, celui-là, c'est un rouge ! » Je tente de suivre Bruno Joly à la voix dans le dédale d'un de ses champs de maïs, dont les pieds dépassent largement nos têtes. Je le retrouve en train de libérer un épi de son enveloppe de feuilles vertes (on appelle ça les spathes). Effectivement, les grains affichent une vive couleur rouge grenat. Juste à côté, certains épis arborent un jaune plus classique ponctué de grains noirs, rouges ou blancs. L'agriculteur a semé ici ce qu'on nomme du maïs population : des variétés issues de ses champs, qu'il a lui-même sélectionnées puis semées à nouveau. Une pratique aux antipodes des variétés dites « hybrides F1 » vendues par les semenciers de l'agro-industrie, issues du croisement de lignées pures, réputées pour leur stabilité et leur homogénéité génétique. « Au sixième rang là, ajoute-t-il en pointant une rangée d'épis, on a expérimenté des grains plus gros, pour voir si cela influencera les rendements. Il faut qu'on le mesure. » Sur le long terme, utiliser ses propres semences permet à l'agriculteur d'obtenir des variétés finement adaptées aux conditions de son terrain. « On avait acheté des variétés du Périgord. Au bout de quelques années, elles se sont adaptées. Quand j'en ai renvoyé au Périgord, ils se sont rendu compte qu'il n'avait plus rien à voir, il avait perdu 50 cm et poussait de manière plus précoce. Il faisait aussi un peu moins de rendement, mais ça n'est pas un problème. »

Chose inconcevable chez les irrigants que j'ai rencontrés, dans la ferme du Pré Joly le rendement n'est pas une priorité. Sur son maïs, Bruno Joly tourne à 30 à 35 q/ha en moyenne. Bien loin des 140 q/ha atteints par Bertrand Lamarche sur le bassin du Clain ! L'une des différences majeures entre les modèles de ces deux agriculteurs, c'est évidemment l'irrigation. Situé sur une crête, à cheval entre le bassin versant de la Vienne de celui de la Veuve, l'un de ses affluents, le Pré Joly n'a, de fait, pas accès à une rivière à proximité et dispose de très peu de réserves d'eau dans le sous-sol. « On n'a aucun système d'irrigation sur la ferme, pas de puits, pas de pompage, rien. On ne se pose même pas la question », tranche le paysan. S'il est si serein, c'est que ces faibles rendements lui permettent de bien gagner sa vie. Avec 200 ha de cultures et de prairies et 190 vaches et génisses, la ferme produit de quoi faire vivre ses cinq associés ainsi que cinq salariés. Le tout certifié, de surcroît, en agriculture biologique. Comment, là où les irrigants témoignent de leur précarité économique et invoquent la nécessité absolue de prélever d'énormes volumes d'eau pour produire de quoi rembourser leurs dettes, est-il possible, avec des rendements quatre fois plus faibles, de dégager des bénéfices confortables ?

La réponse tient en un mot clé dans la bouche de Bruno Joly : l'autonomie. La ferme produit elle-même l'essentiel de ce dont elle a besoin. À commencer par ses semences, comme on l'a vu. « Dans le bio, les semences sont très chères ; elles me coûteraient environ 8 euros le kilo. En les cultivant moi-même, je les ai à un coût de revient d'environ 2 euros le kilo », dit l'agriculteur. De même, l'association polyculture-élevage lui permet de se passer d'achat d'engrais, le fumier des animaux apportant l'azote et les minéraux nécessaires au maintien d'une riche vie organique dans les sols. Cultivant en bio, il économise également sur tous les pesticides et intrants utilisés en agriculture conventionnelle. Conséquence vertueuse : l'absence de recours aux nombreux produits phytosanitaires économise les outils et tracteurs, moins sollicités, et surtout réduit les dépenses de carburant, loin d'être négligeables. « Dans les champs, on peut monter à 500 l de fioul par hectare, entre les traitements, les passages pour nourrir le bétail… Chez nous, les vaches se nourrissent seules dans les prairies et on ne met pas d'intrants externes : on est à 60 l de fioul par hectare », compte Bruno Joly. Résultat, la ferme affiche une marge nette d'environ 50 % « là où la plupart des exploitations en conventionnel sont aux alentours de 10 %, voire de 5 % sur certains élevages industriels. Elles brassent énormément d'argent, mais avec tellement de coûts qu'il ne leur reste rien à la fin. Nous, avec cinq fois moins de chiffre d'affaires, ça nous suffit amplement ».

À défaut d'être mirobolants, les rendements de la ferme affichent une belle stabilité grâce aux pratiques agroécologiques qui y sont déployées. Les cinq associés ont planté des haies, en partenariat avec la Ligue pour la protection des oiseaux, ainsi que de nombreux arbres. « On a besoin des oiseaux pour limiter les insectes dans les cultures. Et les haies leur permettent de nicher. Les arbres ont aussi un effet brise-vent qui nous a permis d'atténuer les effets asséchants du vent chaud qui grille nos prairies comme des paillassons », observe Bruno Joly. Les prairies, tant vantées par Vincent Bretagnolle, jouent ici un rôle central. Lorsque je les foule du pied, en août 2022, la canicule les a bien attaquées mais la diversité des espèces leur permet, bon an mal an, de tenir le coup. « Les mélanges nous permettent de faire face à toutes les situations. Certaines espèces s'en sortiront mieux en cas de sécheresse, comme le sainfoin, d'autres seront adaptées aux excès d'eau et aux hivers rigoureux, comme la fétuque. » La luzerne symbolise également très bien la philosophie de la ferme : tolérante à la sécheresse, dotée d'un profond système racinaire qui crée des galeries pour les vers et l'infiltration de l'eau de pluie, favorable au développement de la vie souterraine, elle pousse sur des prés non labourés où pâturent les vaches dont les déjections nourrissent également le sol. « Le même sol peut faire 15 cm d'épaisseur ou 40 cm selon que la matière organique s'y soit développée ou non, c'est impressionnant. Comme des blancs d'œufs avant et après avoir été battus en neige », s'amuse Bruno Joly. La rotation des cultures permet ensuite aux céréales, mêlées à d'autres plantes, protéagineuses, de profiter d'un sol fertile.

Tout cela ne peut fonctionner que par le maintien intangible du cap que se donnent les agriculteurs : l'absence de course effrénée au rendement. La luzerne est moins riche que le soja, mais facilement produite localement et pour bien moins cher que l'importation de soja bio : moins de production mais plus d'autonomie. Pour que les bêtes se nourrissent au maximum aux prés et avec du fourrage produit exclusivement sur place le reste du temps, il faut 1 ha par vache. Pour produire du maïs en respectant ses besoins en eau, les agriculteurs du Pré Joly renoncent à le semer sur les terres non optimales. « Le problème c'est que dans les vallées, certains agriculteurs sèment du maïs sur des terres très sableuses, où l'eau ne reste pas. Ce sont des terres faites pour les cultures d'hiver, pas pour un maïs gourmand en eau l'été… Ici on sème du maïs sur les terres argilo-calcaires. On ne peut pas choisir les sols dont on dispose, mais on peut choisir ce qu'on met dedans, sinon on se retrouve à devoir irriguer », assène Bruno Joly.

Ce modèle, fondé sur la modération et la résilience, comble parfaitement ses adeptes, mais serait-il généralisable ? Car il faut bien répondre à la demande, après tout. Comment nourrir les besoins des pays importateurs, nourrir le bétail et le monde, en acceptant une division drastique des rendements ? En changeant à la fois les pratiques agricoles et alimentaires, répondent les chercheurs. Une étude internationale publiée en 2021[51] affirme qu'il est possible de nourrir entièrement l'Europe à partir de production locale et bio, à trois conditions : consommer moins de viande et de produits animaux, généraliser les rotations de cultures longues et diversifiées, et rapprocher les grandes cultures de l'élevage, comme c'est le cas dans la ferme du Pré Joly. Ces deux derniers critères permettraient d'enrichir le sol en engrais, notamment azoté, et de se passer d'intrants. Quant au premier critère, son potentiel est massif : 70 % des terres agricoles dans le monde seraient dédiées aux besoins de l'élevage. Allouer une part importante de ces terres à l'alimentation humaine permettrait de nourrir autant de monde avec moins de rendements. Plusieurs études abondent dans le même sens, comme celle de l'Institut du développement durable et des relations internationales (Iddri) parue en 2018[52], qui conclut qu'une Europe 100 % agroécologique en 2050 aboutirait à une

51. Gilles Billen *et al.*, « Reshaping the European Agro-Food System and Closing Its Nitrogen Cycle: The Potential of Combining Dietary Change, Agroecology, and Circularity », *One Earth*, 2021.
52. Xavier Poux, Pierre-Marie Auber, « Une Europe agroécologique en 2050 : une agriculture multifonctionnelle pour une alimentation saine. Enseignements d'une modélisation du système alimentaire européen », Iddri, 2018.

baisse de 35 % de la production, qui serait compensée par une baisse de la consommation des protéines animales.

L'agroécologie pourrait ainsi parfaitement nourrir 10 milliards de personnes, assure l'ingénieur agronome Marc Dufumier[53]. Le Brésil, par exemple, qui exporte massivement son maïs et son soja, a le potentiel agronomique de nourrir sa population, à condition de changer de modèle agricole et économique.

Les expérimentations, modélisations et productions concrètes dans les champs montrent qu'une autre agriculture, moins dépendante de l'irrigation, moins prédatrice des nappes et rivières, est possible. Certaines cultures à forte valeur ajoutée, et concernant de bien moindres quantités que les grandes cultures comme le maïs, ne pourront pas se passer d'irrigation, notamment en maraîchage. Là encore, le positionnement du curseur entre renoncements et changement de comportements vertueux d'un côté, et irréductible consommation d'eau de l'autre, sera un choix de société à faire en conscience. Car la science et l'agronomie nous montrent que les pénuries d'eau n'ont rien d'inéluctable, elles sont les conséquences directes de nos usages. Savoir lesquels devront être préservés et lesquels seront à abandonner est d'autant plus crucial que d'autres acteurs majeurs du cycle de l'eau entrent dans l'équation. Notamment celui de l'énergie, comme nous allons le voir maintenant.

53. Dans son livre *L'agroécologie peut nous sauver*, Actes Sud, 2019.

PARTIE III

L’énergie ou la vie, faudra-t-il choisir ?

CHAPITRE 5

Barrages, centrales nucléaires… pas d'eau, pas d'énergie ?

Retour aux sources dans la vallée d'Aure

Il faut que je vous avoue quelque chose. Je ne vous ai pas tout dit sur les plus de 30 milliards de mètres cubes d'eau prélevés annuellement en France. En réalité, le chiffre[1] explose le plafond : plus de 650 milliards de mètres cubes prélevés en 2019. Et jusqu'à 800 milliards en 2018 ! Toute cette eau supplémentaire correspond à celle des barrages hydroélectriques, stockée puis turbinée pour produire de l'électricité. Cet usage étant archi-dominant (96 % de l'eau prélevée), et l'eau utilisée revenant presque intégralement au milieu après usage, on se concentre généralement sur les 4 % restants lorsque l'on décortique la répartition des usages de l'eau du pays. Ce mensonge par omission a donc sa pertinence qui, je l'espère, me vaudra toute votre mansuétude. Je ne pouvais pour autant pas vous cacher plus longtemps ces volumes pharaoniques…

1. Chiffres de la banque nationale des prélèvements quantitatifs en eau disponibles sur bnpe.eaufrance.fr.

Il est temps de se pencher sur cette autre vertu de l'eau, prisée de longue date par les humains : son potentiel énergétique. Et pour cela, partons faire un tour du côté des montagnes.

Le mois de novembre touche presque à sa fin lorsque je reprends le train, en direction cette fois des Hautes-Pyrénées. De Paris à Tarbes, la même grisaille plombe le ciel sans discontinuer. Quelques mois seulement après le terrible été 2022, l'idée de canicule semble reléguée au rang des souvenirs impalpables. Mais ce n'est qu'un trompe-l'œil : la sécheresse, elle, persiste et maintient une partie du pays sous tension. Météo-France a classé l'automne 2022 comme le plus chaud jamais enregistré à l'échelle nationale depuis 1900 (ex aequo avec 2006), avec un pic à plus de 40 °C atteint le 12 septembre dans les Landes, et des records de températures battus jusqu'à la mi-novembre. Les pluies sont revenues dans la moitié nord tandis que le sud du pays s'est enlisé dans la sécheresse : le déficit de précipitations a dépassé les 30 % du Var aux Alpes-Maritimes, et même les 50 % des Pyrénées-Orientales aux Cévennes. En octobre, des départements comme le Gers ou l'Hérault ont même dépassé les 80 à 90 % de déficit de pluie. La France s'apprête à entrer dans l'hiver avec un nombre record de restrictions sécheresse préfectorales encore en vigueur.

Je regarde défiler les paysages, le regard aiguisé par la conscience de ces cycles de l'eau malmenés. Adour, Gave de Pau, Neste du Louron… Les rivières ont gardé ici leurs appellations gasconnes, parfumées de romanesque. Le lit des cours d'eau et les rails progressent de concert tandis qu'à l'arrière-plan se dessinent les premiers monts pyrénéens, ma destination. Ces pentes enneigées, en plus de fournir une bonne partie du flot qui coule ici-bas, abritent de nombreux barrages et de vieilles centrales hydroélectriques. Car conserver l'eau en altitude est très utile pour produire de l'électricité, comme nous allons le voir.

Débarqué gare de Tarbes, et une voiture de location plus tard, j'atteins rapidement la vallée d'Aure, où se niche le village d'Arreau, 800 âmes au registre, ancienne capitale du pays des Quatre-Vallées. Privilège rare pour un citadin comme moi, doublé d'un Francilien, de pouvoir contempler la montagne dans sa mue automnale. Les cimes environnantes portent des coiffes poivre et sel, parsemées qu'elles sont de neiges encore incomplètes. Les skieurs devraient déferler d'une semaine à l'autre, dès que les pistes seront praticables, tandis que les randonneurs estivaux ont désormais définitivement déserté les lieux. Le village et ses commerçants profitent donc d'un court répit qui me laisse arpenter en toute quiétude ses rues et ses multiples ponts. Deux rivières, la Neste du Louron et la Neste d'Aure confluent à cet endroit pour former la Neste définitive. « Ville d'eaux », annonce fièrement un panneau touristique. L'énergie de ses rivières fut longtemps au cœur de l'activité locale. « Autrefois, la Neste du Louron abritait sur ses rives une vingtaine de moulins à farine, à scie, à tan et à foulon », détaille le panneau.

Joli clin d'œil de l'histoire, l'usine hydroélectrique qui m'attend un peu plus haut dans la vallée est l'héritière directe de ces moulins à eau. Ils rappellent à quel point l'utilisation de la force motrice de l'eau est un fil directeur crucial de l'histoire des civilisations. Durant l'essentiel de leurs 300 000 ans d'existence, nos congénères n'ont pu compter que sur l'énergie de leurs propres muscles pour interagir avec leur environnement. Et puis, pour le meilleur et pour le pire, nous avons découvert d'autres sources d'énergie : celle des animaux, d'abord, domestiqués à partir du néolithique, il y a environ 10 000 ans, vint ensuite une rupture technologique majeure, avec l'invention des moulins à eau, « la première application pratique d'un moteur, autre que l'homme ou l'animal, pour faire fonctionner un mécanisme »[2]. Leur utilisation pourrait remonter au IIIe siècle avant notre ère, avec un développement précoce supposé en Chine, notamment. Elle est en tout cas attestée clairement dès le Ier siècle avant J.-C., dans l'Empire romain. Vitruve, architecte qui œuvra

2. Philippe Fleury, « L'invention du moulin à eau », XLIVe congrès de l'APLAES - Machines et inventions : le mythe et la technique, mai 2011.

sous les règnes de Jules César et Auguste, en décrit le fonctionnement et le principe : « pour récupérer l'énergie du courant, on y place une roue munie de pales de formes diverses, comme des augets, optimisées pour être entraînées par le flot de l'eau. La roue à augets entraîne un axe, à l'autre extrémité duquel est ainsi mis en mouvement un tambour denté »[3]. Comme un jeu d'engrenages, une succession de tambours dentés permet alors d'actionner ce dont on a besoin, comme une meule. Et ainsi la rivière transforme-t-elle le blé en farine.

Les moulins hydrauliques se sont bien sûr perfectionnés au fil des siècles. Les ingénieurs n'ont eu de cesse d'inventer de nouvelles formes et d'optimiser la géométrie des roues pour que la plus grande partie possible de l'énergie hydraulique soit convertie en énergie mécanique utile. Cette recherche de rendement maximum a produit des roues de plus en plus grandes et sophistiquées, qu'un ingénieur des Mines, le Français Claude Burdin, baptisa « turbines » dans les années 1820. L'un de ses élèves, Benoît Fourneyron, déposera un brevet pour une turbine particulièrement efficace, capable de faire entrer l'eau dans le mécanisme sans choc surnommé « le Watt hydraulique ». Il installera des centaines de ces turbines Fourneyron à travers l'Europe[4]. Avec leur rendement supérieur à 80 %, elles sont considérées comme les ancêtres des turbines hydrauliques modernes[5]. Aujourd'hui, trois grands types de turbines sont utilisés, portant chacun le nom de leur inventeur. Les turbines Pelton, qui ont l'allure d'une grande roue crantée, dont les extrémités sont en fait des augets en forme de demi-coquilles de noix. Avec sa roue activée par l'écoulement de l'eau sur ces augets, cette turbine est particulièrement utilisée pour les hautes chutes. Les turbines Francis, dont la silhouette s'apparente davantage à un réacteur d'avion, équipent par exemple le barrage des Trois-Gorges, en Chine, où se trouve la plus puissante centrale hydroélectrique du

3. Cité par Philippe Fleury, *op. cit.*
4. Lire notamment « L'avenir de l'hydroélectricité », étude de Jean-Pierre Corniou, Fondation pour l'innovation politique, novembre 2018.
5. Pierre Crausse et François Vieillefosse, *De l'eau à la lumière : Un siècle d'énergie hydroélectrique en France*, Éditions Loubatières, 2011.

monde. L'eau peut s'y engouffrer avec un très fort débit. Enfin, les turbines Kaplan ressemblent plutôt à des hélices de bateau et sont une variation complémentaire des turbines Francis.

La multiplication des modèles de turbines au rendement toujours plus optimal, au XIXe siècle, ne les émancipait pas d'une contrainte majeure : l'énergie mécanique produite ne pouvait guère être utilisée qu'à proximité des cours d'eau. Ce qui va tout changer, c'est la découverte, dans les années 1860, de la dynamo, et la capacité de transformer cette énergie mécanique en énergie électrique. Le couple turbine et dynamo, puis turbine et alternateur, va faire un carton : les villes s'illuminent à l'électricité dès les années 1880, les barrages deviennent « hydroélectriques » et l'énergie de l'eau acquiert rapidement une valeur stratégique qui excite les ambitions et les convoitises.

Au début du XXe siècle, en pleine course industrielle alimentée par le charbon entre puissances européennes, la France est à la traîne : elle produit cinq fois moins de charbon que l'Allemagne et sept fois moins que le Royaume-Uni. Les débouchés énergétiques offerts par l'eau sont alors perçus comme une alternative de secours. « Mal partagés quant au sous-sol, nous avons cette bonne fortune d'être riches en chutes d'eau… Hâtons-nous de profiter de cette richesse inespérée », pouvait-on ainsi lire en 1904, dans le Bulletin de la société d'économie sociale[6]. L'hydroélectricité est même surnommée « houille blanche », en écho à l'autre appellation du charbon. L'expression fait florès : elle apparaît dans les allées de l'Exposition universelle de Paris de 1889, où l'on vient de bâtir une certaine tour Eiffel. « La houille noire a fait l'industrie moderne, la houille blanche la transformera », prophétise à cette époque une revue elle-même baptisée *La Houille blanche.*

La Première Guerre mondiale accélère ensuite le processus de développement de l'énergie hydroélectrique. L'invasion allemande du nord du pays prive la France de la moitié de son

6. *Ibid.*

approvisionnement en charbon[7]. De nombreux chantiers de centrales hydroélectriques sont lancés dans les années suivantes, les zones montagneuses, et notamment les Pyrénées, ayant l'avantage d'être préservées du conflit, loin du front et de ses ravages. Longtemps après l'âge d'or de ses moulins à farine, à scie, à tan et à foulon, la Neste s'apprête à connaître le boom de l'hydroélectricité. Sur ses rives vont fleurir de nombreuses centrales, assorties en amont d'autant de barrages. Dans la vallée d'Aure, la centrale d'Eget est mise en chantier en 1908 et commence à tourner en 1919. Arrivée à pleine puissance en 1923, elle devient alors la plus puissante centrale hydroélectrique des Pyrénées. C'est là que j'ai rendez-vous.

Et le courant devint électrique

« L'échafaudage que vous voyez là comporte plus de marches que la tour Eiffel ! » Pas peu fière de sa comparaison, Sophie Le Scaon me fait visiter l'usine d'Eget en commençant par l'extérieur. Elle dirige le service communication de la Société hydroélectrique du Midi (Shem), une filiale d'Engie qui exploite de nombreux barrages et centrales, dont celle-ci. Je dois admettre que le squelette métallique de l'échafaudage qui monte à pic le long de la paroi rocheuse est impressionnant. La structure enserre une série de conduites accrochées verticalement à la montagne. Vers le haut, celles-ci se perdent dans la brume en direction des cimes. Vers le bas, elles descendent jusqu'à nous, et viennent se raccorder au long bâtiment de pierre, honorable construction de 1919 : la centrale d'Eget.

Le long de ces 2 500 marches et quelques, les ouvriers s'affairent sur de gros tuyaux que l'on appelle des conduites forcées. Il s'agit de remplacer sept conduites par une pièce unique, de diamètre supérieur. Ces conduites servent à acheminer l'eau et son énergie jusqu'à l'usine, et la valeur de cette précieuse

7. Pour les sources de cette époque et notamment sur la vallée d'Aure dans la suite de cette partie, voir : Pierre Crausse, *L'Eau des Pyrénées : Un siècle d'énergie hydroélectrique*, Éditions Cépaduès, 2008.

houille blanche dépend d'elles directement : plus l'eau arrive sous forte pression, plus les turbines pourront en tirer de l'énergie. « La hauteur de la chute, c'est ce que tous les électriciens en montagne cherchent à avoir. » Fabrice Pemeja, sous-chef d'exploitation de la Shem pour les vallées d'Aure et du Luron, m'aide à comprendre : « Plus on a de pression, moins on a besoin d'eau. Et c'est la hauteur qui met l'eau sous pression. Tous les 10 m, on gagne 1 bar. Ici, grâce à ces conduites, l'eau arrive à 75 bars. »

Cela fait donc 750 m de chute. Je vous épargne la montée des quelques milliers de marches, partons plus simplement en balade mentale le long de ces tuyaux. Imaginez un instant que vous êtes un milan royal, l'un de ces rapaces que l'on voit planer par ici. En vous envolant au-dessus de l'usine, bien campée dans la vallée à 1 016 m d'altitude, vous pourriez longer les conduites jusqu'à plus de 1 750 m d'altitude, où se trouve la chambre de mise en charge. C'est elle qui régule le débit et contraint l'eau à foncer dans les conduites lorsque la centrale en a besoin. Derrière ce bâtiment, l'eau est amenée par une galerie qui court sur plus de 5,3 km et rejoint le barrage de l'Oule et son lac, perché à 1 816 m. Ce lac est lui-même alimenté par un canal souterrain de 3,4 km, qui le relie au barrage d'Orédon, un peu plus haut. « Orédon a été le premier barrage des Pyrénées, conçu pour irriguer le Gers. Puis on a ajouté celui de l'Oule en 1919 pour la centrale, afin d'alimenter en électricité les voies ferrées de la Compagnie des chemins de fer du Midi. Dans les montagnes, l'électricité a très vite intéressé les industriels du train. Les grosses locomotives à vapeur avec leurs chargements de charbon étaient trop lourdes. L'électricité a d'abord été expérimentée dans les Alpes, puis ici », raconte Sophie Le Scaon.

Si votre esprit momentanément incarné dans un milan royal décidait de venir se poser sur le barrage de l'Oule, vous profiteriez d'une magnifique vue dégagée sur un vaste plateau de pâturages, cerclé de montagnes garnies de pins à crochets et dominé par le pic de Bastan et ses 2 715 m. Ou plutôt auriez-vous pu admirer un plateau de pâturages au XIXe siècle… car aujourd'hui, celui-ci est complètement submergé. Il a été inondé par le lac, créé à dessein par le barrage situé sous vos serres. Un vaste mur rectiligne de béton, qui tranche net la vallée sur ses 231 m de longueur et obstrue sur 50 m de hauteur l'écoulement de l'eau.

Dans l'absolu, un barrage n'est pas indispensable pour utiliser l'énergie hydraulique. Après tout, les moulins construits sur les berges des rivières par les Romains où par les habitants d'Arreau le long de la Neste fonctionnaient très bien. Encore aujourd'hui la production hydroélectrique peut se passer de retenues : ces centrales dites « au fil de l'eau » sont plus de 2 000 en France, soit une vaste majorité des 2 400 centrales hydroélectriques du pays[8]. Elles produisent d'ailleurs plus de la moitié de l'hydroélectricité française. L'ennui, c'est qu'on ne contrôle pas le moment et la puissance de ces installations qui fluctuent donc au gré du débit des rivières. Pour calculer la puissance électrique que l'eau peut fournir à une centrale, ce n'est pas compliqué, il n'y a que deux variables dans l'équation : le débit et la hauteur de chute. Le gros avantage d'un barrage, c'est que l'on peut réguler à volonté le débit, et choisir la hauteur de chute en construisant des conduites forcées, comme celles qui mènent à Eget. Accumuler de grosses masses d'eau en altitude, c'est autant d'énergie potentielle mobilisable à la demande : un atout indispensable pour espérer concurrencer les bassins houillers. Ces « centrales réservoirs » sont en outre essentielles pour répondre aux besoins du réseau électrique en période de pointe de consommation. On en compte 240, dont une centaine de « centrales de lac », définies par une durée de remplissage de leur réservoir au-dessus de 400 heures. Celles qui se remplissent plus vite sont dites « centrales éclusées ». Avec les centrales au fil de l'eau, un quatrième type de centrales hydroélectriques complète la famille : les Step, pour « stations de transfert d'énergie par pompage », qui ont la particularité de pouvoir faire l'inverse des autres, c'est-à-dire d'utiliser de l'électricité (en heures creuses où elle n'est pas utilisée à autre chose) pour pomper l'eau et la faire

8. Chiffres du syndicat France Hydro Électricité.

remonter dans un bassin à l'amont. Une manière de stocker de l'énergie pour plus tard.

Ce panorama des barrages et centrales de France étant dressé, laissons-nous redescendre le long des conduites forcées, jusqu'au lieu précis où la force de l'eau se change en électricité. Lorsque l'on pousse les grandes portes de l'usine d'Eget, on tombe sur une salle vaste et largement vide. De même que les sept conduites forcées sont en train d'être remplacées par une conduite unique, il y avait ici sept turbines qui ont laissé la place aujourd'hui à un seul gros groupe de production. Fabrice Pemeja m'entraîne dans les entrailles de la bête où se trouve la fin de la conduite qui descendait la montagne. Pour un néophyte comme moi, l'enchevêtrement de tuyaux, vannes et écrous gigantesques évoque davantage le *Nautilus* de Jules Verne qu'autre chose. Pour mon guide, c'est différent : « Les 75 bars arrivent ici dans la conduite, puis passent la vanne de garde et arrivent à la turbine via quatre injecteurs. Ils propulsent l'eau contre les augets de la roue et mettent la machine en mouvement. » Puisque j'ai la chance de visiter la centrale à l'arrêt, pendant les travaux, je peux ramper sous les tuyaux pour suivre plus ou moins le chemin de l'eau jusqu'à la turbine. Il s'agit en l'occurrence d'une roue Pelton, positionnée horizontalement. Elle est cernée des quatre côtés par de grosses conduites qui la tiennent en joue. Je visualise sans problème les 75 bars déferler dans les augets pour faire tourner la turbine. Et après ? Nous avons là une belle énergie mécanique à donner le tournis, mais toujours pas de courant… Comme dans la description de Vitruve, la roue Pelton est bien reliée à un axe central qui disparaît dans le plafond. Je quitte les entrailles de métal et emprunte une volée d'escaliers pour suivre cet axe jusqu'au sommet du groupe de production. Là se trouve l'alternateur : au bout de l'axe, les meules d'antan ont cédé la place à un rotor. D'apparence circulaire, sa partie externe est composée d'un ensemble d'électroaimants. Ce rotor est entouré d'une autre structure circulaire remplie de bobines de cuivre, le stator. Mis en mouvement par la turbine, le rotor tourne au milieu du stator qui, lui, reste fixe. C'est alors le mouvement du champ magnétique généré par le rotor qui va agir sur le stator, mettre en mouvement les électrons qui s'y trouvent, et générer ainsi un courant électrique.

Vous n'avez pas tout compris ? Essayez de vous concentrer sur l'élément essentiel, à l'origine de tout ça : les électrons. Ces particules sont l'un des constituants de base de l'atome, elles tournent autour des noyaux atomiques et possèdent une charge négative, ce qui équilibre l'atome, puisque son noyau à lui est chargé positivement. Ce qu'on appelle courant électrique est la circulation massive de ces électrons qui passent d'atome en atome. Certains types d'atomes, c'est-à-dire certains matériaux, peuvent plus ou moins facilement s'échanger des électrons : c'est la raison pour laquelle certaines matières sont conductrices d'électricité quand d'autres sont isolantes. Au début du XIXe siècle, les scientifiques découvrent un phénomène étrange : le magnétisme et l'électricité semblent liés. Pour simplifier, chaque électron se comporte en fait comme un petit aimant individuel. S'ils sont désorganisés au sein de la matière et pointent tous dans une direction différente, leurs effets s'annulent les uns les autres. Mais, s'ils sont tous orientés dans le même sens, on obtient un aimant à l'échelle macroscopique. En clair, ce sont les mêmes électrons qui sont au cœur des phénomènes électriques et magnétiques, à tel point que les deux seront regroupés sous le terme d'électromagnétisme. En 1831, Michael Faraday franchit une étape décisive dans la compréhension de ces phénomènes en réussissant à « créer de l'électricité avec du magnétisme » : un aimant en mouvement produit du courant dans une bobine en cuivre. C'est la découverte de l'induction électromagnétique. D'un point de vue pratique, on vient de démontrer qu'un mouvement pouvait être transformé en électricité. Et ça tombe bien, du mouvement, la France des moulins à eau en a à revendre. Au terme de décennies d'effervescence hydroélectrique, la houille blanche est prête à émerger : le mouvement de l'eau se transforme en énergie électrique. Sur le plan industriel : le champ magnétique du rotor génère un courant électrique dans le stator.

Le rôle central de l'hydroélectricité

Vous vous doutez bien que ce n'est pas un hasard si la machine qui produit de l'électricité porte le nom d'« alternateur ». Le rotor, comme tous les aimants, a deux pôles. Lorsque ce rotor est en rotation, le pôle Nord magnétique de son aimant s'approche des bobines du stator, puis il s'éloigne et son pôle Sud s'approche à son tour. Ces « alternances » d'approche provoquent des successions de tensions positive et négative dans les bobines : le courant circule dans un sens puis dans l'autre. L'alternateur produit ainsi du courant alternatif, qui constitue l'écrasante majorité de la forme d'électricité consommée dans le monde. La vitesse de rotation du rotor détermine le nombre de fois où ce courant change de sens. Cette fréquence, qui s'exprime en hertz (Hz), est de 50 Hz en Europe, ce qui signifie que les électrons changent de sens 100 fois par seconde dans vos ampoules et les fils de vos chargeurs !

Ce mode de production de l'électricité engendre de très fortes contraintes sur le fonctionnement des centrales. Cette fréquence ne doit en effet jamais varier, car tous les appareils électriques sont calibrés pour fonctionner précisément à ce rythme. Dans la centrale, la vitesse de rotation du rotor doit donc, elle aussi, impérativement rester constante. Curieux comme vous êtes, vous vous demandez probablement comment, dans ce cas, il est possible de faire varier la quantité d'électricité produite. Moi aussi ! Fabrice Pemeja m'a donné la réponse : « Le stator génère lui aussi un flux magnétique produit par l'électricité du réseau. C'est l'opposition des flux magnétiques du stator et de ceux du rotor qui est responsable de la puissance générée. Pour augmenter la puissance, on augmente le flux magnétique en même temps que le débit d'eau qui vient faire tourner la turbine : il y aura ainsi davantage de puissance engagée pour opposer des champs magnétiques plus puissants, mais à vitesse de rotation inchangée ! » Le groupe de production d'Eget peut ainsi monter en puissance jusqu'à 32 MW.

Signalons également que les turbines n'ont pas toujours été branchées sur un courant alternatif. Une lutte industrielle acharnée a opposé les pionniers de la production électrique pour établir une norme, entre courant continu et courant alternatif. Un certain Thomas Edison, inventeur de l'ampoule électrique à incandescence, était notamment un fervent défenseur du courant continu. Un autre inventeur de génie, Nikola Tesla, a mis au point quant à lui le premier alternateur en 1882, et en fut le premier promoteur. Le courant alternatif finit par l'emporter, grâce à un atout majeur : il permet de transporter l'électricité sur de bien plus longues distances que le courant continu.

Je poursuis ma visite de la centrale et longe les fils dans le sens du courant. Après l'alternateur, l'électricité passe dans un transformateur qui hausse sa tension jusqu'à 63 000 V, la norme des lignes à haute tension du réseau. Dans la dernière et plus haute des salles, les disjoncteurs montent la garde. Tant qu'ils ne bronchent pas, les flopées de milliards d'électrons partent sur ces câbles électriques rejoindre leurs camarades et mettre en branle les machines du pays. Au sein du vaste réseau électrique français, les centrales hydroélectriques comme celle d'Eget sont un outil extrêmement précieux. La capacité à ouvrir et fermer les vannes à volonté, à couper l'eau ou la projeter à toute allure contre les turbines leur confère une réactivité inégalable. « Comme l'électricité n'est pas ou très peu stockable, la production doit toujours être exactement au même niveau que la consommation. Lorsque le réseau est confronté à des pics de consommation, ce jeu d'équilibriste entre offre et demande doit être très réactif, et c'est à nous de fournir une réponse instantanée. Si on nous demande 10 MW pour 20 heures, on doit les fournir pour éviter le black-out. Même si ce n'était pas prévu, on doit pouvoir démarrer en cinq minutes », souligne Sophie Le Scaon.

Nous y voilà : l'eau n'est pas seulement une ressource énergétique précieuse et pratique, elle est surtout indispensable. Dès lors, les sécheresses et extrêmes climatiques qui s'amoncellent sur le futur du pays remettent-ils en question la pérennité du système électrique ? Dans la vallée d'Aure, l'été 2022 fut un crash-test grandeur nature. Au cours d'une année normale, les réserves d'eau du barrage d'Orédon baissent progressivement jusqu'à la recharge hivernale, et le lac est généralement à sec en octobre, ou fin septembre. Fin août 2022, il était déjà vide. L'usine d'Eget à l'arrêt forcé au mois d'août, c'était du jamais vu depuis les années 1970, d'après Fabrice Pemeja. « On a compensé avec d'autres centrales et la Neste du Louron, on jongle entre les deux vallées… » La diversité des centrales et leur multiplicité assurent une certaine résilience. Du moins, tant que la pénurie ne frappe pas trop de lacs d'un coup. Or, l'année 2022 fut aussi violente par l'ampleur des territoires touchés. À l'autre bout de l'Hexagone, à cheval entre les Hautes-Alpes et les Alpes-de-Haute-Provence, s'étend le plus grand lac artificiel de France, Serre-Ponçon. La centrale hydroélectrique éponyme, qui y est raccordée, est aussi l'une des plus puissantes du pays, avec 380 MW de capacité. Avec d'autres installations en amont, sur la Durance et sur son affluent, le Verdon, elle forme une chaîne de production de 32 centrales représentant à elles seules 10 % de la production hydroélectrique nationale. Comme dans les Pyrénées, des chaleurs extrêmes et un manque de précipitations ont mis la ressource en eau sous tension avec une précocité inédite. « Depuis début juin, les volumes d'eau entrant dans les lacs sont dans les valeurs les plus faibles enregistrées historiquement », rapporte EDF, qui gère les centrales du secteur. Dans un communiqué du mois de septembre, le fournisseur d'électricité annonçait pour la zone Sud-Paca : « Compte tenu du déficit hydrique, depuis janvier 2022, la production hydroélectrique a été réduite de 60 %. »

Sans eau, pas d'hydroélectricité. Les sécheresses et les fortes variations climatiques survenant d'une année à l'autre sont ainsi le talon d'Achille de ce type d'énergie. Ces dernières années, la production annuelle issue de l'hydraulique a régulièrement fait le grand écart, passant de 50 TWh (térawattheure) à 75 TWh annuels. Rien d'inquiétant pour l'avenir, cependant, si l'on en croit le gestionnaire du Réseau de transport d'électricité

(RTE). Dans une vaste étude prospective publiée en 2021[9], celui-ci reconnaît qu'en période de sécheresse, la production hydraulique pourrait chuter « jusqu'à -65 % dans les régions les plus touchées », à l'image de la situation autour de la Durance en 2022. Mais RTE conclut que d'ici 2050 « le productible hydraulique annuel moyen estimé est globalement équivalent à celui d'aujourd'hui ». Pourquoi un tel optimisme ? D'une part parce qu'une légère baisse anticipée serait compensée par une « hausse très légère de la capacité installée », de l'ordre de 1 GW d'ici 2050. Et d'autre part, parce que la hausse des températures de l'air aura comme impact principal, concernant les barrages et centrales hydroélectriques, de décaler la saisonnalité de l'apport en eau plutôt que d'en réduire la quantité annuelle. Les neiges des montagnes, qui alimentent les barrages en aval, devraient voir leur fonte s'avancer de quelques semaines sous l'effet du réchauffement climatique. Ces évolutions pourraient ainsi conduire à un moindre remplissage des réservoirs à la fin de l'automne et au début de l'hiver, mais à l'inverse à des apports importants plus précoces au début du printemps.

Si le bilan annuel se trouvait ainsi préservé, cette saisonnalité perturbée ne serait tout de même pas anodine. RTE a réalisé pour son rapport différents scénarios de « stress test », dont l'un s'intéresse au cas des sécheresses. Jusqu'à présent, ces dernières intervenaient en périodes de consommation électrique modérée et n'ont jamais entraîné de tension sur le système électrique. Mais le décalage saisonnier anticipé pourrait réduire les capacités de production à un moment de l'année bien plus gourmand en énergie : si une telle situation survenait durant l'automne, que cet automne était particulièrement froid (entraînant une demande électrique accrue pour le chauffage), et qu'il était en plus très peu venteux (entraînant un déficit de production électrique du parc éolien), cela pourrait « conduire à un risque accru pour la sécurité d'approvisionnement en électricité », estime le gestionnaire. Le pic de tension interviendrait le soir,

9. « Futurs énergétiques 2050 : les scénarios de mix de production à l'étude permettant d'atteindre la neutralité carbone à l'horizon 2050 », rte-france.com.

lorsque l'absence de soleil nous prive également de la production photovoltaïque. En dehors de cette conjonction de facteurs – malchanceuse certes, mais loin d'être impossible –, le risque de tensions demeure faible.

En réalité, la véritable difficulté ne vient pas du stock d'eau nécessaire à la production d'électricité mais, comme toujours, de la multiplicité des usages. Si la gestion des retenues d'eau peut d'ores et déjà mettre les centrales hydroélectriques en tension, c'est parce que ces barrages doivent aussi réserver une partie de cette eau à l'agriculture, ou assurer un niveau de lac compatible avec les activités touristiques de l'été. Nous verrons quels jeux d'équilibristes et questions politiques sur le partage de l'eau posent ces usages dans le dernier chapitre. Avant cela, il faut souligner qu'un autre acteur, et non des moindres, est dépendant de l'eau qui coule dans les rivières en aval des barrages : les centrales nucléaires.

Le nucléaire tourne (aussi) à l'eau

Connaissez-vous la ViaRhôna ? Cet itinéraire cyclable longe presque intégralement le Rhône, du Léman à la Méditerranée. L'occasion d'une magnifique et très accessible balade à vélo (prévoyez tout de même deux semaines de vacances pour le parcourir de bout en bout) qui vous dévoilera les méandres du plus puissant fleuve de France. L'occasion également de vous approcher de près de quelques centrales nucléaires françaises. Pas moins de quatre d'entre elles bordent en effet le Rhône. La voie cyclable passe particulièrement près de celle de Cruas-Meysse, une poignée de kilomètres à l'amont de Montélimar. Si, comme moi, vous vous retrouvez un jour à pédaler dans le coin et que vous ne travaillez pas au quotidien dans l'industrie nucléaire, vous risquez d'être aussi surpris que je le fus en distinguant, à travers les grilles, la véritable pluie torrentielle qui s'écoule en bas des tours aéroréfrigérantes. Vous savez, ces structures colossales en béton d'où s'échappent des panaches de fumée et qui font traditionnellement office d'emblème des centrales nucléaires. Déconstruisons d'emblée deux idées reçues à ce sujet : ces tours n'émettent en réalité pas de fumée, juste de la vapeur d'eau, et elles ne sont pas spécifiques au nucléaire. Elles servent à refroidir un circuit d'eau. On en trouve par exemple de très similaires dans les centrales thermiques à charbon.

En s'approchant de la centrale nucléaire de Cruas, donc, on découvre que ces tours, légèrement coniques, sont ouvertes à leur base. Elles reposent sur de puissants piliers, comme si elles étaient construites sur des pilotis géants. C'est à travers ces piliers que l'on voit l'eau retomber en masse, dans un bruit de pluie tropicale. Près de 50 m^3 ruissellent ou s'écoulent ainsi chaque seconde. C'est le flux d'eau nécessaire, en moyenne, pour refroidir un réacteur nucléaire. Avec ses 56 réacteurs en activité, le parc nucléaire français utilise pour son refroidissement une quantité d'eau phénoménale : la moitié de l'eau douce prélevée dans le pays sert à refroidir les centrales thermiques, c'est-à-dire essentiellement les centrales nucléaires. Et encore, 18 d'entre elles utilisent directement l'eau de mer plutôt que de l'eau douce. Heureusement, cette eau est ensuite restituée à proximité du lieu de prélèvement, à plus de 90 % selon les chiffres du ministère de la Transition écologique, et jusqu'à 98,5 % selon EDF.

Pour comprendre pourquoi le premier usage de l'eau en France est dédié à l'énergie nucléaire, il faut décortiquer un peu ce qu'il se passe dans une centrale. L'eau n'y est pas seulement nécessaire pour la refroidir, elle est présente du début à la fin de la chaîne. C'est même elle qui produit directement l'électricité, sous forme de vapeur qui actionne la turbine.

Reprenons. Une centrale nucléaire, c'est d'abord une (très) grosse Cocotte-Minute, à ceci près que, pour produire de la vapeur d'eau, on a remplacé la gazinière par de l'uranium enrichi. Celui-ci génère la réaction nucléaire, dans le cœur du réacteur, où il est confiné au sein d'une gigantesque cuve en acier de plus de 13 m de haut – en guise de cocotte. La réaction de fission de l'uranium, en dégageant énormément de chaleur, sert à chauffer l'eau qui l'entoure et dont la cuve est remplie. Cette eau, devenue radioactive, ne peut toutefois pas sortir du réacteur. Elle est en circuit fermée mais transmet sa chaleur à un circuit d'eau secondaire qui, lui, va se vaporiser. Cette vapeur alimente une turbine qui entraîne l'alternateur et transforme, de la manière déjà décrite pour les barrages, l'énergie cinétique de l'eau en électricité. Mais ce n'est pas fini. Ce circuit secondaire, lui aussi en boucle fermée, doit impérativement perdre sa chaleur pour retourner récupérer celle du circuit primaire. Car si chauffer de l'eau dans le cœur du réacteur est en soi une finalité (pour produire de l'électricité), c'est aussi une nécessité de sûreté : toute interruption du refroidissement du cœur pourrait entraîner une surchauffe et conduire à une catastrophe nucléaire. Ce qu'on préfère éviter. Pour que la vapeur redevienne liquide et continue à évacuer la chaleur du cœur, elle passe donc dans un condenseur[10], où circulent des tubes remplis d'eau froide qui vont recondenser la vapeur. Cette eau froide, ce sont ces fameux 50 m^3 prélevés dans les mers et les fleuves, que l'on peut voir se refroidir à leur tour et retomber sous forme de pluie tropicale dans les aéroréfrigérants, au bord de la ViaRhôna.

La manière dont on refroidit ce dernier circuit d'eau est cruciale et les options retenues peuvent avoir des conséquences très différentes sur l'eau du milieu. Mais avant de vous expliquer tout ça, je voudrais revenir sur une question qui vous titille peut-être... Je commence à vous connaître. Si vous tournez encore les pages de ce livre au cinquième chapitre, c'est que les digressions du côté de la science fondamentale et les plongées dans l'infiniment petit vous fascinent sans doute autant que moi. Pourquoi, donc, avoir remplacé le feu de la gazinière par de l'uranium, vous demandez-vous à juste titre ? Après tout, une Cocotte-Minute classique produit très bien de la vapeur, qui plus est sans générer de déchets radioactifs – ce qui n'est pas le moindre des inconvénients de l'uranium. D'ailleurs, les centrales

10. Pour des données et descriptions plus détaillées des réacteurs nucléaires français exploités par EDF, lire par exemple le guide de l'électricien, accessible en ligne : « Centrales nucléaires et environnement. Prélèvements d'eau et rejets. Édition 2020 ».

à gaz de production d'électricité existent et fonctionnent très bien (à ceci près qu'elles émettent des gaz à effet de serre et contribuent à détraquer le climat, contrairement au nucléaire, mais c'est une autre histoire). Ce qui nous intéresse ici, et ce qui intéressait les ingénieurs qui ont élaboré les premières centrales nucléaires dans les années 1940 et 1950, c'est la source d'énergie prodigieusement concentrée que l'on peut tirer de l'uranium. Il faut savoir que 1 g d'uranium enrichi libère dans un réacteur 70 000 fois plus d'énergie que la combustion de 1 g de pétrole !

Cela tient à ce qui se déroule à l'échelle atomique. L'atome, constituant de base de la matière, est lui-même composé d'un noyau entouré d'un nuage d'électrons. Le noyau contient plus de 99,9 % de la masse de l'atome, mais ne vous y trompez pas, les électrons jouent un rôle essentiel et permanent dans votre vie. Ce sont eux qui permettent aux atomes de s'associer pour former des molécules et qui donnent lieu à toutes les réactions chimiques de l'univers connu ! Si l'eau existe, par exemple, c'est parce que les atomes d'hydrogène de sa molécule (H_2O) se lient à un atome d'oxygène en partageant chacun un électron. On appelle cela des liaisons covalentes. Ce rôle de liant des électrons entre les atomes est rendu possible grâce à la force électromagnétique, l'une des quatre forces fondamentales de l'univers. Elle a la capacité de rapprocher les particules ayant une charge électrique opposée (comme un électron, de charge négative, et un noyau chargé positivement) et d'éloigner celles de charge similaire. Dans une combustion classique, comme lorsque l'on brûle du pétrole, c'est le fait de casser les molécules d'hydrocarbure, de vaincre la force électromagnétique, qui les lie, et qui libère une part de l'énergie contenue dans cette liaison.

Le phénomène qui se produit lorsque l'on utilise de l'uranium comme combustible est très différent. Il ne s'agit plus de casser ce qui lie les atomes entre eux, mais de casser le noyau de l'atome lui-même ! Au sein de ce noyau, ce n'est plus la force électromagnétique mais la force dite « nucléaire forte » qui agit : elle maintient la cohésion entre les protons et neutrons qui constituent le noyau. Or, cette interaction est 1 000 fois plus forte que l'interaction électromagnétique. Sans plus entrer dans les détails, c'est le fait de faire intervenir cette interaction forte plutôt que l'interaction électromagnétique qui rend fondamentalement la « combustion » de l'uranium bien plus puissante que celle du pétrole ou du charbon. En percutant un noyau d'uranium avec un neutron, on force celui-ci à se scinder, ce qu'on appelle la fission. Celle-ci libère de l'énergie mais aussi de nouveaux neutrons, qui vont à leur tour percuter d'autres noyaux d'uranium. Cette réaction en chaîne, utilisée de manière contrôlée, chauffe le cœur du réacteur nucléaire. De quoi produire de l'électricité de manière très efficace et justifier, aux yeux des décideurs français depuis les années 1970, d'y consacrer la moitié des prélèvements en eau douce du pays, soit quelque 16 milliards de mètres cubes par an environ sur les années récentes.

Préserver l'eau avec panache

Économiser de l'eau est possible. C'est même déjà le cas : les prélèvements des centrales ont augmenté au cours des années 1980 avant de se stabiliser à 20 milliards de mètres cubes puis de redescendre, de près de 20 % entre 2003 et 2017[11]. Notamment grâce à la mise en place de ces grandes tours aéroréfrigérantes. Eh oui ! Contrairement à ce que l'on pourrait penser, non seulement celles-ci ne sont pas exclusives au nucléaire, mais les premières centrales en étaient même dépourvues. La manière la plus simple – et la plus ancienne – de refroidir un réacteur est d'utiliser ce qu'on appelle un « circuit ouvert » de refroidissement. Cela consiste simplement à pomper les 50 m³ d'eau par seconde dont on a besoin pour refroidir la vapeur dans le condenseur, puis à les rejeter dans la foulée par exemple dans le Rhône, comme le fait la centrale de Saint-Alban, ou dans la mer, comme le fait celle de Flamanville dans la Manche. Cette méthode de refroidissement a des conséquences très contrastées. Côté avantages : elle ne consomme quasiment pas d'eau (0,2 à

11. D'après le service des données et des études statistiques du ministère de la Transition écologique, et notamment le rapport « Eau et milieux aquatiques. Les chiffres clés de l'édition 2020 ».

0,3 l/kWh) et offre le rendement optimum à la centrale. Côté inconvénient : elle prélève beaucoup d'eau, même si elle finit par la restituer au milieu (en 2019, 80 % des prélèvements en eau douce des centrales françaises provenaient des quatre sites en circuit ouvert non connectés à la mer : Tricastin, Saint-Alban, Bugey et Fessenheim, avant la fermeture de cette dernière). Cette eau ressort en outre notablement plus chaude, puisqu'elle gagne environ 10 °C en passant dans le condenseur (jusqu'à 15 °C pour les centrales en bord de mer). Une fois rejetée dans le milieu et mélangée après quelques kilomètres d'écoulement, cette eau aura réchauffé le fleuve de 1 à 4 °C selon les sites. Pour ces raisons, la réglementation française, selon une directive de l'Union européenne, stipule depuis 2012 que « la réfrigération en circuit ouvert par de l'eau douce provenant du milieu ambiant est interdite » pour d'éventuelles futures centrales, sauf dérogation spécifique[12].

Pour minimiser leur impact sur les fleuves et rivières, les réacteurs utilisant de l'eau douce (ceux qui ne sont pas construits en bord de mer) ont donc en majorité choisi de fermer leur circuit de refroidissement. Plutôt que de rejeter dans le milieu les 50 m^3/s passés dans le condenseur, cette eau est refroidie puis renvoyée pour un tour dans le circuit de refroidissement, formant ainsi une boucle fermée. Et c'est là qu'interviennent nos tours aéroréfrigérantes. L'eau chaude va y être exposée à l'air libre, pour lui permettre de transférer sa chaleur à l'atmosphère. Comme des cheminées géantes (dont la forme conique améliore le tirage), ces tours laissent l'air froid pénétrer à leur base et monter en se réchauffant au contact de l'eau pour être évacué par le haut. L'énergie thermique acquise par l'eau dans le condenseur est ainsi évacuée ici à 25 % par convection au contact de l'air, et par 75 % par évaporation sous forme de vapeur d'eau, formant ce panache emblématique. Une partie de l'eau évaporée va se recondenser le long des parois de la tour et être récupérée pour retourner dans le circuit, produisant ce simulacre de pluie

12. Arrêté du 7 février 2012 fixant les règles générales relatives aux installations nucléaires de base.

tropicale à même d'impressionner les cyclistes. Un peu d'eau se perd néanmoins dans cette évaporation, environ 0,8 m^3/s. L'eau est également purgée pour éviter l'accumulation de sels minéraux dans le circuit de refroidissement. Au total, le réacteur refroidi en circuit fermé doit pomper 2 m^3/s dans le cours d'eau en moyenne (jusqu'à 4,6 m^3/s sur le Rhône), soit bien moins que les 50 m^3/s nécessaires en circuit ouvert ! Autre avantage, l'eau relâchée lors de la purge est également beaucoup moins chaude. Le réchauffement des cours d'eau après mélange est de quelques dixièmes de degrés seulement.

Revers de la médaille, ces tours, dont la hauteur standard est de 165 m, ne sont pas les championnes de la discrétion. Elles sont accusées par leurs détracteurs de défigurer les paysages ; c'est même pour préserver la vue, au pays des châteaux de la Loire, que la centrale nucléaire de Chinon a dû limiter ses aéroréfrigérants à 28 m de hauteur. Cela limite le tirage naturel de ces tours auxquelles on a dû, en compensation, adjoindre de puissants ventilateurs, consommateurs d'électricité et donc dégradant le rendement de la centrale… L'autre défaut de ces structures massives tient à leur consommation d'eau puisque, si le circuit fermé réduit drastiquement le prélèvement dans les cours d'eau, l'évaporation induit in fine une perte en eau plus importante que dans les circuits ouverts. Sur la moyenne des années 2008 à 2018, 31 % de l'eau consommée en France l'a été pour refroidir les centrales, selon le ministère de la Transition écologique, principalement via les aéroréfrigérants. Cette ambivalence entre eau prélevée versus eau consommée est l'exact miroir de celle que posent les circuits ouverts. Autrement dit, les centrales en circuit fermé prélèvent beaucoup moins d'eau, la réchauffent moins, mais en consomment plus. À défaut d'être idéal, ce compromis paraît bien plus avantageux que celui offert par les circuits ouverts, du moins pour affronter l'intensification des sécheresses et leur intensité que nous réserve l'avenir.

Les centrales bientôt en panne sèche ?

Les centrales nucléaires du parc actuel ont été conçues à une époque ou personne ou presque ne parlait de changement climatique. Elles n'ont donc pas été pensées pour résister aux canicules qui nous tombent de plus en plus souvent sur la tête depuis le début du XXIe siècle. C'est ce que soulignait encore en 2020 l'Institut de radioprotection et de sûreté nucléaire (IRSN) : « Des températures élevées peuvent avoir des conséquences sur le fonctionnement des ventilations, des matériels de sûreté, et sur les capacités de refroidissement des systèmes de sûreté assurant l'évacuation de la puissance du réacteur. Les températures retenues à la conception des réacteurs pour le dimensionnement des circuits de ventilation et de conditionnement thermique des locaux qui abritent des matériels importants pour la sûreté ont été dépassées en 2003 et 2006[13]. » En réaction à ces deux canicules, EDF a mis en place dans les années suivantes un plan « grands chauds » visant à vérifier et adapter le matériel de ses centrales aux températures grimpantes des décennies à venir.

Sur le papier, rien n'empêche une centrale de fonctionner dans un monde plus chaud. Pour nous en convaincre, EDF pointe souvent l'existence de réacteurs fonctionnant, sur des technologies comparables aux nôtres, dans des zones déjà bien plus chaudes et arides que l'Hexagone, à l'image de la centrale américaine de Palo Verde, en plein désert d'Arizona. Des ajustements et une vigilance permanente restent nécessaires – l'IRSN notait après la canicule de 2019 qu'EDF devait encore améliorer sa manière d'évaluer et anticiper les épisodes caniculaires[14] –, mais la chaleur de l'air ne présente pas en soi d'obstacle insurmontable pour le nucléaire. Peut-on en dire autant du côté de son utilisation des cours d'eau ?

En 2003, face à la sécheresse et à la chaleur des fleuves et rivières, de nombreuses centrales avaient été contraintes de

13. « Effet de la canicule sur la production et la sûreté des centrales nucléaires », note d'information de l'IRSN, 31 juillet 2020.
14. Avis IRSN 2020-00010.

baisser leur puissance, voire de se mettre à l'arrêt. La perte de production électrique cette année-là a été estimée à plus de 6 TWh par EDF, sur une production nucléaire totale sur l'année de 420 TWh. Au plus fort des canicules de 2003 et 2006, ces déficits de production ont créé les conditions d'une « rupture possible d'équilibre production/consommation d'électricité, et au-delà [d'] un impact notable sur le système électrique français (risque de black-out) », écrivaient en 2015 Alain Vicaud, alors directeur de l'environnement et de la prospective à EDF Production nucléaire, et Éric Jouen, directeur de projets EDF Ingénierie nucléaire[15]. Pourtant, même à ce moment-là, l'eau coulait à un débit et une température suffisants pour permettre aux centrales de fonctionner à plein régime en toute sécurité. Si les centrales ont dû s'arrêter, ce n'est pas par manque d'eau dans l'absolu, mais en raison du partage de la ressource, et notamment de la nécessité de préserver les conditions de vie du milieu. La réglementation française impose ainsi aux centrales nucléaires de ne pas réchauffer les cours d'eau au-delà d'une valeur limite (définie pour chaque site), et de ne pas dépasser un certain écart entre la température à l'amont et à l'aval de la centrale. La centrale de Saint-Alban, refroidie en circuit ouvert, ne peut par exemple rejeter ses eaux dans le Rhône qu'à la condition que celui-ci ne dépasse pas, après mélange, 28 °C l'été et 26 °C entre octobre et mai, pour un échauffement maximal à l'aval de 3 °C l'été et 4 °C l'hiver. Sur la Loire, l'ensemble des centrales, en circuit fermé, ne doit pas réchauffer le fleuve de plus de 1 °C. Ces limitations environnementales entraînent des pertes de production qui restent marginales, estimées en moyenne par EDF à 0,3 % par an. Même si, ponctuellement, le niveau de perte peut être plus significatif : lors de la canicule de juillet 2019, les indisponibilités des réacteurs ont atteint 10 % de la puissance installée, souligne le gestionnaire français du réseau de transport d'électricité (RTE)[16].

---

15. « Adapter les centrales nucléaires au changement climatique : le retour d'expérience des canicules de 2003 et 2006 », dans la *Revue générale nucléaire*, mai-juin 2015.
16. Voir le rapport 2022 de RTE : « Futurs énergétiques 2050 », notamment le chapitre 8 (Le climat).

Par ailleurs, ces limites sont finalement très relatives... Peut-être avez-vous entendu parler des « dérogations » accordées à certaines centrales en pleine sécheresse de l'été 2022 ? Il s'agit en réalité de relèvements temporaires des limites, prévus par la loi. Ils ont été mis en place en réaction à la canicule de 2003 : pour éviter le risque de black-out, plusieurs centrales avaient alors été autorisées par l'État à fonctionner en dehors des limites environnementales. Pour éviter de se retrouver à nouveau dans ce genre de situation délicate, un second niveau de limites a été défini en cas de « situation climatique exceptionnelle ». Ce relèvement des limites thermiques peut être mis en place pour une durée déterminée, sur autorisation de l'Autorité de sûreté nucléaire (ASN), si le maintien de la production est nécessaire pour assurer la sûreté du réseau électrique. Enfin, cette seconde limite peut elle-même être dépassée, en cas de « situation exceptionnelle », comme ce fut le cas durant l'été 2022. La centrale de Saint-Alban peut ainsi être autorisée à réchauffer l'aval du fleuve jusqu'à 29 °C au lieu de 28 °C en cas de « situation climatique exceptionnelle », puis à dépasser les 29 °C, en produisant un échauffement maximum de 3 °C entre l'amont et l'aval, en cas de « situation exceptionnelle ». Durant l'été 2022, plusieurs décisions de l'ASN ont ainsi autorisé cinq centrales à réchauffer davantage les eaux en raison de la « situation exceptionnelle » et de la demande du gestionnaire du réseau de transport d'électricité de maintenir un niveau de production suffisante.

Si ces dispositions montrent que l'échauffement des cours d'eau n'est pas un problème limitant d'un point de vue technique pour le fonctionnement des centrales, évaluer ses conséquences sur la faune et la flore est une autre affaire. Nous le verrons au chapitre suivant. Avant cela, il faut nous pencher sur une autre facette des sécheresses qui pourrait aussi impacter l'industrie nucléaire puisqu'en plus d'être plus chaude, l'eau risque d'être aussi plus rare. Le débit annuel moyen des cours d'eau pourrait baisser de 10 à 40 % d'ici 2070 (nous l'avons vu au début de ce livre), avec des baisses de débit d'étiage encore plus prononcées, jusqu'à -50 % pour le Rhône en débit minimum mensuel quinquennal notamment, selon le projet Explore 2070[17]. Alain Vicaud, que j'ai déjà cité, est sans doute l'une des personnes les plus compétentes pour évaluer ce genre d'enjeux pour l'avenir de la filière. En plus d'avoir été directeur de l'environnement et de la prospective à la division Production nucléaire d'EDF pendant près de dix ans, il a été avant cela directeur de la centrale nucléaire de Nogent-sur-Seine. Je lui ai donc posé directement la question du risque de manque d'eau aux abords des centrales. « Sur tous les sites à part le Rhône, pour lequel le débit offre une marge largement suffisante, l'État a construit des barrages en amont qui, en plus de soutenir les débits d'étiage ou de lutter contre les inondations par exemple, servent à assurer un débit suffisant aux centrales. Même sur un cours d'eau dont le débit baisserait à 25 m^3/s, une centrale en circuit fermé aurait de la marge, ne prélevant que 2 m^3/s. Même dans les scénarios climatiques les plus pessimistes, l'eau n'est pas un problème pour les centrales. » Rassurant, donc.

Il reste tout de même le cas des centrales en circuit ouvert, celles qui bordent le Rhône en particulier. Les quatre réacteurs de la centrale du Tricastin prélevaient environ 150 m^3/s en moyenne ces dernières années, avec des pointes à près de 180 m^3/s[18]. Il reste ainsi a priori pas mal de marge, si l'on compare ce chiffre au débit du Rhône à la station hydrométrique de Viviers, un peu en amont : le minimum observé était de 426 m^3/s en débit moyen journalier, atteint en octobre 2017[19].

Mais cette marge est-elle réellement si confortable ? Au-delà du débit moyen, le fleuve peut connaître des variations instantanées plus contrastées : 128 m^3/s mesurés par exemple ponctuellement en 2017. Et quid de la situation dans un futur où les sécheresses vont empirer ? Surtout que le débit nécessaire aux centrales n'est pas calculé uniquement en fonction de leurs besoins en refroidissement : le débit doit aussi être suffisant

17. Voir chapitre 2.
18. « Rapport environnemental annuel relatif aux installations nucléaires du Centre nucléaire de production d'électricité du Tricastin » (EDF, 2021).
19. Voir les données sur le site hydro.eaufrance.fr.

pour diluer les polluants rejetés par la centrale. Car l'eau qui sort des condenseurs n'est pas seulement plus chaude que celle qui y entre, des substances chimiques y sont également ajoutées pour lutter contre la corrosion des tuyaux, éviter le développement de tartre ou de micro-organismes. Le débit du fleuve doit donc être suffisant pour permettre leur dilution, à un niveau qui permet de ne pas nuire au milieu. Le débit, enfin, est corrélé à la température du cours d'eau, puisqu'une eau moins abondante se réchauffe plus vite, face à un environnement caniculaire comme face aux rejets chauds des centrales. Une étude publiée en 2014 par l'Agence de l'eau Rhône-Méditerranée-Corse propose ainsi un débit limite de 320 m^3/s pour assurer un niveau de production de 80 % à la centrale du Tricastin, ou de 205 m^3/s pour garantir 70 % de production à celle de Saint-Alban[20]. Dans sa partie « constats et recommandations », l'étude conclut que, compte tenu de la hausse prévisible de la consommation d'eau associée à la baisse de sa disponibilité, d'ici 2060 « le niveau de production actuel des centrales nucléaires ne serait plus garanti ».

Ces projections portent cependant leur lot d'incertitudes. Au premier chef desquelles se trouvent les décisions et comportements à venir de nos sociétés, qui détermineront non seulement l'évolution future du climat mais aussi, à l'échelle nationale, l'évolution de notre parc nucléaire. L'éventuel remplacement des centrales en circuit ouvert les plus anciennes par de nouvelles centrales en circuit fermé – ou par des énergies renouvelables – modifierait notablement les données du problème. Il est une évidence sur laquelle je reviendrai : la technologie ne peut pas tout, et surtout pas nous absoudre de la nécessaire remise en question de nos modes de vie. Mais, dans ce domaine en particulier, peut-elle malgré tout faire mieux ?

20. « Étude de la gestion quantitative du fleuve Rhône à l'étiage. Principaux résultats », novembre 2014.

Du nucléaire sans eau ?

Ces panaches blancs qui s'échappent des aéroréfrigérants ont quelque chose de rageant. Leur lenteur est presque narquoise tant elle souligne notre impuissance à retenir toute cette eau. Ces centaines et centaines de millions de mètres cubes qui sont soustraits aux milieux chaque année pour nous permettre d'éclairer nos villes et nos écrans… Nos chers ingénieurs nucléaires n'auraient-ils rien à nous proposer pour attraper ces nuages artificiels et dissiper nos frustrations avec eux ?

Là encore, un coup d'œil dans le rétro permet de réaliser que la situation n'est pas statique. Les premiers aéroréfrigérants installés sur les centrales françaises, dans les années 1960, consommaient beaucoup plus d'eau qu'aujourd'hui : 500 l/s sortaient des tours à l'époque[21] ! Pour réduire au 1,5 l/s actuel, on a notamment dû retenir les gouttelettes d'eau, qui avaient tendance à être emportées par le flux d'air ascendant au sein de la tour. En plus de la mise en place de capteurs de gouttelettes, plusieurs améliorations ont permis d'optimiser les économies d'eau. La propreté des parois de la tour est essentielle pour être efficace, de même que la surface d'échange entre l'air et l'eau, qui a pu être étendue. L'eau, malgré tout, reste au contact direct de l'air et une partie s'évade inévitablement dans l'atmosphère. Raison pour laquelle on appelle ces structures des aéroréfrigérants humides (ou système de *wet cooling*).

D'où l'idée corollaire à ce constat : pourquoi ne pas garder cette précieuse eau enfermée dans des tuyaux pour éviter qu'elle ne s'échappe, et miser sur l'échange thermique indirect avec l'air pour la refroidir ? C'est bien sûr ce qu'ont fait les ingénieurs, en imaginant des systèmes de refroidissement par voie sèche. Dans les réfrigérants secs – ou *dry cooling* par opposition au *wet cooling* –, l'eau de refroidissement ne quitte jamais ses tuyaux. Elle ne s'évapore donc pas du tout, et on réduit au maximum la

21. Alain Vicaud, « Les besoins en eau de refroidissement des centrales thermiques de production d'électricité », *La Houille blanche* n° 6, décembre 2008.

consommation d'eau nécessaire. Il faut en revanche beaucoup plus de surface pour que sa chaleur puisse se dissiper dans l'air en traversant les parois des tubes : de grands serpentins doivent donc s'étaler sur des surfaces importantes. Il faut aussi accélérer la circulation de l'air pour favoriser l'échange thermique, soit en ajoutant des ventilateurs, soit en favorisant la circulation naturelle au moyen d'une tour, similaire aux aéroréfrigérants classiques. « Il y en a sur certaines centrales thermiques en Chine. Mais pour avoir un tirage suffisant, il faut des tours de 300 m, c'est bien plus haut que les tours de nos centrales. Mais le rendement se dégrade avec cette technique et diminue lorsqu'il fait chaud. Le coût d'investissement est aussi très élevé, et cela ne fonctionne qu'avec des centrales de quelques centaines de mégawatts de puissance maximum », estime Alain Vicaud.

Une autre solution consiste à se passer carrément de ce circuit d'eau de refroidissement. Pourquoi, en effet, ne pas refroidir la vapeur du circuit secondaire qui active la turbine directement par échange thermique avec l'air extérieur ? C'est ce que font les « aérocondenseurs ». La vapeur passe alors dans un faisceau de millions de tubes, qui nécessitent là aussi d'être balayés par l'air sur des surfaces gigantesques (plusieurs kilomètres de longueur de tuyaux cumulés), pour permettre à l'air d'évacuer la chaleur. Avec, à nouveau, quelques inconvénients énumérés par Alain Vicaud : « EDF utilise cette technique dans une centrale au Mexique, dans un milieu sec et chaud. Mais ça coûte aussi très cher et on perd plusieurs points de rendement par rapport à une centrale à refroidissement par voie humide. Il faut d'énormes surfaces pour refroidir la vapeur ; sans compter que la manipulation de vapeur est plus dangereuse que de l'eau liquide et que les fuites sont plus difficiles à repérer. » Pour ces différentes raisons, les aérocondenseurs ne sont employés que pour des centrales d'une puissance limitée, de l'ordre de 200 MW (contre 900 à 1 450 MW pour les centrales françaises en activité).

Une autre voie (sèche) est donc possible. Là encore, la limitation n'est pas technique, elle est une question d'arbitrages : consommer moins d'eau serait faisable, mais plus cher. Lorsqu'on parle de rendements, il faut avoir en tête une limite imposée à l'ensemble des centrales thermiques par les lois de la physique : la conversion de l'énergie thermique en énergie électrique ne peut pas être totale. C'est un physicien et ingénieur français, Sadi Carnot, qui posa dans les années 1820 les bases de la thermodynamique et des lois qui régissent le fonctionnement des moteurs thermiques. Ceux-ci ont une efficacité maximale, qui dépend, selon le « principe de Carnot », du rapport entre la température de la source froide et celle de la source chaude (entre celle du circuit de refroidissement et de la vapeur chaude dans le cas de nos centrales). En l'occurrence, le rendement des centrales nucléaires françaises plafonne à environ un tiers, c'est-à-dire que 33 % de la chaleur générée par le réacteur alimenteront nos réfrigérateurs et nos machines à laver, tandis que 67 % devront être évacués par l'eau puisée dans la mer et les fleuves. Dit encore autrement, seul un tiers de l'énergie produit par l'uranium fissionné nous sera vraiment utile. L'EPR, réacteur de nouvelle génération en cours de construction à Flamanville, atteindrait un rendement de 37 % selon son concepteur, Framatome. Quoi qu'il en soit, sur de tels rendements, la perte de plusieurs points supplémentaires de rendement que pourrait occasionner le passage à un système de refroidissement par voie sèche ne serait pas anecdotique.

Pour EDF et pour la construction de futurs réacteurs sur le sol français, les tours aéroréfrigérantes humides demeurent « la meilleure technique disponible » et le meilleur compromis en matière de rendement, de coût et d'impact sur le milieu. Reste à savoir jusqu'où cet impact peut s'intensifier avec la dégradation générale des conditions climatiques.

CHAPITRE 6

Arbitrer les usages : les écosystèmes seront-ils sacrifiés ?

Coup de chaud dans nos rivières

L'écologie transforme notre perception de la géographie. Vous vous souvenez, lorsque je vous parlais d'agriculture, de cette promenade au fil de l'eau qui nous mena du Limousin aux huîtres de l'Atlantique ? Raisonner en termes de bassin versant raccourcit certaines distances. Dans les cours d'eau, tout est lié. Les rivières se distinguent en outre des autres écosystèmes parce que l'écoulement de l'eau se fait invariablement dans le même sens, de la source vers la mer. Cela engendre une organisation fortement graduée de ses habitants, selon qu'ils aiment vivre dans une eau plus ou moins froide, profonde, pentue, riche en matière organique, etc. Le concept de « continuum fluvial », qui a émergé dans les années 1980, traduit bien cette idée d'unité du milieu, au sein duquel différents types d'habitats se succèdent : certains invertébrés, les « broyeurs », se nourrissent de grosses particules peu décomposées, beaucoup à l'amont, près des sources et dans les ruisseaux, tandis que les « collecteurs » récupèrent des particules plus fines après qu'elles ont été davantage décomposées, et leur nombre augmente dans les grands fleuves de plaine et les estuaires[22].

Le partage des eaux existe aussi chez les espèces de poissons : on trouvera plus de truites dans les ruisseaux froids de montagne, des ombres puis des perches et des brochets en descendant vers l'aval, puis des carpes, des brèmes, etc. Attention toutefois à ne pas imaginer ces espèces sagement installées au sein de tronçons statiques : la continuité écologique de ces cours d'eau est capitale pour que les êtres vivants et sédiments puissent y circuler librement. Les poissons sont en mouvement perpétuel, ne serait-ce que parce que leur milieu l'est également. Ils peuvent se laisser dériver avec le courant, puis le remonter. Les truites dorment dans les « mouilles », des zones profondes, puis vont se nourrir dans les « radiers », de faible profondeur et avec un courant plus puissant. Des cycles de déplacements plus longs sont également primordiaux, car aux différentes étapes de sa vie (larve, alevin, période juvénile puis adulte), un poisson ne recherche pas les mêmes nutriments ni conditions de milieu. Sans compter les migrations saisonnières, indispensables à la reproduction de nombreuses espèces.

Or, la canalisation des cours d'eau, leur artificialisation et l'emprise humaine croissante sur nos bassins versants mettent sacrément à mal ces continuités écologiques. En France, plus de 60 000 ouvrages (barrages, écluses, seuils et moulins) constituent des obstacles potentiels sur nos fleuves et rivières[23], comme nous le verrons un peu plus loin. À cela s'ajoutent les nombreuses autres perturbations anthropiques (pollutions, modification de l'hydromorphologie des cours d'eau, pêche, etc.) et la situation finale n'est guère reluisante pour nos écosystèmes aquatiques : « seuls 16 % des milieux et espèces aquatiques et humides d'intérêt communautaire sont en état de conservation favorable »,

22. Voir « Les typologies des cours d'eau », fiches de l'Agence française pour la biodiversité, 2018.
23. « Pourquoi rétablir la continuité écologique des cours d'eau ? », Office national des eaux et des milieux aquatiques, 2010.

écrivait en 2017 Paul Michelet[24], alors directeur adjoint de l'Agence française pour la biodiversité (devenue depuis l'Office français de la biodiversité). C'est pire si l'on se concentre sur les poissons : une espèce d'eau douce sur cinq était menacée en 2019 en France métropolitaine, selon un état des lieux réalisé par le Comité français de l'Union internationale pour la conservation de la nature (UICN) et le Muséum national d'histoire naturelle, en partenariat avec la Société française d'ichtyologie et l'Agence française pour la biodiversité. Soit 15 espèces menacées de disparition sur les 80 présentes. La situation est même en train de se dégrader puisque 39 % des espèces sont « menacées ou quasi menacées » contre 30 % lors du précédent bilan de l'UICN, réalisé en 2010.

Dans un tel contexte, les sécheresses et le réchauffement des eaux risquent-ils de porter le coup de grâce à ces écosystèmes ? La question est délicate, tant les écologues travaillent sur de longues échelles de temps, en rupture totale avec les changements brutaux engendrés par le réchauffement climatique. « On constate sur le Rhône une augmentation des espèces méridionales d'eau chaude, et une diminution des espèces septentrionales. Ça ne fait qu'une trentaine d'années que l'on observe ce phénomène, ce qui est relativement court en temps de recherche », souligne Martin Daufresne, écologue spécialisé en milieux halieutiques et chargé de recherche à l'Irstea (Institut national de recherche en sciences et technologies pour l'environnement et l'agriculture).

Avant de tenter de dégager une tendance systémique, attardons-nous un instant sur le métabolisme des habitants de nos rivières. La plupart des espèces de poissons d'eau douce, en France métropolitaine, ne sont pas faites pour vivre dans une eau à plus de 25 °C. Au-delà de cette température, leur organisme entre en zone de résistance, va stresser, moins bien métaboliser et, si la situation dure trop longtemps, finir par mourir.

24. Paul Michelet, « La biodiversité des milieux aquatiques continentaux en France métropolitaine : état des lieux et menaces », dans *Responsabilité et Environnement* n° 86, avril 2017.

Or, les épisodes caniculaires estivaux de plus en plus nombreux et intenses confrontent les poissons à ces situations extrêmes. La Loire, en août 2022, a par endroits fait grimper le thermomètre jusqu'à 27 °C[25]. Les relevés effectués par EDF dans le cadre des rejets thermiques des centrales nucléaires (dont je vous parlais au chapitre précédent) enregistrent également de temps à autre des températures à l'amont supérieures à 25 °C, sur le Rhône comme sur la Garonne[26].

C'est d'autant plus problématique que, comme toujours, plusieurs menaces s'autoalimentent lors de ces canicules. C'est reparti pour une cascade de cercles vicieux comme vous commencez à les aimer ! Ces intenses chaleurs, d'abord, sont souvent corrélées à des épisodes de sécheresse. Or, plus le débit du fleuve est faible, plus vite encore il se réchauffe sous les assauts des masses d'air chaud et du soleil. Ensuite, plus ces cours d'eau grimpent en température, moins ils peuvent contenir d'oxygène. Ce qu'on appelle « l'oxygène dissout », c'est-à-dire les molécules de dioxygène qui se baladent librement dans l'eau, sans être liées à d'autres molécules, autrement dit sous forme de minuscules bulles d'oxygène, ne peut être présent qu'en quantité limitée. Et ce seuil maximal de dissolution dans l'eau diminue avec la température. À 0 °C, dans l'eau douce, ce seuil maximal est de 14,6 mg/l, mais de 8,3 mg/l à 25 °C. Sous les 5 mg/l, la vie aquatique ne peut plus se développer normalement, et elle meurt asphyxiée sous 1 mg/l[27]. Mais l'oxygène de l'eau est aussi consommé par le milieu : lorsque la température augmente, cela accélère également le métabolisme de la matière organique, y compris sa dégradation, et cela raréfie encore l'oxygène disponible pour la respiration des organismes d'eau douce. Et ce n'est pas fini ! Moins de débit dans les cours d'eau, c'est aussi une eau plus lente, donc moins de brassage et moins d'oxygénation au

25. Voir par exemple le reportage de France 2 : « Sécheresse : la Loire à son plus bas niveau », dans le *13 Heures*, édition du 10 août 2022.
26. Voir notamment : « Impact de l'été 2022 sur la production nucléaire et impact de la production nucléaire sur l'environnement. Bilan EDF, Division production nucléaire », novembre 2022.
27. « La dynamique de la vie. L'eau support de vie. L'oxygène de l'eau », Cahiers indicateurs n° 1, janvier 2002, Loire Estuaire-Cellule de mesures et de bilans.

contact de l'air. Moins d'eau dans les rivières, c'est aussi, à quantité de polluants constante, une plus grande concentration de ces derniers. Et notamment des rejets en fertilisants agricoles, à base d'azote et de phosphore qui, une fois dans les rivières, boostent la production de matière organique : cette matière végétale va non seulement consommer de l'oxygène en grande quantité, mais aussi assombrir le cours d'eau en bloquant la pénétration de la lumière et perturber ainsi fortement tout l'écosystème[28]. C'est le bien connu et redouté phénomène d'eutrophisation, responsable de la prolifération d'algues vertes sur les côtes bretonnes[29].

Et au cercle vicieux de la rivière s'ajoute le cercle vicieux des poissons eux-mêmes. Car leurs organismes, déjà stressés par les conditions de température, sont d'autant plus vulnérables aux autres menaces qui s'accumulent simultanément. « Il faut bien comprendre que les différentes sources de stress ne sont pas simplement additives, elles sont multiplicatives pour les organismes. Les poissons stressés métabolisent mal et sont donc plus sensibles au manque d'oxygène, ce qui peut aboutir à leur asphyxie. Ils sont aussi plus fragiles face aux pollutions toxiques qui deviennent plus concentrées », explique Martin Daufresne.

Alors, les écosystèmes vont-ils craquer ? Un regard rétrospectif sur ce qu'il s'est passé lors de la canicule de 2003 ouvre une perspective assez terrifiante sur ce genre de phénomènes. « À l'époque, on avait travaillé sur les macro-invertébrés aquatiques [des animaux visibles à l'œil nu qui ne possèdent pas de colonne vertébrale] et récolté des données mensuelles sur la Saône. Le changement a été drastique : pendant la canicule, le nombre d'espèces a été divisé par deux en deux mois.

28. Gilles Pinay, Chantal Gascuel, Alain Ménesguen, Yves Souchon, Morgane Le Moal (coord.), Alix Levain, Florentina Moatar, Alexandrine Pannard, Philippe Souchu : « L'eutrophisation : manifestations, causes, conséquences et prédictibilité. Synthèse de l'Expertise scientifique collective CNRS - Ifremer - Inra - Irstea », France.

29. La prolifération massive d'algues vertes ne cesse de s'étendre sur les côtes bretonnes. Selon les années, entre 75 et 115 sites sont touchés, et 40 à 50 communes ramassent des algues échouées. Sur les dix dernières années, le volume total ramassé est en moyenne de 50 000 m^3, selon l'Observatoire de l'environnement de Bretagne et les données du Centre d'étude et de valorisation des algues.

Et la densité de population des mollusques divisée par 100 ! », décompte le chercheur. Le coup fut si rude qu'un retour à une diversité et une densité à peu près similaire ne fut pas observée avant 2012. Soit une décennie pour se remettre d'un épisode caniculaire violent... à condition, pour le milieu, de ne pas encaisser un autre événement du même acabit dans l'intervalle. Mais que se passera-t-il si les sécheresses et canicules du niveau de 2022 deviennent la norme ? Risque-t-on de passer un point de rupture dont certains écosystèmes ne se relèveront définitivement plus ? « On n'a pas encore de retour sur 2022. Des études sont en cours pour essayer de déterminer si on se rapproche des points de bascule. Il y a beaucoup de scénarios possibles : on peut avoir des milieux qui perdent beaucoup en diversité mais qui continuent à fonctionner, des évolutions plus douces, ou au contraire un scénario catastrophe, qu'on ne peut pas du tout exclure... », liste Martin Daufresne. Mêmes inquiétudes habillées d'un flou prudent chez Thibaut Datry, chargé de recherche au laboratoire Borea (Biologie des organismes et des écosystèmes aquatiques) : « Avec le changement climatique, nous sommes dans une évolution non linéaire, sans aucune stabilité. Il faudra plusieurs années pour déterminer si certains écosystèmes ont franchi un point de rupture. Mais nous sommes clairement dans un contexte propice aux points de bascule. »

C'est d'autant plus criant pour les cours d'eau qui, en plus de leur réchauffement et de son cortège de conséquences, sont également victimes d'assèchements. Certains lits de rivières restent à sec plus longtemps que par le passé quand d'autres découvrent l'assec pour la première fois. « Sans eau, évidemment, les poissons meurent. Mais certains insectes peuvent résister sur un cours d'eau intermittent en menant une vie ralentie pendant trois mois dans les sédiments. Le problème, c'est lorsque cette vie habituée à affronter trois mois d'assec par an depuis 10 000 ans, se retrouve soudainement confrontée à une absence d'eau qui se prolonge sur cinq mois du fait du changement climatique... Si on dépasse la capacité de résistance des organismes, c'est le point de rupture », résume Thibaut Datry. Le Groupe régional d'experts sur le climat en région Provence-Alpes-Côte d'Azur (Grec-Sud) s'interroge également dans ses travaux sur le passage de « seuils d'irréversibilité » pour les écosystèmes aquatiques de la région[30]. Lorsqu'un peuplement aquatique est affaibli, voire disparaît sur un tronçon de cours d'eau à sec, les possibilités de retour à la normale dépendent de l'existence de réservoirs biologiques, des zones préservées d'où les espèces peuvent ensuite revenir coloniser le reste du cours d'eau meurtri. Or, l'allongement des périodes critiques met à mal cette stratégie de résilience des écosystèmes. L'Argens, petit fleuve côtier qui coule dans le Var, avait déjà été confronté à plusieurs périodes d'assec par le passé, relate le Grec-Sud, mais en 2007, la situation dépassa le seuil critique : après quatre années de déficit, un secteur entier de 7 km sécha du mois d'août jusqu'à janvier 2008. Ce qui entraîna la disparition d'un plécoptère, insecte aussi surnommé « mouche de pierre » et souvent représentatif de l'état de santé d'un cours d'eau. L'espèce de plécoptère *Leurra occitana*, uniquement présente dans ce secteur du haut Argens, dans le sud de la France, fut ainsi vaincue par cette sécheresse trop longue.

En attendant de savoir quels écosystèmes franchiront ou non un point de rupture fatidique, les chercheurs observent déjà de considérables évolutions dans les structures de peuplement de nos rivières. De précieuses données sur le sujet ont notamment été produites aux abords des centrales nucléaires. Les conditions très encadrées de rejets thermiques dans les fleuves sont accompagnées d'obligations réglementaires de surveillance des milieux, et EDF finance ainsi des programmes de recherche sur la vie des fleuves, en amont et en aval de certaines de ses centrales, notamment sur le Rhône. Martin Daufresne a lui-même effectué sa thèse, au début des années 2000, sur les structures de communautés de poissons aux abords de la centrale du Bugey, sur le Rhône. Depuis, les données ont continué de s'accumuler et de documenter les effets du réchauffement des eaux causé par le changement climatique. En plus de la remontée

30. « Les ressources en eau et le changement climatique en Provence-Alpes-Côte d'Azur » (Grec-Paca, Cahier thématique du groupe de travail « Ressources en eau », juillet 2017).

vers le nord d'espèces méridionales, le chercheur note un autre phénomène, a priori contre-intuitif : l'augmentation du nombre d'espèces total de poissons. « Entre les années 1980 et la fin des années 2010, on est passé en moyenne de 12 à 18 espèces pêchées autour du Bugey. Mais c'est loin d'être une bonne nouvelle », précise-t-il. Cela traduit en effet un déséquilibre du milieu, une perturbation du partage équitable des ressources du milieu et le risque qu'une des espèces domine les autres, rendant l'ensemble moins résilient. Autre phénomène marquant : la diminution de la taille des espèces. « On observe en moyenne une diminution par deux de la taille des organismes. Pour certaines espèces, cela va même jusqu'à une division par dix ! » D'abord parce que des espèces plus petites prolifèrent, mais aussi parce que les poissons juvéniles se font plus nombreux au sein des populations. « Une hypothèse est que dans les conditions de stress croissantes que rencontrent les poissons, les organismes investissent davantage dans la reproduction. Ce qui est néfaste en général pour la survie des adultes », avance Martin Daufresne. La manière dont les écosystèmes réagiront à ces évolutions en cours est encore la grande inconnue. Des recherches tentent actuellement d'anticiper les conséquences sur l'ensemble de la chaîne trophique. Ce qui est sûr, c'est que tout va très vite. « Les populations de certaines espèces ont doublé entre 1990 et 2020, d'autres ont été divisées par deux, ou par dix. On ne peut pas prévoir à quel moment ça va craquer, mais une telle instabilité n'est jamais bon signe. »

C'est dans ce contexte climatique plus que critique pour nos écosystèmes d'eau douce que se pose, inévitablement, la question de l'impact des centrales nucléaires. Je vous ai expliqué la diversité des situations, entre les centrales en bord de mer, celles qui bordent nos fleuves en circuit ouvert ou fermé et qui, toutes, rejettent de l'eau chauffée pour produire de l'électricité, entraînant un réchauffement supplémentaire des eaux, parfois de quelques degrés, d'à peine quelques dixièmes de degrés dans le meilleur des cas. Au premier abord, les études sont plutôt rassurantes sur ces activités : les structures de peuplement sont les mêmes en amont et en aval des centrales, semblant indiquer que l'impact thermique de ces rejets d'eau chaude est négligeable pour les écosystèmes. Du moins lorsque l'on s'intéresse à la situation à large échelle. « Si l'on zoome sur le panache d'eau chaude qui sort de la centrale et qui n'est pas encore dilué et homogénéisé avec le reste du fleuve, cette zone va être thermiquement beaucoup plus élevée et nuisible, voire mortelle, pour les espèces les moins mobiles. Les poissons peuvent éviter le panache en allant vers la rive plus fraîche qui n'est pas concernée, mais des espèces d'invertébrés ou de phytoplancton, par exemple, seront fortement impactées dans cette zone », souligne Martin Daufresne. La question étant de savoir si la dégradation du milieu se cantonne réellement à la zone très ponctuelle du panache d'eau chaude au sortir de la centrale ou si des conséquences plus durables peuvent se faire ressentir de manière plus vaste à l'aval. « Il peut y avoir des zones du fleuve plus importantes que d'autres. Une population étalée sur de longues distances peut dépendre d'une zone de reproduction spatialement très restreinte : si cette zone disparaît, l'espèce disparaît », alerte le chercheur.

Autre point critique : les fameux relèvements de seuils thermiques, qui autorisent les centrales à réchauffer davantage les fleuves en « situation climatique exceptionnelle »... des situations très probablement amenées à devenir de plus en plus fréquentes au fil de la multiplication attendue à l'avenir des canicules dans le pays. « Aujourd'hui, l'effet des centrales nucléaires est très peu marqué sur les structures de peuplement. L'effet majeur est celui du réchauffement climatique, mais les dérogations et le fonctionnement à plus haute température, c'est un risque supplémentaire. On dégrade une partie des écosystèmes sans vraiment savoir quelle sera l'étendue des conséquences. Car plus on se rapproche d'un seuil limite, plus un degré de réchauffement supplémentaire peut avoir des conséquences importantes », insiste encore l'écologue. Dit autrement, l'échauffement relativement marginal provoqué par les centrales nucléaires pourrait être la goutte de trop pour des milieux déjà exsangues.

Les dérogations accordées l'été dernier aux centrales nucléaires, comme celles accordées régulièrement lors des années antérieures, suffisent malgré tout à rappeler cette évidence : en cas de risque majeur sur le réseau, l'approvisionnement des Français en électricité reste l'intangible priorité. En face, la menace d'aggraver la déliquescence d'écosystème ne pèse pas bien lourd ; d'autant moins qu'il s'agit d'un risque qui reste entouré d'incertitudes.

Les barrages hydroélectriques posent, pour d'autres raisons, le même dilemme entre approvisionnement électrique de la société et préservation de la vie de nos rivières. Ils contribuent, comme on l'a vu, à mettre à mal la continuité écologique des cours d'eau, et de nombreuses espèces migratrices, notamment le saumon ou l'esturgeon, ont fortement décliné en conséquence de la prolifération des grands barrages au XXe siècle. Même pour les espèces non migratrices, le cloisonnement de tronçons de rivières affaiblit les populations en limitant le brassage génétique. Sur la Garonne, par exemple, les poissons migrateurs sont confrontés à pas moins de 26 obstacles, a priori infranchissables, avec pour conséquence la disparition du saumon atlantique de ce fleuve dès les années 1970[31]. Depuis, plusieurs mesures ont été prises pour limiter l'impact des barrages sur les milieux, notamment l'instauration de « passes à poisson » sur nos fleuves et rivières, des passages leur permettant de contourner les murs de béton pour rejoindre l'amont du cours d'eau. De sorte que le saumon, réintroduit, remonte à nouveau la Garonne aujourd'hui.

Mais l'enjeu de la continuité écologique ne concerne pas que les êtres vivants ; il s'agit aussi de la continuité des sédiments dans le transport jusqu'à l'embouchure des fleuves, elle aussi mise à mal par les ouvrages d'ingénierie humaine. Dans le monde « 58 500 barrages de grande hauteur séquestrent aujourd'hui 75 gigatonnes de sédiments par an, à comparer aux 7 gigatonnes de sédiments par an qui, selon les estimations, atteignent l'océan

---

31. Matthieu Duperrex, « D'une passe à poissons. Milieux et technique en Anthropocène », *Techniques et Culture*, sur journals.openedition.org, 3 juillet 2019.

par voie naturelle », écrit le philosophe Matthieu Duperrex dans *La Rivière et le bulldozer*[32]. Il développe même l'idée de « civilisation sédimentaire » pour décrire l'impact du développement de ces barrages sur les milieux, même si différentes pratiques sont mises en œuvre pour tenter de le limiter – avec plus ou moins de succès.

Ces quelques problématiques brièvement évoquées autour des tensions entre écosystèmes aquatiques et production d'énergie soulignent surtout une chose : il n'existe pas d'usage indolore de la ressource en eau. Le futur qui nous attend, fait de cycles de l'eau notablement perturbés ou amoindris, nous confrontera à d'inévitables arbitrages. Et il pose d'ores et déjà la question, si l'on veut préserver au mieux les milieux naturels, de ce qu'il faut, au juste, considérer comme naturel, et de la meilleure stratégie à adopter entre conservation et adaptation.

Préserver ou modifier la nature ?

Retournons sur les rives de la Neste, dans les Pyrénées. Quelques méandres à peine à l'aval de l'usine hydroélectrique d'Eget que nous avons visitée, la rivière, entourée des montagnes des Hautes-Pyrénées, fait une pause : elle forme un large plan d'eau à l'entrée du village de Sarrancolin. De l'eau qui s'accumule ici à cause d'un ouvrage destiné à capter une partie du débit. À droite, la rivière poursuit sa descente dans la vallée. À gauche, débute le canal de la Neste. Véritable ligne de vie d'une partie de la Gascogne.

« Le Gers est historiquement très faiblement alimenté en eau. À l'inverse de ce que l'on pourrait imaginer, les rivières de ce département ne sont pas naturellement connectées aux eaux des Pyrénées. Cela vient de la présence du plateau de Lannemezan, qui en émergeant durant le Quaternaire [la période géologique actuelle, qui a débuté il y a 2,6 millions d'années] a détourné

32. Matthieu Duperrex, *La Rivière et le bulldozer*, Premier Parallèle, 2022.

le cours de la Neste vers l'est, où elle se jette dans la Garonne », me raconte pendant la visite Claire Gaudout, responsable de la communication de la Compagnie d'aménagement des coteaux de Gascogne (CACG) qui gère le canal.

Au XIXe siècle, les ingénieurs développent l'ambition de contrecarrer ce caprice géologique : couper à travers le plateau, grâce à un canal, pour réalimenter les rivières exsangues de l'arrière-pays. Ils concrétisent le projet dans les années 1850 et bâtissent une nouvelle voie pour l'eau à flanc de montagne sur 29 km. Dès les années 1860, l'eau coule à flots (modeste, 7 m^3/s) dans le canal. L'enjeu est de permettre le transport de bois, de marchandises, et de rendre navigable une partie des rivières que vient réalimenter l'ouvrage. Au XXe siècle, le débit maximal est porté à 14 m^3/s. Le « système Neste » permet aujourd'hui de connecter à nouveau 17 cours d'eau (le principal étant le Gers) aux flots venus des montagnes qui les surplombent de loin. L'eau ainsi acheminée est devenue indispensable au vaste territoire qu'elle dessert – quelque 8 400 km^2, selon la CACG –, au sein duquel se trouve notamment la ville d'Auch. « Presque 280 000 personnes sont alimentées en eau potable grâce à ce système », souligne Claire Gaudout. Environ 30 % de l'eau du canal en aval est consommée par les activités humaines, l'irrigation agricole notamment, ainsi que les besoins de l'industrie. Mais l'essentiel de l'eau, 70 % donc, vient en soutien d'étiage, c'est-à-dire qu'elle permet de maintenir un débit minimal dans les rivières pour le bon fonctionnement du milieu.

Gérer la répartition des eaux est ici un exercice particulièrement délicat : il s'agit de jongler entre des besoins et enjeux multiples. Pour ne pas être trop lésée par la dérivation du canal, la rivière Neste ne doit d'abord se voir réserver un débit minimum de 4 m^3/s. L'eau du canal doit ensuite permettre de subvenir aux besoins des rivières qu'elle alimente ainsi qu'aux différents usages et aux temporalités parfois contradictoires. La CACG est en communication permanente avec la Shem, qui gère les barrages en amont : les conditions de la concession incluent l'obligation de mettre un certain volume d'eau à disposition du canal, à la demande de la CACG, en déclenchant des lâchers depuis les lacs de stockage en altitude.

« Notre métier consiste à assurer le débit des rivières, pour le milieu et pour les usagers, sans épuiser les réserves, soit les quelque 48 millions de mètres cubes stockés en montagne ainsi que les 73 autres stockés dans les lacs en aval. On doit optimiser les lâchers et minimiser les risques », résume Ludovic Lhuissier, directeur des opérations d'ingénierie et de l'innovation à la CACG. Mais l'optimisation ne peut pas tout : au cœur de l'été 2022, la sécheresse confronte le système Neste aux limites du partage d'une eau qui manque cruellement. « Le niveau est historiquement bas, me disait dès le mois d'août Ludovic Lhuissier. On doit puiser dans nos stocks, on s'appauvrit encore plus rapidement que les pires années précédentes. » Et les années difficiles reviennent de plus en plus souvent pour les gestionnaires du canal... La Commission Neste, qui regroupe les principaux acteurs et usagers de la ressource, est alors contrainte d'établir des quotas, des « tours d'eau », pour les usagers, restreignant les prélèvements industriels ou agricoles. « On n'a jamais été contraints d'arrêter totalement l'alimentation du canal, mais on va peut-être devoir en arriver là pour laisser un minimum de débit dans la Neste. Ce qui est clair, c'est que ce système n'a pas été pensé pour fonctionner avec un réchauffement climatique de 3 °C... », prévient l'ingénieur.

Comme dans chacun des lieux où cet ouvrage nous a emmenés, le changement climatique impliquera inévitablement ici des choix drastiques : tous les usages de l'eau ne pourront pas être maintenus à leur niveau de consommation actuelle sans que cela ait des conséquences quelque part. Dans la gestion de la ressource, la priorité est toujours, pour des raisons évidentes, l'approvisionnement en eau potable. La préservation de l'environnement est ensuite une autre contrainte impondérable, notamment en période de basses eaux. La traduction administrative de cette préservation passe notamment par les « débits d'objectif d'étiage » (DOE), définis comme les débits de référence permettant d'atteindre le bon état des eaux et la satisfaction des usages, en équilibre avec le bon fonctionnement du milieu aquatique. La régulation du flot dans le canal de la Neste joue un rôle crucial et particulièrement efficace pour assurer les DOE des rivières à l'aval. « Cet été, les rivières du Gers continuaient de s'écouler sans subir les assecs provoqués par la sécheresse dans de nombreux cours d'eau des régions alentour », se félicite Claire Gaudout.

Lorsqu'on longe le canal et ses rives de béton rectilignes jusqu'à la commune de Lannemezan, on croise une succession de carrefours hydrologiques : de petits ouvrages libérant une partie de l'eau vers les lits de rivières naissantes. Sous l'un de ces ouvrages, les vannes ouvertes déversent un large flot, bien plus imposant que la modeste source adjacente : là prend naissance le Gers. Voilà un nouveau paradoxe, qui n'est pas le moins déconcertant : le Gers, milieu aquatique naturel, dépend essentiellement dans son existence même d'un ouvrage artificiel et d'un détournement du cours naturel de l'eau…

Le système Neste incarne ainsi, de manière exacerbée, une question qui pèse implicitement sur l'avenir de la ressource en eau du pays : jusqu'où va-t-on accepter de préserver les espaces naturels ? Notre passage – au chapitre 3 – par le lit désolé du Clain nous a, certes, montré que les milieux étaient déjà dramatiquement victimes de l'exacerbation des sécheresses, et que leur préservation était loin d'être réellement priorisée dans les faits. Mais les usages économiques de l'eau, malgré les dérogations, seront inéluctablement de plus en plus contraints. Si l'on veut respecter les DOE, à niveau constant, les scénarios pour 2050 prévoient jusqu'à 60 millions d'euros de manque à gagner par an pour le bassin Adour-Garonne par rapport à aujourd'hui, liés à l'arrêt des prélèvements en rivière[33].

La pression risque donc d'être forte pour revoir à la baisse ces débits d'objectif d'étiage. D'autant que ces DOE sont loin

33. D'après le rapport « Garonne 2050 », produit en 2013 par l'Agence de l'eau Adour-Garonne.

d'être le reflet d'un calcul objectif et scientifique des besoins des milieux. Cet indicateur, né en réponse au projet controversé du réservoir de Charlas, en Haute-Garonne, est officiellement inscrit dans la politique de l'Agence de l'eau du bassin Adour-Garonne en 1996. Destinés à mieux piloter la répartition des usages de l'eau, les DOE sont « porteurs de deux promesses contradictoires », analysent les chercheurs Sara Fernandez et Thomas Debril dans un article de 2016[34] : d'un côté, permettre aux irrigants de consommer davantage d'eau, en arguant d'une gestion plus rationnelle de la ressource ; de l'autre, assurer aux défenseurs de l'environnement que les prélèvements sont effectivement limités et qu'un débit minimum est assuré pour le milieu. Or, montrent les chercheurs, ces DOE sont calculés et négociés différemment selon les situations locales. Prenant l'exemple du bassin de la Midouze, affluent de l'Adour, ils soulignent que le DOE a pu être baissé, dans les années 2000, par la sélection de nouveaux savoirs biologiques justifiant que l'impact d'un débit affaibli serait minime sur les milieux. Il s'agissait alors de contenir l'opposition des irrigants, en réponse à plusieurs années successives de déficit sévère du débit, et ainsi de contourner un DOE « devenu gênant et ingouvernable ». Ces débits d'objectif d'étiage sont donc tout sauf gravés dans le marbre.

La volonté de préserver des conditions constantes pour les milieux aquatiques est également remise en cause par le simple fait que l'environnement climatique, lui, change drastiquement. Le rapport « Garonne 2050 » souligne que les débits naturels des rivières du bassin de la Garonne devraient être, à cette échéance, réduits en moyenne de 50 % par rapport aux périodes d'étiage actuelles. Le choix pourrait donc être fait de compenser a minima cette baisse naturelle, et de diminuer également de moitié le DOE en 2050. À noter que même cette division par deux du DOE n'évite pas un déficit structurel entre offre et demande en eau, d'environ 75 millions de mètres cubes, soit le même

34. Sara Fernandez et Thomas Debril, « Qualifier le manque d'eau et gouverner les conflits d'usage : le cas des débits d'objectif d'étiage (DOE) en Adour-Garonne », *Développement durable et territoires : Économie, géographie, politique, droit, sociologie*, vol. 7, n° 3, décembre 2016.

ordre de grandeur que celui sévissant aujourd'hui. Surtout, la baisse acceptée du débit a « des conséquences directes et lourdes sur les milieux », prévient le rapport. Entre autres choses : la disparition sur l'axe Garonne de la quasi-totalité des migrateurs emblématiques du bassin et des zones humides. « L'ampleur et la rapidité des changements (faible débit des eaux sur une longue période) font aussi apparaître des risques de non-résilience des milieux aquatiques. [...] Ces conditions rendent la vie aquatique précaire et bouleversent également la végétation des berges et plus généralement les paysages de bord de cours d'eau. »

« C'est une question centrale, appuie Ludovic Lhuissier : faut-il conserver les mêmes écosystèmes dans nos rivières alors que le climat change, ou laisser ces écosystèmes s'adapter à un débit plus faible ? » Le système Neste démontre qu'une modification volontaire de l'environnement n'est pas forcément nocive et peut même être une réelle source d'enrichissement pour la biodiversité, défend l'ingénieur. Le lac de Puydarrieux, au nord-est des Hautes-Pyrénées, est emblématique de ce genre de renversement de situation : retenue artificielle d'irrigation créée en 1987 par la CACG, le site est devenu un lieu privilégié d'hivernage ou de passage pour de nombreux oiseaux migrateurs, notamment des grues cendrées, de grandes aigrettes, des oies cendrées et des canards siffleurs. Des dizaines d'espèces y sont référencées et le lac est devenu un site Natura 2000 ainsi qu'une réserve ornithologique, protégé et interdit d'accès aux randonneurs.

Ce genre de réflexion a de quoi interloquer, voire outrer les défenseurs de l'environnement, d'autant que les milieux, lorsque les ressources en eau s'amenuisent, ont davantage tendance à se détériorer, à la manière dont le décrit le rapport « Garonne 2050 », qu'à générer de luxuriantes et spontanées zones Natura 2000. L'argumentaire d'une nécessaire adaptation des milieux à un monde plus aride pourrait catalyser la tentation de sacrifier les milieux sur l'autel des besoins industriels et agricoles, dont les consommations en eau sont encore loin, aujourd'hui, de tendre vers la sobriété.

Plutôt que de laisser les débits encaisser l'ensemble des déficits causés par l'évolution du climat, un scénario intermédiaire, mis en avant par le rapport « Garonne 2050 », consisterait à compenser pour moitié la baisse naturelle des débits d'étiage. « On décide, dans ce scénario 3, de réduire progressivement les débits d'objectif d'étiage et de compenser partiellement l'hydrologie naturelle impactée par le changement climatique, là où cela s'avère possible », propose le rapport, soulignant les risques du scénario du laisser-faire, en matière de bien-être social (production d'eau potable, préservation des milieux et activités économiques associées). Il faudrait alors combler le déséquilibre en réduisant les surfaces irriguées sur le bassin de la Garonne de 15 % et réduire les volumes prélevés pour les irrigants restants, mais aussi changer significativement les pratiques agricoles, agir sur la production hydroélectrique (en augmentant les lâchers en soutien d'étiage et en compensant la perte par l'installation de systèmes de pompage), pour permettre aux milieux de s'adapter « progressivement ». Pour le secteur agricole, l'effort représenterait un manque à gagner d'environ 10 millions d'euros par an, contre 60 millions dans le scénario de conservation intégrale des débits d'étiage.

Faisons un petit pas de côté pour réfléchir de manière théorique aux implications de ces différents scénarios. Ces dilemmes sur la manière de gérer artificiellement ou de laisser évoluer les milieux dits « naturels » font écho à un vieux débat sur notre manière de concevoir la protection de la nature. La première grande tradition en la matière vient des États-Unis. De grands penseurs de la nature au XIXe siècle, comme Henry David Thoreau ou John Muir, y célèbrent la « wilderness », une nature supposée sauvage et vierge de toute influence humaine. Se développent alors des lieux consacrés à la préservation de cette nature, comme l'emblématique parc national américain de Yellowstone, créé dès 1872. Il s'agit de soustraire le milieu à toute intervention humaine et de laisser les écosystèmes y évoluer librement. Cette approche radicale de la protection de la nature, que l'on nomme « préservationnisme » a aujourd'hui largement essaimé et connaît de nombreuses variantes, bien que marginales en matière de superficie. C'est par exemple le cas des forêts gérées en « libre évolution », sans coupe de bois, des projets de « ré-ensauvagement » de territoires, portés notamment par l'association Rewilding Europe, ou encore des réserves de vie sauvage développées en France par l'Association pour la protection des animaux sauvages (Aspas), et où « aucune activité humaine n'est autorisée ».

À l'opposé de l'approche américaine, s'est construite en Europe, où la totalité des territoires étaient depuis longtemps largement anthropisés, une gestion beaucoup plus interventionniste de la nature. Il s'agit alors davantage de la gérer comme une « ressource naturelle » dont il importe de préserver et exploiter durablement la valeur, utile aux humains. Cette vision « conservationniste » est typiquement celle des parcs nationaux et parcs naturels régionaux français, savamment entretenus et où cohabitent espèces sauvages et activités humaines, agropastoralisme et activités touristiques stimulées par la mise en valeur de ces espaces vendus comme « naturels »[35].

Face à la réalité du terrain, cette distinction théorique entre préservationnisme et conservationnisme a tout de même de quoi faire quelques nœuds au cerveau… Comment, en effet, envisager de préserver un milieu libre de toute influence humaine à l'ère du changement climatique global ? La conservation de l'environnement est-elle plus naturelle en maintenant artificiellement le débit d'une rivière alimentée par un canal ou en laissant le débit s'affaiblir sous l'influence anthropique du dérèglement climatique ?

L'inéluctable influence humaine suscite de vives tensions dans la manière de gérer les milieux, notamment aquatiques. Dans l'ouest de la France, les zones humides en constituent un exemple éloquent, étudié par les géographes Farid Benhammou

35. Pour plus de détails sur ces différentes approches de la protection de la nature, voir notamment *La Part sauvage du monde*, Virginie Maris, Éditions du Seuil, 2018.

et Philippe Sierra. Dans un article de 2017[36], les chercheurs retracent l'histoire de l'acclimatation sur notre façade atlantique d'un échassier originaire d'Afrique, l'ibis sacré. L'espèce s'est diffusée sur notre territoire à partir des années 1990, jusqu'à sa classification en 2009 dans la liste des 100 espèces invasives les plus dangereuses d'Europe. Des campagnes de destruction, au nom de la protection de l'environnement, firent alors passer la population d'ibis sacrés en France de 1 200 couples estimés en 2006 à 180 couples en 2015. Pourtant, notent les auteurs, peu d'éléments montrent l'existence de « nuisances » de l'ibis sacré, ni pour les activités humaines ni pour les écosystèmes, et les faits relatés de prédation de l'ibis sur des espèces locales sont « peu concluants voire mensongers », dénoncent-ils. « Au contraire, l'ibis sacré s'est même révélé bénéfique pour les écosystèmes : il favorise la présence d'autres espèces rares et mange beaucoup d'écrevisses de Louisiane, une autre espèce invasive qui n'avait jusque-là aucun prédateur ! » me précise même Farid Benhammou.

Pourquoi, dans ce cas, avoir massacré ces élégants échassiers ? Pour les géographes, les motivations des acteurs contribuant à gérer ces espaces naturels étaient surtout géopolitiques et tenaient à « une conception fixiste de l'environnement qui voudrait que tout élément étranger à un équilibre vienne le mettre en danger ». Le fait que l'oiseau africain ait été diffusé à cause de l'homme serait un facteur aggravant, les humains étant considérés comme « agent naturel illégitime ». Or, les milieux sont au contraire en constante évolution, et largement façonnés par nos activités, rappellent-ils. Les zones humides françaises ont toutes subi une anthropisation importante et leur équilibre est aujourd'hui largement corrélé à nos usages de l'eau, notamment pour l'irrigation. À l'image du lac de Puydarrieux mentionné précédemment, celui de Grand-Lieu, au sud-ouest de Nantes, n'échappe pas à cette influence humaine qui façonne son hydrographie. Nombre d'ibis sacrés s'y sont installés ; vouloir

36. Farid Benhammou et Philippe Sierra, « Un Africain indésirable, l'ibis sacré. Analyse géopolitique d'un massacre », dans *Historiens et Géographes* n° 439, juillet-septembre 2017.

les éradiquer pour préserver une avifaune « autochtone » est un contresens, puisque la plupart des grands oiseaux n'y sont eux-mêmes présents que depuis quelques dizaines d'années. « Le héron cendré ne s'y est installé qu'à partir de 1914, la spatule blanche depuis 1973, la grande aigrette depuis 1994 – c'est-à-dire après l'ibis sacré ! »

Dans leur démonstration, les géographes soulignent ainsi que « refuser tout rôle à l'homme est contradictoire avec le fonctionnement actuel des écosystèmes ». Cette position les éloigne du préservationnisme à l'américaine et rejoint les réflexions sur la conservation où « l'on parle de plus en plus de potentiels évolutifs, et même de conservation "évocentrée", concepts qui permettent de penser la conservation du point de vue des processus et des dynamiques plutôt que des entités et des collections » écrivaient en 2022 Marine Fauché, Virginie Maris et Clara Poirier, chercheuses au Centre d'écologie fonctionnelle et évolutive du CNRS[37]. Elles appellent également à se méfier de la quête de l'autonomie des milieux, prônée dans la recherche de la libre évolution, mais qui tend à nous exempter de nos responsabilités. « C'est peut-être approprié dans certains contextes écologiques comme les forêts mixtes, mais cela risque aussi de réduire les responsabilités que nous avons de "réparer" et de prendre activement soin de la nature. Pour certaines espèces inféodées aux milieux ouverts, une gestion active est indispensable. »

Mais ces principes, appliqués à nos rivières, ne résolvent pas le problème de fond : même en s'émancipant d'une vision « fixiste » de la nature, où placer le curseur entre soutien des débits et acceptation d'une douloureuse dégradation des ressources en eau dans les prochaines décennies ? Virginie Maris poursuit la réflexion en prônant dans son ouvrage[38] une délicate position d'équilibre entre exploitation et sanctuarisation des milieux. La philosophe de l'environnement rappelle que le conservationnisme n'est pas le fixisme et que la « nouvelle conservation »

37. Marine Fauché, Virginie Maris et Clara Poirier, « Sauvages, naturelles, vivantes, en libre évolution… quels mots pour déprendre la terre ? », terrestres.org, 10 février 2022.
38. *Op. cit.*

suggère d'accueillir et d'accompagner le changement plutôt que de lutter contre. Mais, prévient-elle, la temporalité accélérée des changements actuels est un facteur crucial qu'il faut prendre en compte : « C'est justement parce que les milieux naturels sont des entités évolutives, historiques, qui se déploient sur des temps beaucoup plus longs que la cadence effrénée des activités humaines, que l'on doit protéger certains systèmes naturels et les soustraire à l'influence excessive des humains. Protéger la nature d'une puissance de changement et de destruction qui n'a aucun précédent dans l'histoire de la vie, ce n'est pas la mettre sous cloche, mais au contraire créer un espace et un temps dans lesquels elle puisse être au moins partiellement soustraite à cette pression pour évoluer dans les modalités qui sont les siennes. »

Les débits de nos cours d'eau, les précipitations et le rythme du cycle de l'eau vont inexorablement continuer à évoluer dans les prochaines décennies. Une part de ces bouleversements impactera nécessairement les milieux, de même que nos activités. Laisser « un espace et un temps » pour s'adapter à tous les habitants, humains comme autres êtres vivants, d'un bassin versant, nécessite des arbitrages éminemment politiques. Explorons pour conclure quelques-uns des leviers qui dessinent des avenirs radicalement différents.

La guerre de l'eau ou l'eau bien commun ?

Des hommes à la mine patibulaire montent la garde. Armés de fusils, ils se tiennent sur une rive de la Durance, dans le sud-est de la France, et surveillent la prise d'eau de leur canal. Quelques kilomètres plus loin sur la rivière, une autre bande s'active discrètement à la construction d'un barrage de fortune. Ils tentent de détourner le peu de flux restant dans le lit du cours d'eau.

Voilà le genre de scènes auxquelles on peut assister à la fin du XIXe siècle, le développement de l'irrigation agricole ainsi qu'une succession de sécheresses sévères créant à cette époque de vives tensions pour le partage de la ressource en eau[39]. Les conflits locaux éclatent un peu partout et atteignent leur paroxysme en 1906, poussant l'État à intervenir en fondant la Commission exécutive de la Durance (CED), chargée d'orchestrer la répartition de la ressource entre les gestionnaires des nombreux canaux déjà existants. Dans les décennies suivantes, les ingénieurs réfléchiront à une manière de stocker l'eau qui dévale au printemps depuis les montagnes avoisinantes, pour en disposer l'été et alimenter à profusion toute la Provence. Le projet se concrétisera avec la mise en eau du barrage de Serre-Ponçon en 1959. À la clé : le plus grand lac artificiel de France, avec ses 20 km de long et 3 km de large, pour un volume emmagasiné de 1,27 milliard de mètres cubes d'eau, soit l'équivalent de 320 000 piscines olympiques ! « Le lac sécurise en eau l'industrie et toute l'agriculture des Bouches-du-Rhône et du Vaucluse. Ça a profondément modifié la Durance, dont 90 % de l'eau est détournée », précise Philippe Picon, directeur Ressource en eau et environnement au Syndicat mixte d'aménagement de la vallée de la Durance (SMAVD).

Le bassin de la Durance est aujourd'hui un emblème d'artificialisation et de canalisation de la ressource en eau. Avec son principal affluent, le Verdon, ils couvrent à eux seuls 60 % des usages de l'eau de toute la région Provence-Alpes-Côte d'Azur. Autre chiffre éloquent : 70 % de l'eau des deux rivières est exporté en dehors du bassin. « Après les guerres de l'eau du début du XXe siècle, la région a connu une période d'abondance des années 1960 à aujourd'hui, avec le sentiment d'être bénie des dieux et d'être à l'abri du besoin. Les Alpes du Sud forment le "château d'eau" de la Provence et les ouvrages en assurent la répartition », résume Philippe Picon.

Les choses, évidemment, changent. Les sécheresses se sont multipliées ces dernières années, jusqu'à atteindre, en 2022, un niveau de tension inédit. « Le manque d'eau cette année, c'est du

39. Aimé Bertin, « Le barrage de Serre-Ponçon, pièce maîtresse de l'aménagement de la Durance », dans *La Revue de géographie alpine*, tome 48, n° 4, 1960, pp. 625-687.

jamais vu. C'est très impressionnant, et très inquiétant : on s'aperçoit que notre système atteint ses limites », témoigne Philippe Picon. À un hiver sec et pauvre en enneigement en montagne ont succédé les sécheresses et canicules de l'été. En juin, le lac était déjà inférieur de 7 m à la normale saisonnière, malgré la baisse drastique du turbinage et de la production d'hydroélectricité par EDF. De janvier à juin, l'électricien enregistrait une baisse de 60 % de sa production sur la Durance : la priorité était alors la distribution d'eau potable pour les 3 millions de personnes dépendant de la rivière, dont l'agglomération marseillaise. Début août, le niveau descendait sous les 14 m en dessous du niveau optimal : l'agriculture, le tourisme et l'industrie, toute l'activité économique s'est crispée sous le coup des restrictions. « Les territoires desservis par la Durance et ses affluents produisent 100 millions d'euros de valeur ajoutée et comptent environ 1 million de salariés. En cas de diminution de la ressource, près de 10 % de cette activité est directement menacée », compte le SMAVD.

Or, les années qui viennent, on l'a vu, pourraient de plus en plus souvent ressembler à 2022. Entre 2011 et 2013, une équipe pluridisciplinaire de chercheurs, coordonnée par Inrae-Lyon, a mené un travail prospectif sur le bassin, nommé « Risque, ressource en eau et gestion durable de la Durance en 2050 » (R^2D^2). L'étude confirme que la réserve de Serre-Ponçon devrait être de plus en plus souvent sollicitée face aux pénuries et « serait plus fréquemment insuffisante ». Les chercheurs ont imaginé différents scénarios prenant en compte de nombreux paramètres comme l'évolution démographique, l'évolution de l'irrigation, celles de l'usage des sols et du prix de l'énergie, etc. Il en ressort qu'un « territoire avec des pratiques maintenues au niveau de 2010 verrait fortement augmenter la consommation moyenne (+ 100 %) ». De manière étonnamment optimiste, l'étude conclut cependant que le système Durance-Verdon est « relativement robuste aux changements climatiques en comparaison avec les bassins versants des régions voisines du sud de la France ». Cela tient aux efforts consentis et à la baisse de la consommation d'eau dans la plupart des autres scénarios étudiés : « Nos scénarios impliquent une vraie dynamique de lutte contre le gaspillage de l'eau et une vraie politique suivie de réduction de la consommation », explique Éric Sauquet, qui a coordonné le projet. Or, ces supposés implicites pourraient s'être avérés exagérément optimistes quant aux volontés d'adaptation des acteurs locaux… « Je ne crois pas qu'on soit sur une trajectoire de sobriété. Quand on interroge les agriculteurs, ils nous disent que réduire la consommation d'eau coûterait trop cher. Depuis la crise financière de 2011, le soutien politique et financier aux améliorations techniques nécessaires ne semble plus du tout acquis », s'inquiète l'hydrologue. « Les investissements présupposés par ces scénarios n'ont pas encore été réalisés. C'était un peu la méthode Coué, mais ça ne correspond pas à la situation réelle aujourd'hui », regrette également Philippe Picon.

De fait, les ambitions de la Société du canal de Provence (SCP) n'augurent pas vraiment d'un tournant vers plus de sobriété. La société a annoncé un projet d'investissement massif de 400 millions d'euros d'ici 2027, d'une part pour sécuriser ses canalisations existantes, mais aussi pour étendre son réseau dans le Var et le Lubéron. En réaction à la hausse des sécheresses, la SCP doit ainsi permettre d'irriguer 30 000 ha de terres agricoles supplémentaires dans les prochaines années. « Cela montre que la Durance est toujours perçue comme le château d'eau de la région. On atteint pourtant les limites d'une telle approche aujourd'hui », souligne Éric Sauquet. Dans la continuité de l'étude « R^2D^2 », le SMAVD a développé le programme « Connaissance et changement climatique : prospectives et observations » (C3PO, évidemment) pour affiner les projections sur la ressource en eau d'ici 2050. « On est partis d'un des résultats de « R^2D^2 » qui prévoit une baisse de 10 % de la ressource sur le bassin de la Durance. Sur les vingt ans à venir, cela nous donne pour le lac de Serre-Ponçon huit à dix années avec un niveau extrêmement bas et un impact significatif sur l'activité touristique. Et encore, ce scénario de -10 % est très optimiste ! Il y a des pratiques qui ne sont pas adaptées aux changements drastiques qu'on doit mener si l'on veut éviter le retour de la guerre de l'eau », alerte Philippe Picon. Les plus récentes projections ne risquent pas de tempérer ces inquiétudes : le débit d'étiage de la Durance pourrait même baisser de 30 % dans les trente prochaines années, d'après un rapport publié début 2023 par l'Agence de l'eau Rhône-Méditerranée-Corse[40].

La menace est dans toutes les têtes : à mesure que la ressource s'amenuise, chacun semble chercher à s'adapter en tirant l'eau à soi sans vision holistique des usages ni engagement sérieux dans l'effort radical de sobriété pourtant nécessaire. Des conditions idéales pour faire monter les tensions et conflits pour l'appropriation de l'eau. Déjà, en 2022, l'expression « guerre de l'eau » revenait de manière lancinante en une des journaux à chaque nouvelle occurrence de sécheresse et de son cortège d'arbitrages douloureux entre usagers. L'expression, en passe de devenir un marronnier, inquiète également nos élus : « Pourra-t-on éviter une guerre de l'eau ? » s'interrogeait ainsi un rapport sénatorial sur le sujet en 2016[41]. Et de répondre dans la foulée que « le dérèglement climatique va nécessairement accentuer les tensions et accroître les conflits d'usage ». Les études prospectives régionales pointent les mêmes enjeux, à l'instar du rapport « Garonne 2050 » qui souligne que « le risque est réel d'une forme d'appropriation des ressources par une multiplicité de petites infrastructures, et d'une croissance des conflits d'usage ». Sur le terrain, la colère monte de toutes parts. À Perpignan, en janvier 2023, des centaines de manifestants soutenus par des dizaines de tracteurs défilaient en direction de la préfecture pour dénoncer une décision de justice qui, à la demande de la fédération écologiste France Nature Environnement, était venue annuler une dérogation permettant de puiser davantage d'eau dans la Têt pour l'irrigation.

Les manifestations et affrontements violents autour des projets de mégabassines dans le Poitou constituent aujourd'hui le climax de ces luttes pour l'eau. Ailleurs, les mobilisations

40. « Les débits d'étiage du Rhône en baisse sous l'effet du changement climatique. Quels enjeux pour l'avenir ? », Agence de l'eau Rhône-Méditerranée-Corse, 2023.
41. « Eau : urgence déclarée », rapport d'information n° 616 (2015-2016) d'Henri Tandonnet et Jean-Jacques Lozach.

militantes déclinent déjà les modes d'action sous de multiples formes. En juillet, à Gérardmer, dans les Vosges, plusieurs jacuzzis de particuliers ont ainsi été percés quelques jours avant que la commune ne doive puiser l'eau du lac pour compenser la pénurie d'eau potable. En août, à Limoges et à Toulouse, ce sont plusieurs greens de golf qui ont été investis par des activistes écologistes venus boucher les trous ou planter des légumes dans le gazon, pour dénoncer « l'accaparement de l'eau » qui sert à arroser ces terrains de loisir en pleine crise sécheresse.

Ces quelques signaux faibles préfigurent l'inéluctable hausse des conflits. Ils symbolisent, surtout, l'échec des politiques menées en la matière ces dernières décennies, incapables d'anticiper ces tensions ni d'organiser l'évolution des usages en adéquation avec la raréfaction de l'eau lors des périodes critiques, notamment estivales. Essayons de tirer quelques leçons de cet échec patent.

On peut, pour simplifier, distinguer deux approches classiquement utilisées pour réguler la consommation d'eau : par les prix et les leviers économiques d'une part, par des mesures réglementaires, quotas et autres interdictions de prélèvement pur et simple d'autre part. L'approche par les prix comprend notamment des mesures incitatives. Les agriculteurs payent par exemple des redevances « prélèvement » et « pollution » aux agences de l'eau. Ces recettes fiscales, auxquelles contribuent tous les usagers – y compris les particuliers via leur facture de consommation d'eau –, servent à financer les ouvrages hydrauliques et divers investissements auxquels contribuent les agences de l'eau. Des incitations financières positives sont également supposées favoriser les économies d'eau. C'est le cas, par exemple des mesures agroenvironnementales et climatiques (MAEC) de la politique agricole commune européenne : cette subvention est donnée aux agriculteurs qui favorisent le ralentissement du cycle de l'eau en convertissant une partie de leurs terrains en prairies ou forêts, par exemple.

Mais, d'une manière générale, que les prix de la consommation ne soient pas assez dissuasifs ou que des enjeux sociaux et culturels l'emportent sur l'attrait des subventions, ces mesures se sont, jusqu'à présent, révélées largement inefficaces. « Ce sont des incitations de type carotte et bâton qui découlent de la théorie économique, mais l'agriculteur n'est pas un pur *Homo economicus* », souligne Nina Graveline, économiste à l'Inrae, dans la revue de l'institut[42]. En outre, si l'on élargit la focale aux grandes dynamiques macroéconomiques, ces mesures incitatives se trouvent complètement diluées dans une logique de marché qui pousse, elle, à la croissance de la production agricole et de la consommation d'eau qui l'accompagne. La politique agricole commune, construite dans une logique de libre-échange mondialisé et d'encouragement des exportations, était vertement critiquée en 2018 par la Cour des comptes[43] (pour ne citer que cette instance), qui lui reprochait ses subventions inégalitaires et qui « avantagent les grandes exploitations et celles dont les activités sont les plus rentables ». À l'instar de Bertrand Lamarche, irrigant président de Rés'eau Clain, que nous avions croisé à Poitiers au chapitre 3, nombre de céréaliers sont engoncés dans des logiques économiques qui les poussent à toujours plus de gigantisme. La voie des leviers économiques est donc largement tributaire de décisions politiques et des grandes orientations de nos politiques économiques.

L'autre approche, justement, est plus directement politique. On a vu qu'en situation de crise et de pénurie, l'État, sous forme d'arrêtés préfectoraux, pouvait prendre des mesures de restriction drastique, interdisant les usages non essentiels de l'eau. En situation normale, la gestion équilibrée et durable de la ressource en eau est organisée à l'échelle des grands bassins versants en France : un comité de bassin y élabore le schéma directeur d'aménagement de gestion des eaux (Sdage). Ces comités qui définissent les grandes orientations de la politique du

42. Voir le dossier « L'agriculture va-t-elle manquer d'eau ? », *op. cit.*
43. « L'évolution de la répartition des aides directes du fonds européen agricole de garantie (Feaga) et leurs effets (2008-2015) », Cour des comptes, Réf. : 52018-2553, octobre 2018.

bassin se veulent de véritables « parlements locaux de l'eau ». Ils sont composés à 40 % d'élus des collectivités, à 40 % de représentants des industriels, agriculteurs, associations de défense de l'environnement, de pêcheurs et consommateurs, et à 20 % de représentants de l'État. À une échelle plus locale, au sein de chaque bassin, une commission locale de l'eau (CLE) peut également jouer ce rôle de « parlement de l'eau » entre les acteurs locaux et décliner une gestion collective de la ressource à l'échelle du bassin d'une rivière. La répartition des ressources financières reste entre les mains des agences de l'eau tandis que le pouvoir réglementaire et de police de l'eau est l'apanage de l'État.

Voilà pour l'empilement de structures administratives un brin indigeste. Il est censé permettre une gestion au plus près du terrain, mais ces « parlements de l'eau » sont en réalité loin d'assurer une gestion démocratique de la ressource. Un premier problème soulevé est celui de la gestion des redevances et subventions par les agences de l'eau : il leur est souvent reproché de favoriser les pollueurs plutôt que les consommateurs, qui participent à financer la dépollution de l'eau et payent, proportionnellement, plus cher l'accès à la ressource, puisque les plus gros consommateurs bénéficient souvent de tarifs dégressifs ou de forfaits pour leurs prélèvements. Mais, surtout, les rapports de force sont loin d'être équilibrés au sein de ces instances. Nombre d'acteurs de terrain que j'ai pu rencontrer lors de cette enquête, défenseurs de l'environnement ou partisans d'une agriculture agroécologique et plus sobre en eau, ont exprimé leur frustration face au sentiment récurrent d'entente tacite entre la préfecture et les représentants de la FNSEA, premier syndicat agricole et thuriféraire de l'agriculture intensive. « Les utilisateurs de l'eau les plus riches et les plus puissants tendent à dominer les conseils de bassin, et des asymétries de pouvoir ressurgissent dès lors que des sujets aussi cruciaux que la mise en place d'accords de partage de l'eau sont à l'ordre du jour », analysent dans un ouvrage les chercheurs Sylvain Barone et Pierre-Louis Mayaux[44].

---

44. Sylvain Barone et Pierre-Louis Mayaux, *Les Politiques de l'eau*, LGDJ, 2019.

La « participation » des usagers à la gestion de l'eau tend ainsi à se résumer à une négociation entre l'État et les groupes d'intérêt les mieux constitués. D'autant plus que, au sein des CLE, « les décisions les plus importantes sont souvent négociées en coulisse », notent les chercheurs. La multiplication des projets de mégabassines témoigne, malgré les tensions que l'on a évoquées, de ces orientations dans les processus de décision…

Une véritable démocratisation de la gestion de l'eau serait-elle la clé pour sortir de l'impasse et tendre vers une réelle sobriété des usages ? C'est en tout cas le message que portent de plus en plus de voix, au travers d'une revendication phare : faire de l'eau un « bien commun ». Voire simplement un « commun », concept à la longue histoire, comme nous allons le voir. De nombreux collectifs « Eau Bien Commun » émaillent ainsi le territoire, dont certains étaient signataires en 2021 d'une tribune[45], aux côtés de femmes et d'hommes politiques appelant à « gérer l'eau comme un commun », instaurant notamment la gratuité des premiers mètres cubes vitaux pour chaque citoyen. L'expression fait également florès dans le champ scientifique. « L'eau douce est vitale et doit être considérée dès lors comme un bien commun à partager, et non comme un produit qui pourrait être soumis à la loi du marché », affirmait ainsi en mars 2022 Agathe Euzen, directrice du nouveau Programme et équipement prioritaire de recherche (PEPR) exploratoire OneWater-Eau bien commun, copiloté par le CNRS, l'Inrae et le BRGM, et lancé à cette occasion.

Si la notion de commun est source d'inspiration et d'enthousiasme chez de nombreux porteurs d'alternatives, c'est que le concept charrie l'idée d'une possible « troisième voie ». Ni le marché, ni l'État : c'est le commun qui permettrait une gestion de la ressource directement par les acteurs concernés, au plus près du terrain et en autonomie. Pour comprendre l'idée contemporaine de commun, il faut remonter à celui qui en fut le plus farouche opposant, le biologiste américain Garrett Hardin.

45. À lire sur reporterre.net : « Nous devons gérer l'eau comme un bien commun », 22 mars 2021.

Il publia en 1968 un article devenu célèbre, intitulé « La tragédie des communs », dans lequel il entendait démontrer de manière théorique que la gestion en commun de pâturages par une communauté paysanne, telle que cela se pratiquait dans l'Angleterre médiévale, aboutissait nécessairement à la destruction catastrophique de la ressource. Si les prairies n'appartiennent à personne, écrit-il, l'intérêt égoïste de chaque éleveur provoquera la surconsommation du stock d'herbe, chacun s'étendant au détriment des autres. Seule la privatisation de la ressource et/ou son contrôle par l'État permettrait ainsi de mettre en place une gestion rationnelle et une exploitation durable.

C'est contre cette vision qu'a longuement travaillé Elinor Ostrom, pionnière de la réhabilitation des communs, récompensée pour cela en 2009 par le prix de la Banque de Suède en sciences économiques en mémoire d'Alfred Nobel (l'équivalent du « prix Nobel d'économie », qui n'existe pas). La chercheuse américaine a notamment planché sur la gestion des ressources en eau, élaborant au fil de son travail et de celui de ses collègues, une série de conditions et de principes permettant à un groupe de gens de gérer durablement une ressource en commun, en l'absence de toute régulation étatique et de marché. L'absence de propriété privée et publique sur la ressource, toutefois, n'est pas l'absence de règles. L'autogouvernance par les acteurs locaux permet une gestion plus pertinente, issue d'une connaissance plus fine du terrain, à condition que les droits d'accès soient encadrés par des règles claires, accompagnées de mécanismes de surveillance, de sanctions graduées en cas d'abus, de procédures permettant l'élaboration de choix collectifs et de mécanismes de résolution des conflits, entre autres choses. Ainsi de nombreuses communautés étudiées par Elinor Ostrom (en Espagne ou aux Philippines sur la gestion de l'irrigation, en Californie sur la gestion d'une nappe phréatique, en Turquie autour d'une pêcherie, etc.) ont-elles évité la tragédie des communs et la surexploitation de leurs ressources, grâce à l'établissement de règles locales et à une autogestion émancipée du jeu du marché et du recours à l'État.

Voilà pour la théorie. Dans les faits, la gestion des communs se trouve confrontée à quelques limites, là aussi largement commentées par les intellectuels qui se sont penchés sur ce concept. Le principal obstacle, si l'on applique l'idée de commun à la gestion de l'eau qui nous préoccupe, concerne le passage à l'échelle. Il faut, en effet, penser l'eau au niveau des grands bassins versants, dont on a vu à quel point les usages à l'amont et à l'aval étaient interdépendants. Or, l'autogestion à cette échelle devient quelque peu compliquée. « Ce qui semble pouvoir fonctionner – et encore, au prix de multiples formes d'exclusion et de rapports de force souvent occultés – en se limitant à une échelle géographique et temporelle bornée, ne peut réussir que beaucoup plus difficilement quand on élargit le spectre. Émerge en effet alors le risque d'asymétries croissantes, liées notamment à l'éloignement géographique et temporel entre le groupe bénéficiaire et le groupe désavantagé, ce qu'on appelle parfois un problème de “distribution des coûts” », écrit ainsi le philosophe Serge Audier[46].

Traduction concrète : une gestion de l'eau en autonomie par la « communauté locale » d'un bassin versant risque de se résumer au pouvoir d'influence des plus gros syndicats agricoles et autres gestionnaires de centrales électriques, au détriment des petites fermes agroécologiques ou des fédérations de pêche, notamment. Soit le biais constaté précédemment à propos des « parlements de l'eau », où l'autorité de l'État ne fait que catalyser ces rapports de force. Pour mieux partager les usages de l'eau et tendre collectivement vers la sobriété, réguler le pouvoir de ces différents acteurs implique que « l'État ait un rôle inéliminable à jouer, mais un État démocratique », conclut Serge Audier, lui-même théoricien d'un « éco-républicanisme » qui fait la part belle à l'État pour gérer les enjeux écologiques dans l'intérêt commun.

Avec ou sans l'État, la question de la démocratie reste bien l'enjeu central. Les militants des communs réclament une

46. Serge Audier, *La Cité écologique : Pour un éco-républicanisme*, La Découverte, 2020.

démocratie plus réellement et complètement appliquée au travers d'une volonté de « réappropriation » par la communauté de biens communs considérés comme illégitimement privatisés. Dans les faits, l'imaginaire des communs sert par exemple souvent à renouveler l'appel à une réappropriation publique des réseaux de distribution d'eau potable. Le cas emblématique étant celui de la remunicipalisation de la distribution d'eau potable de Paris, via la création de la régie publique Eau de Paris en 2009, après plus de vingt ans d'une gestion privée fortement critiquée pour son opacité et l'explosion des prix de l'eau pour les usagers. La capitale est ainsi devenue la première ville de l'Union européenne à obtenir le label international « Communauté Bleue », pour la reconnaissance de l'eau comme bien commun, en 2016.

L'étendard du bien commun est aussi utilisé pour remunicipaliser l'eau potable à plus petite échelle. Le collectif Eau Bien Commun Ouche & Montagne, créé en 2018 à Mâlain, en Côte-d'Or, a obtenu la reprise en main par une régie publique intercommunale de la gestion de l'eau potable, jusque-là déléguée à Suez, multinationale de l'eau. Léo Coutellec, enseignant-chercheur en philosophie des sciences, lui-même membre du collectif, en a documenté l'action de l'intérieur[47]. Ce qui nous intéresse dans cette démarche, c'est que le combat pour ce que le chercheur appelle une « reconquête locale d'un commun vital » a nécessité une « politisation de la question de l'eau ». Léo Coutellec entend dénoncer une dérive technocratique récurrente qui touche les enjeux impliquant une forte expertise, notamment en écologie et en hydrologie : le recours aux experts prétendus neutres, qui ne fait parfois qu'exclure les acteurs porteurs d'une vision alternative de la gestion de la ressource. « Derrière cette volonté de ne pas politiser les débats – la revendication apolitique – se cache en fait une volonté de ne pas partager le pouvoir par ceux qui l'ont déjà », dénonce-t-il. Ainsi, la réappropriation « en commun » de la distribution de l'eau potable n'a-t-elle pas uniquement concerné la matérialité du

47. Léo Coutellec, « L'eau aux bords du politique », In Situ. Au regard des sciences sociales sur journals.openedition.org.

réseau mais aussi, et peut-être avant tout, le savoir sur l'eau, c'est-à-dire la connaissance hydrologique, technique et économique, par l'ensemble de la communauté. « On est montés progressivement ensemble en compétence et en intelligence collective. C'est un travail fondamental : le commun, c'est d'abord la réappropriation collective de la puissance d'agir sur la ressource », raconte le chercheur. Ce qui permet ensuite aux citoyens engagés de faire émerger des contre-expertises et de souligner l'existence de solutions alternatives dans la gestion de la ressource, sujette, donc, à délibération politique. Et de conclure par ce slogan : « Pas de communs sans politisation ».

Faire passer la gestion des réseaux d'eau potable dans le giron public n'est bien sûr qu'un levier aussi modeste que partiel face aux enjeux bien plus vastes des conflits latents autour des pénuries d'eau. « Nous n'avons pas gagné la guerre de l'eau, mais nous avons mis l'eau aux bords du politique, pour ouvrir une brèche d'émancipation », souligne lui-même Léo Coutellec. L'idée d'ouvrir une brèche pourrait bien s'avérer essentielle. À commencer par une brèche dans les imaginaires. Il est évident que cela ne pourra pas suffire : la bataille pour la sobriété des usages de l'eau et des modes de vie, de même que la lutte contre l'accaparement de l'eau par l'agro-industrie ou contre la course au productivisme implique la mise en œuvre de colossaux chantiers de transformation politiques et économiques. Une première pierre pourrait toutefois concerner une bascule dans les récits, un changement de paradigme, dans la manière même d'appréhender l'eau qui nous environne.

« Les imaginaires sont toujours à l'œuvre. La question, c'est celle de la contestation de certains imaginaires et par d'autres. Notre manière de penser notre rapport à l'eau est prise dans un imaginaire du contrôle, de la gestion et de la quantification, qui pense que maîtriser la nature par la métrique, penser l'eau comme des flux, des cubages, c'est la meilleure façon de la gérer. Mais penser l'eau dans le langage de la gestion, c'est un imaginaire… », rappelle Jean-Philippe Picon, professeur de philosophie à l'université de Bourgogne[48].

Défricher de nouveaux imaginaires aquatiques est un chemin à voies multiples. Une piste parmi d'autres est avancée par les chercheurs canadiens en sciences politiques Gabriel Blouin Genest, Frédéric Julien et Sylvie Paquerot. Ils notent dans leur ouvrage collectif que l'eau est usuellement considérée comme une ressource, sans que ce présupposé ne soit questionné[49]. Face à cette « eau-ressource », ils plaident pour la mobilisation d'une nouvelle « culture de l'eau ». Changer de culture serait un préalable indispensable pour espérer changer la manière dont on priorise les usages. « L'hégémonie du discours de l'eau-ressource assure que l'économie l'emporte "par défaut" sur d'autres considérations, dès lors qu'elles entrent en compétition », déplorent les auteurs, assurant que tout jeu d'arbitrage politique est voué à privilégier toujours l'économie sur les autres usages tant que l'on ne sort pas du paradigme de l'eau-ressource. « Il faut donc exiger davantage qu'un rééquilibrage entre l'économique, le social et l'écologique et retirer – purement et simplement – une partie du cycle hydrologique de l'emprise de la logique économique », écrivent-ils.

Dans cette optique, il s'agirait de déployer de nouveaux imaginaires, un « contre-discours » sur « l'eau-citoyenne » et « l'eau pour la vie » qui viendrait concurrencer et s'imposer prioritairement au discours sur « l'eau-ressource ». Ces trois valeurs de l'eau viendraient s'emboîter les unes dans les autres, de manière hiérarchisée. « L'eau pour la vie », c'est-à-dire l'eau potable et celle réservée aux écosystèmes étant « le premier niveau de valeur à chérir, la base sans laquelle on ne peut jouir des deux autres ». Vient ensuite l'eau-citoyenne, soit l'eau pour les activités d'intérêt

48. Table ronde du 22 mars 2022 consacrée au futur de l'eau par la Métropole de Lyon : « L'eau comme bien commun : et si les imaginaires ouvraient les possibles ? », disponible sur la chaîne YouTube Grand Lyon TV.
49. Gabriel Jouin Genest, Frédéric Julien et Sylvie Paquerot, *L'Eau en commun : De ressource naturelle à chose cosmopolitique*, Presses de l'Université du Québec, 2011.

général. Puis, enfin, l'eau-ressource, qui reste un usage légitime mais qu'il s'agit de « remettre à sa place ».

À première vue, cette hiérarchisation semble déjà recouper ce que prévoit en France la réglementation, qui restreint par exemple les prélèvements agricoles en situation de crise pour préserver les débits biologiques des rivières. Mais les seuils et arbitrages en la matière sont, comme on l'a découvert ensemble, très contestables et souvent douloureux pour les milieux. D'où l'importance de ce changement de culture, au-delà de la simple logique comptable. Au sein de l'Union européenne, la directive-cadre sur l'eau de 2000 (dont les objectifs servent de référence pour être déclinés en politiques nationales) reste en ce sens centrée sur une vision de l'eau-ressource, déplorent les chercheurs, même si émerge l'idée d'une eau comme un « service », mais qui ne permet pas de dépasser la rationalité instrumentale : « Le seul commun possible ici demeure la perspective d'un "marché commun". »

Les auteurs priorisent différemment les trois niveaux en raison des logiques qui les sous-tendent : l'eau pour la vie répond à une « nécessité », l'eau-citoyenne à une « satisfaction des besoins » et l'eau-ressource à un « assouvissement des désirs ». Changer de paradigme consisterait à intérioriser, collectivement, le caractère fondamental de ce changement de priorité.

Vaste programme... On pourrait décliner longtemps les propositions et développements théoriques portés par différents auteurs mais, puisqu'il faut bien conclure, retenons l'idée centrale : lorsque l'eau vient à manquer, si l'on veut préserver les usages vitaux dont chacun dépend, il s'agira d'apprendre à renoncer à l'assouvissement des désirs les plus superficiels et dispensables. Ce qui implique d'en dresser l'inventaire et de décider en commun quels sont les renoncements acceptables. Ici prennent fin les constats et débute la politique.

Sortir du déni

Au moment de conclure cet ouvrage, début 2023, le pire des scénarios semble être en passe de se réaliser. La France reste engluée dans une sécheresse historique qui ne semble jamais vouloir finir. La crainte lancinante que m'ont confiée au fil de mes pérégrinations les agronomes, les hydrogéologues, les agriculteurs, les énergéticiens et tant d'autres acteurs dépendant de l'eau, se concrétise doucement : un hiver 2023 extrêmement sec succède aux sécheresses de 2022, empêchant la recharge des nappes et laissant présager d'une situation encore plus critique pour l'été à venir. Entre janvier et février 2023, la France métropolitaine a connu 32 jours consécutifs sans pluie. Soit un jour de plus que le précédent record datant de 1959. De décembre à février, le déficit de précipitations atteint près de 25 %, et plus de 75 % en février, précise Météo-France. En février 2023, cela faisait plus d'un an que le pays vivait un déficit quasi constant de précipitations. Début mars, le BRGM enregistrait un niveau « modérément bas à très bas » pour 80 % des nappes, anticipant, si la situation se confirme, « des situations tendues dès le début du printemps ». Les hydrologues craignent la multiplication de ces sécheresses devenues pluriannuelles, phénomène jusqu'à présent rarissime en France métropolitaine.

Le surgissement de ces crises agit comme un révélateur : nous prenons soudain conscience de notre dépendance fondamentale à une ressource, souvent invisibilisée et dont la disponibilité semblait aller de soi. Jusqu'au moment où des centaines de communes ont besoin d'être ravitaillées par camion-citerne en eau potable, où les rivières à sec se vident de leurs poissons, où les champs desséchés voient leurs rendements s'effondrer et où les gestionnaires des barrages se retrouvent contraints d'arbitrer entre production d'électricité, activités touristiques ou préservation des milieux. Chacun ressent alors la vulnérabilité et le fragile équilibre du cycle de l'eau sur lequel reposent tous les systèmes humains et vivants.

J'ai tenté de prendre conscience et de décortiquer avec vous quelques éléments de cette fascinante machinerie naturelle : comment l'eau s'infiltre sous terre en une myriade de réseaux aussi divers que complexes, fonçant ici en véritables cascades souterraines dans les brèches karstiques, s'attardant là-bas durant des millénaires dans des nappes captives. Comment l'eau de ces aquifères et celle de la surface communiquent sans cesse et s'abreuvent l'une l'autre. Comment les crues entretiennent les rivières, comment la végétation crée ses propres cycles de l'eau en se nourrissant de l'eau verte, comment les arbres ralentissent le cycle de l'eau, comment la vie de l'aval dépend des nutriments de l'amont, etc. Comprendre ces cycles, se laisser gagner par l'excitation de la connaissance, par la prise de conscience enthousiaste de la richesse de ces phénomènes, peut constituer collectivement un premier pas vertueux vers la réappropriation des savoirs sur l'eau et la conversion de cet élément si précieux en bien commun.

La connaissance sur les perturbations en cours de ce cycle de l'eau ne manque pas non plus. Malgré le lot d'incertitudes qui pèsent sur l'évolution du climat, si complexe à appréhender dans sa multitude de phénomènes en interaction, doublées de l'évolution de nos activités à l'origine du changement climatique, les scientifiques dégagent, en ce qui nous concerne, plusieurs tendances claires. La France va se réchauffer bien plus intensément que la moyenne mondiale. Le sud du pays, quoi qu'il arrive, verra les sécheresses se multiplier tandis que, même dans les régions où les précipitations pourraient se maintenir au même niveau qu'aujourd'hui, voire augmenter, la hausse de l'évapotranspiration et le bouleversement des cycles des végétaux menacent de perturber fortement le cycle de l'eau. La disparition des glaciers en montagne et la baisse de l'enneigement participeront elles aussi à ces perturbations, en décalant l'onde de fonte dans les rivières. Dans les prochaines décennies, le niveau d'humidité des sols considéré auparavant comme extrêmement sec risque de devenir la norme. Un été caniculaire comme celui de 2022 pourrait également devenir notre nouvel ordinaire.

La recherche documente tout cela, et pourtant, nous nous retrouvons pris de cours lorsque ces sécheresses extrêmes pointent le bout de leur nez. Le manque d'anticipation est criant et montre déjà ses effets dramatiques sur les rivières, exsangues faute d'avoir appris à y prélever moins d'eau, ou sur les pertes agricoles, de plus en plus compliquées à encaisser pour nombre d'agriculteurs. Il est urgent d'agir. Et, pour commencer, urgent de sortir d'un double déni.

Le premier s'est forgé dans l'illusion que la technologie viendra nous sauver. Il existe de multiples pistes techniques pour améliorer l'efficience de nos consommations en eau, que je n'ai pas abordées dans ce livre. La « réut », par exemple, ou réutilisation des eaux usées et traitées, est une technique intéressante pour consommer de l'eau issue des stations d'épuration au lieu de la prélever à nouveau dans les milieux. Seul 1 % des eaux est réutilisé en France aujourd'hui, contre 14 % en Espagne et jusqu'à 90 % en Israël ! D'autres technologies, comme celles améliorant l'efficience de l'irrigation ou limitant les pertes dans les réseaux de distribution d'eau potable, pourraient également réduire notre consommation. Mais ces gains se font à la marge et peuvent même nuire à la nécessaire mobilisation collective pour la baisse de nos consommations d'eau, en nous donnant la trompeuse impression que des solutions sont déjà mises en œuvre. Pire, utiliser le seul levier technologique peut générer des « effets rebond ». Vous savez, c'est ce qui arrive lorsque l'on améliore une technique pour qu'elle consomme moins de ressources… mais que le gain obtenu, qui rend la production moins chère, encourage au contraire la hausse de la production. Résultat : une technologie qui permet de consommer moins de ressource provoque une plus grande consommation de ressource !

Par exemple, grâce aux progrès techniques, les voitures consomment beaucoup moins d'énergie à poids égal. On en a donc profité pour... faire des voitures plus grosses, nos chers SUV qui empoisonnent nos villes et qui étaient, entre 2010 et 2018, la deuxième source d'augmentation des émissions de CO_2 dans le monde, devant l'industrie lourde ou l'aviation, selon l'Agence internationale de l'énergie... Variante de l'effet rebond : les mégabassines, qui créent l'illusion d'une ressource toujours abondante et détournent les agriculteurs des efforts nécessaires de réductions massives de consommation d'eau, en plus des effets pervers induits que nous avons déjà évoqués. Risque typique de maladaptation sur lequel alertent les chercheurs.

La technologie ne sert à rien tant que nous ne sortons pas d'une logique de surconsommation. Ce qui nous amène au second déni qu'il est urgent de dissiper : nous ne ferons pas l'économie d'efforts drastiques ni de changements radicaux dans nos usages de l'eau. « Aujourd'hui, nous n'avons plus besoin d'une "transition" mais d'une "rupture" », me martelait Florence Habets. L'hydroclimatologue se dit sidérée par la « fuite en avant » complète de notre modèle agricole. Comme elle, nombre de chercheurs travaillant au quotidien avec les agences de l'eau, avec les institutions agricoles ou avec des administrations locales ou étatiques, m'ont témoigné leur désarroi, si ce n'est leur colère, face à l'absence de prise de conscience des décideurs. Le Varenne agricole de l'eau cristallise les incompréhensions. Cette large concertation menée par le gouvernement entre 2021 et février 2022 visait à adapter l'agriculture et son utilisation de l'eau au changement climatique. Tandis que, en 2019, les Assises de l'eau, également sous l'égide gouvernementale, affichaient d'ambitieux objectifs de sobriété, dont la baisse des prélèvements d'eau en France de 10 % d'ici 2025 et de 25 % en quinze ans, le gouvernement mettait trois ans plus tard, à la sortie du Varenne, l'accent sur les mesures technologiques et de stockage pour s'adapter aux pénuries d'eau. « Le Varenne a été très sèchement reçu par les agences de l'eau et les hydrologues. Il est par ailleurs centré sur l'agriculture sans avoir en tête les autres variables », me confiaient officieusement deux hydrologues. Pour une de leurs collègues, ce sont les discussions autour du deuxième Plan national d'adaptation au changement climatique (PNACC) qui furent révélatrices des blocages et dogmatismes : « On n'avait pas le droit de parler de sobriété. On a eu un débat houleux, il y avait un souci commun de maîtriser le vocabulaire de la part du ministère et des chambres d'agriculture », raconte-t-elle. « Dans mon groupe de travail, lors du Varenne, on parlait de l'eau comme d'un "gisement", avec une vision extractiviste de la ressource en eau. Ça me paraissait préhistorique comme approche… », déplore encore un autre.

Confortée par encore d'autres témoignages, cette absence dramatique de prise de conscience du besoin de changement radical de paradigme de la part des pouvoirs publics, se nourrit d'une vision partagée avec de puissants acteurs économiques, principaux syndicats agricoles en tête. Le 30 mars 2023, toutefois, au bord du lac de Serre-Ponçon, Emmanuel Macron dévoilait les grandes lignes du nouveau plan gouvernemental sur l'eau, en insistant enfin sur les besoins de « sobriété ». Mais l'infléchissement n'a rien de la rupture radicale attendue : l'objectif est fixé à 10 % d'économies d'eau d'ici 2030 – un recul par rapport à l'objectif des Assises de l'eau. Surtout, le président de la République a insisté sur les « solutions innovantes » et technologiques pour lutter contre les fuites et optimiser les réseaux d'eau. Dans le domaine agricole, les solutions d'adaptation présentées passent également par la technologie, la mise en place de « systèmes intelligents » dans l'irrigation et l'optimisation du stockage de l'eau, dans les retenues, qui devraient continuer à se multiplier. Le discours conditionnait tout de même ces évolutions technologiques à la « transformation », en parallèle de nos modèles agricoles, et soulignait que certaines productions et schémas agricoles devraient profondément évoluer et/ou migrer vers d'autres territoires. Une promesse de papier qui n'annonce pas de chamboulement majeur : le ministre de l'Agriculture précisait dans la foulée que l'objectif pour l'agriculture n'était pas de diminuer ses prélèvements en eau mais tout au plus de les stabiliser, excluant tout « effort supplémentaire » pour les agriculteurs.

La foi dans le déploiement de solutions technologiques n'est bien sûr pas à rejeter en bloc. Face à l'urgence de la situation, il existe toutefois une autre solution, extrêmement efficace, qui ne coûte rien et dont l'application serait immédiate : consommer moins. Mais apprendre à se passer d'une partie de la « houille blanche » de nos centrales hydroélectriques (et nucléaires) interroge la pertinence de nos usages, de nos modes de vie toujours plus gourmands en électricité. La réflexion doit être structurelle. Comme l'illustre la situation des agriculteurs irrigants, changer de pratique implique des solutions globales, une réorganisation de nos structures économiques, pour arrêter, par exemple, ces encouragements intenables à l'export de la production de maïs… Les solutions low-tech, là aussi, sont pléthores : restaurer les méandres des cours d'eau, planter des haies, des arbres, prendre soin de la vie des sols, les désimperméabiliser en zone urbaine, accompagner les changements de cultures et de pratiques au fil de la « méditerranéisation » d'une partie du territoire, etc. De nombreux agriculteurs, communes et acteurs locaux s'engagent déjà, parfois depuis longtemps, dans cette voie. L'optimisme, finalement, pourrait être de rigueur : techniquement, nous avons de quoi nous adapter. La France ne manquera d'eau que si elle n'apprend pas à en consommer moins.

Des ouvrages comme celui que vous venez de lire n'ont pas la prétention de fournir les solutions politiques clé en main. Tout au plus quelques pistes sur ce besoin de réinventer du commun et de s'emparer collectivement de ces enjeux, pour décider à quels usages nous voulons renoncer, et choisir en tant que communauté si nous préférons voir disparaître la vie de nos rivières ou changer nos modèles de consommation. Ce travail de vulgarisation, je l'espère, aidera humblement à accélérer ces réflexions et ces luttes politiques. Au moins, lorsque le pays métamorphosé par des années toujours plus extrêmes sera confronté aux conséquences de ses choix, ne pourrons-nous pas dire que nous ne savions pas.

Remerciements

Pour leurs explications passionnées, leur accueil, leur temps, leurs conseils ou relectures, un grand merci à toutes les personnes croisées au cours de cette enquête, et notamment Violaine Bault, Francine Berry, Cédric Bôle, Olivier Boucher, Vincent Bretagnolle, Léo Coutellec, Thibaut Datry, Martin Daufresne, Sylvain Delzon, Françoise Droz-Bartholet, Pascale et Philippe Dufour, Iñaki Garcia de Cortazar-Atauri, Claire Gaudout, Hélène Gautier, Isabelle Gouttevin, Florence Habets, Gaëtan Haymes, Jean-Louis Jollivet, Bruno Joly, Yves Kocher, Bertrand Lamarche, Olivier Le Pape, Sophie Le Scaon, Frédéric Levrault, Ludovic Lhuissier, Stéphane Loriot, Claire Magand, Brice Nowosielski, Thomas Pelte, Fabrice Pemeja, Christophe Peugeot, Philippe Picon, Hervé Quénol, Jean-Noël Resch, Aurélien Ribes, Christophe Rognon, Éric Sauquet, Guillaume Thirel, François Tilmant, Yves Tramblay, Alain Vicaud, Jean-Philippe Vidal et Claire Wittling.

Pour leur confiance, leur patience et pour m'avoir offert l'opportunité de mener à bien cette aventure éditoriale, je remercie chaleureusement Elisabeth Fišera, Olivia Karam et Antoine Beauchamp.

Merci, enfin, à tous ceux dont la présence et l'amour constituent le meilleur remède à l'éco-anxiété et dont les encouragements et le soutien furent si précieux ces derniers mois : Abby, Alex, Alexandra, Anna, Arthur, Aude, Benjamin, Fleur, Jill, Marie, Marie-Pia, Pierre, Yacine, et tant d'autres.

Cet ouvrage est composé de matériaux issus de forêts bien gérées certifiées FSC®, de matériaux recyclés et de matériaux issus d'autres sources contrôlées.

Le Forest Stewardship Council® est une organisation internationale non gouvernementale qui encourage une gestion écologiquement adaptée, socialement bénéfique et économiquement viable des forêts de la planète. Pour en savoir plus, consultez le site www.fsc.org

FSC
www.fsc.org
MIXTE
Papier | Pour une gestion forestière responsable
FSC® C022829

Achevé d'imprimer en mai 2023
sur les presses de la Nouvelle Imprimerie Laballery 58500 Clamecy
Dépôt légal : juin 2023
N° d'impression : 304395

Imprimé en France

La Nouvelle Imprimerie Laballery est titulaire
de la marque Imprim'Vert®